大家小书

历代官制概述

瞿宣颖 著

北京出版集团
北京出版社

图书在版编目（CIP）数据

历代官制概述 / 瞿宣颖著．— 北京：北京出版社，2022. 4（2024.7 重印）
（大家小书）
ISBN 978-7-200-15428-3

Ⅰ. ①历… Ⅱ. ①瞿… Ⅲ. ①官制—研究—中国—古代 Ⅳ. ① D691. 42

中国版本图书馆 CIP 数据核字（2021）第 113402 号

总 策 划：安　东　高立志　　责任编辑：王铁英　张　帅
责任印制：陈冬梅　　装帧设计：金　山
责任营销：猫　娘

· 大家小书 ·
历代官制概述
LIDAI GUANZHI GAISHU
瞿宣颖　著

出　　版　北京出版集团
　　　　　北 京 出 版 社
地　　址　北京北三环中路 6 号
邮　　编　100120
网　　址　www.bph.com.cn
总 发 行　北京出版集团
印　　刷　北京华联印刷有限公司
经　　销　新华书店
开　　本　880 毫米 × 1230 毫米　1/32
印　　张　12.5
字　　数　216 千字
版　　次　2022 年 4 月第 1 版
印　　次　2024 年 7 月第 3 次印刷
书　　号　ISBN 978-7-200-15428-3
定　　价　54.00 元

如有印装质量问题，由本社负责调换
质量监督电话　010-58572393

总　　序

袁行霈

“大家小书”，是一个很俏皮的名称。此所谓“大家”，包括两方面的含义：一、书的作者是大家；二、书是写给大家看的，是大家的读物。所谓“小书”者，只是就其篇幅而言，篇幅显得小一些罢了。若论学术性则不但不轻，有些倒是相当重。其实，篇幅大小也是相对的，一部书十万字，在今天的印刷条件下，似乎算小书，若在老子、孔子的时代，又何尝就小呢？

编辑这套丛书，有一个用意就是节省读者的时间，让读者在较短的时间内获得较多的知识。在信息爆炸的时代，人们要学的东西太多了。补习，遂成为经常的需要。如果不善于补习，东抓一把，西抓一把，今天补这，明天补那，效果未必很好。如果把读书当成吃补药，还会失去读书时应有的那份从容和快乐。这套丛书每本的篇幅都小，读者即使细细地阅读慢慢地体味，也花不了多少时间，可以充分享受读书的乐趣。如果把它们当成补药来吃也行，剂量小，吃起来方便，消化起来也容易。

我们还有一个用意，就是想做一点文化积累的工作。把那些经过时间考验的、读者认同的著作，搜集到一起印刷出版，使之不至于泯没。有些书曾经畅销一时，但现在已经不容易得到；有些书当时或许没有引起很多人注意，但时间证明它们价值不菲。这两类书都需要挖掘出来，让它们重现光芒。科技类的图书偏重实用，一过时就不会有太多读者了，除了研究科技史的人还要用到之外。人文科学则不然，有许多书是常读常新的。然而，这套丛书也不都是旧书的重版，我们也想请一些著名的学者新写一些学术性和普及性兼备的小书，以满足读者日益增长的需求。

“大家小书”的开本不大，读者可以揣进衣兜里，随时随地掏出来读上几页。在路边等人的时候，在排队买戏票的时候，在车上、在公园里，都可以读。这样的读者多了，会为社会增添一些文化的色彩和学习的气氛，岂不是一件好事吗？

“大家小书”出版在即，出版社同志命我撰序说明原委。既然这套丛书标示书之小，序言当然也应以短小为宜。该说的都说了，就此搁笔吧。

目　录

历代官制概述

005 ／ 一　秦汉
011 ／ 二　魏晋南北朝
013 ／ 三　隋唐
031 ／ 四　宋
051 ／ 五　辽
057 ／ 六　金
061 ／ 七　元
071 ／ 八　明
086 ／ 九　清

历代职官简释

114 ／ **A**
阿速卫亲军都指挥使司
安抚使
安抚司
按察使
115 ／ **B**
八旗都统
把总
褒成侯
宝泉局监督
宝泉提举司
宝源局监督
保章氏
北面都林牙
贝勒
贝子
备身五职
比部郎中
笔帖式
编修
辨铜令
别驾
别将
兵部
兵部郎中
兵部尚书
兵部左右侍郎
兵马使
并省尚书令
伯
伯克
勃极烈
博士
布政使

布政使司都事
布政使司经历
布政使司理问
布政使司照磨
步兵校尉
部族节度使
125 / C
材官将军
参将
参军事
参领
参赞大臣
参知政事
仓部郎中
仓监
漕标副将
漕运总督
茶引批验大使
常侍曹
长安洛阳左右部尉
长鉟都尉
长水校尉
敞史
钞关御史主事
朝奉大夫
朝列大夫
朝请大夫
朝请郎
朝散大夫
朝散郎
朝议大夫
朝议郎
车府令
车府署令
车驾清吏司
车骑府
彻侯
丞相
承德郎
承事郎
承务郎
承信校尉
承议郎
承应小底局
承运库
承直郎
城门领
城门校尉
城守尉
乘黄署
敕令所提举
崇进
崇文门监督
崇政殿说书
抽分场提领
祠部郎中
祠祭清吏司
祠祭署奉祀
刺史
从仕郎
137 / D
达鲁花赤
大都护
大都留守司
大都陆运提举司
大都宣课提举司
大官令
大官署署正
大汉将军

大行令
大行人
大鸿胪
大理寺
大睦亲府
大人
大晟府
大司空
大司乐
大司马
大司农
大司徒
大通桥监督
大王
大学士
大冢宰
大舟卿
待诏
导官
登仕郎
登闻鼓院
登闻检院
迪功郎
敌列麻都
典簿
典籍
典厩署令
典军校尉
典客署
典牧署
典史
殿前都点检
殿前都虞候
殿前司
殿前左右射生军
殿侍
殿中省
殿中侍御史
殿中司马督
定国将军
定远将军
东京兵马都部署
东京等宰相府
东西上合门使
东园匠令丞
都漕运使司
都察院
都船狱
都大提举茶马司
都官郎中
都监
都事
都水监
都水清吏司
都水使者
都水台
都水长
都司
都司空狱
都统制
都巡河官
都虞司
都元帅府
都指挥使司
都转运使
都转运盐使司
督粮道
读祝官
度支郎中

度支尚书
160 / E
恩骑尉
二千石曹
160 / F
发运使
防守尉
防御
防主
飞龙使
飞山军指挥
奋武校尉
烽帅
奉常
奉车都尉
奉宸苑
奉恩将军
奉国将军
奉国中尉
奉上太医
奉圣侯
奉天府尹
奉训大夫
奉政大夫
奉直大夫
奉直郎
府检校
府经历
府知事
辅国公
辅国将军
辅国中尉
驸马都尉
副将
164 / G
各省钱局监铸官
各坛庙尉
工部
工部郎中
工部尚书
工部左右侍郎
公
公车司马令
宫苑总监
恭圣侯
拱卫直都指挥使
钩盾令
狗监
鼓吹署令
关都尉
关令
关内侯
关税监督
观察使
官告院
管河同知通判
管理街道厅
管理三库大臣
管粮同知通判
冠军大将军
光禄大夫
光禄寺
广储司
广捷军指挥
广威将军
国公
国王
国相
国子监

国子监监丞
果毅都尉
178 / H
哈喇鲁万户府
翰林学士
翰林学士承旨
翰林医官院
翰林院
翰林院侍读侍讲
翰林院庶吉士
翰林院五经博士
翰林院掌院学士
行军司马
行中书省丞相平章
合门祇候
和声署
河标副将
河泊所大使
河道
河道总督
河堤使者
河库道
河营参将
弘文馆
鸿胪寺
鸿胪寺卿
侯
候部郎
胡骑校尉
虎贲亲军都指挥使司
虎贲氏
虎贲校尉
虎贲中郎将
虎步军都指挥使
虎枪营总统
虎翼军指挥使
户部
户部郎中
户部尚书
户部侍郎
户部左右曹
护军将军
护军统领
护羌校尉
护卫
护乌桓校尉
护匈奴中郎将
花木局
怀远将军
皇城司
皇木厂监督
黄沙治书侍御史
会同四译馆
火器营总统
195 / J
积射将军
稽勋清吏司
集贤殿侍读学士
集贤殿书院
给事郎
给事中
祭酒
嘉议大夫
驾部郎中
架阁库管勾
监察御史
监掣同知
监冶谒者
检察斛面官

检讨
检正
建昌宫使
建威将军
健锐营总统
将仕郎
将作监
郊社署
教坊司奉銮
教坊提点
校理
校书郎
节度使
节慎库
金部郎中
金紫光禄大夫
津令
津主
锦衣卫
进奏院
禁防御史
京畿大都督
京畿都漕运使司
京通各仓监督
京卫指挥
京兆虎牙都尉
京兆尹
经略使
经筵讲官
精膳清吏司
警巡院
九译令
军器监
军巡使
军主
均输令
郡丞
郡公
郡守
郡王
郡文学
215 / **K**
卡伦侍卫
开府仪同三司
考工令
考功郎中
考功清吏司
客馆令
客省使
孔目
库部郎中
会计司
奎章阁大学士
218 / **L**
郎中
牢城遏后指挥使
乐部
乐府令
礼部
礼部郎中
礼部尚书
礼部左右侍郎
理藩院
理藩院尚书
理事官
吏部
吏部郎中
吏部尚书
吏部左右侍郎

吏目
良酝署署正
料估所
林衡川衡
林庙守卫司百户
凌人
陵寝内务府总管
陵台令
陵园令
领侍卫内大臣
领运守备
令史
留守
琉璃窑监督
六部监门官
六科给事中
龙虎将军
龙卫神卫左右厢
龙翔军都指挥使
楼烦将
卤簿使
銮仪卫
律例馆

231 / **M**

门下督
门下省
猛安
秘阁
秘书监
秘书郎
秘书省
庙令
明法掾
明堂令
明威将军
鸣赞
命中督
谋克
木仓监督
牧场统辖总管

236 / **N**

纳言
男
南北护卫府
南京各部
南京守备
南院枢密使
内阁侍读
内阁侍读学士
内阁学士
内阁中书
内史
内务府
农仓长
弩手军详稳司

240 / **P**

判东都尚书省事
判度支
判户部
炮首军详稳司
捧日天武四厢
皮室军详稳司
骠骑大将军
骠骑府
仆射
暴室丞

243 / **Q**

七兵尚书
骐骥院

骑都尉
起居郎
起居令史
起居舍人
起居省
器物局
千牛备身
千总
钤辖司
前锋统领
前驱司马
钱帛都提点
钱法堂
强弩将军
强弩司马
挈壶氏
钦天监
钦天监监正
亲军校
亲王
寝令
轻车都尉
清商署
庆丰司
劝学从事
榷货务
群牧司制置使
248 / **R**
日讲起居注官
荣禄大夫
宂从仆射
儒林参军
儒林郎
儒学教授
儒学教谕
儒学提举司
儒学学正
儒学训导
252 / **S**
三班使臣
三公曹
三司使
散官
散骑郎
山虞泽虞
膳部郎中
上京路兵马都总管
上军校尉
上林令
上林苑监
上驷院
尚方令
尚膳正尚茶正
尚书大行台
尚书令
尚药局
少保
少府
少傅
少师
少尹
绍圣侯
射声校尉
神机营坐营官
神劲军指挥
神乐署
慎刑司
盛京将军
盛京五部侍郎

时宪科五官正
使匈奴中郎将
世子
市舶使
市令
侍读侍讲学士
侍卫
侍卫亲军马步军各都指挥使
侍医
侍仪奉御
侍仪司
侍御史
侍中
守备
守道
受给库
戍主
庶常馆教习
庶子
水部郎中
水衡都尉
税课司大使
顺天府府尹
顺天府经历
顺天府通判
司封郎中
司金中郎将
司隶
司隶校尉
司律中郎将
司门郎中
司务
司勋郎中
司盐都尉
司业
司仪
四方馆
四氏学教授
四园苑提举官
騪粟都尉
肃政廉访使
随朝伴官
273 / T
踏白将
太保
太仓令
太仓使
太仓银库
太常博士
太常丞
太常寺
太常寺卿
太常寺司库
太府监
太府寺
太傅
太乐令
太庙令
太仆寺
太仆寺卿
太社令
太师
太史
太尉
太医令
太医院
太医院院使
太宰

太中大夫
太子少保
太子少傅
太子少师
太子太保
太子太傅
太子太师
堂郎中
特进
特进光禄大夫
特进荣禄大夫
提点刑狱
提督
提督九门巡捕五营
　步军统领
提督学政
提举仓场司使
提举茶盐司
提举常平司
提举三白渠公事
提举学事司
提牢主事
廷尉
廷尉评
廷尉正
亭侯
通奉大夫
通进银台司
通判
通事舍人
通事谒者
通议大夫
通政使司
通直郎
同知
同中书门下平章事
同中书门下三品
铜官
统军
团主
屯骑校尉
屯田郎中
屯田清吏司
299 / **W**
万亿宝源库
望候郎
威捷军钤辖
苇荡营参将
卫将军
卫尉
未央厩令
文林郎
文思院
文宣公
文选清吏司
文渊阁检阅
文渊阁领阁事
文渊阁提举阁事
文渊阁校理
文渊阁直阁事
乌鲁古
五兵尚书
五城兵马司
五官灵台郎
五官正
武备寺
武备院
武德将军
武德骑尉

武功将军
武节将军
武库令
武库清吏司
武略将军
武略骑尉
武卫将军
武卫军都指挥使司
武显将军
武信骑尉
武选清吏司
武义都尉
武义将军
武翼都尉
305 / **X**
西域都护
洗马
细作令
下军校尉
闲厩使
显武将军
县丞
县侯
县令
县尉
县主簿
乡侯
详稳
相国
象胥
骁骑校
骁雄军指挥使
协办大学士
协领
协律都尉
协律郎
新运粮提举司
信武将军
刑部
刑部郎中
刑部尚书
刑部直隶等清吏司
刑部左右侍郎
兴文署
雄武军指挥使
修内司
修武校尉
修职郎
修撰
绣衣御史
序班
宣德郎
宣奉郎
宣抚使
宣徽院
宣课司大使
宣威将军
宣慰司
宣武都尉
宣武将军
宣议郎
宣赞舍人
宣政院
学正学录
勋卫散骑舍人
巡捕五营副将等官
巡漕御史
巡察科道
巡道

巡抚
巡检
巡视五城科道
321 / Y
押牙
押运同知通判
亚中大夫
延资库使
盐法道
盐课司大使
盐铁使
盐引批验所大使
盐运使
盐政
衍圣公
验封清吏司
冶令
谒者
谒者台
一字王
仪凤司
仪鸾司
仪制清吏司
夷离毕
异力督
译官令
驿丞
驿盐道
益政院说书官
银青光禄大夫
引进司
印房章京
鹰扬郎将
营缮清吏司
营造司
由基司马
游击
游徼
右民尚书
虞部郎中
虞衡清吏司
虞候大都督
狱丞
御茶膳房总管大臣
御龙直指挥
御史大夫
御史台
御史中丞
御营使
员外郎
越骑校尉
云骑尉
运粮万户府
运同运副
334 / Z
赞礼郎
赞善
赞务
赃罚库
札萨克
牐官
詹事
詹事府
长官司
长史
掌醢署
掌书
掌仪司
昭武都尉

昭武将军
昭信校尉
昭毅将军
昭勇将军
折冲都尉
珍羞署
甄官署
振威将军
镇国公
镇国将军
镇国中尉
镇将
镇军大将军
征仕（事）郎
正奉大夫
正议大夫
正字
知顿使
知府
知瓯使
知开封府
知县
知印
知州
织造监督
执金吾
直合将军
直隶州知州
职方郎中
职方清吏司
制造库
治书侍御史
治粟内史
治中
中藏府令
中大夫
中奉大夫
中护军
中黄藏令
中军校尉
中垒校尉
中领军
中散大夫
中书监
中书科中书舍人
中书令
中书省
中书省左右丞相
中顺大夫
中尉
中宪大夫
中议大夫
中允
忠武校尉
忠显校尉
忠翊校尉
忠勇校尉
冢宰
州博士州文学
州牧
州判
州司马
州同
诸侯王
诸京留守司兼府尹
诸路兵马统署司
诸牧监
主簿
主管排岸司

主管下卸司
主客郎中
主客清吏司
主事
主章长丞
助教
助军校尉
驻防将军
柱国大将军
柱下史
著作郎
铸钱监
铸钱使
铸印局
转运使
资德大夫
资善大夫
资政大夫
子
宗（崇）圣侯
宗伯
宗人府
宗正
宗正寺
总兵
总督
总督仓场侍郎
总管司
总理乐部大臣
总章校尉
奏差
左都御史
左民尚书
左右备身
左右藏库使
左右藏署
左右藏提点
左右丞
左右金吾卫
左右军巡司判官
左右龙署
左右龙武大将军
左右前后中校令丞
左右神策大将军
左右卫上将军
左右巡使
佐领
坐粮厅

历代官制概述

从秦代初次建立统一的封建王朝起，二千年间的设官分职，大体上都是一脉相承的，我们所需要知道的，无非是在这个基础上逐步发展演变的情况。根据各个阶段的特点，可以扼要地按下列九个单元作一概述，即一、秦汉，二、魏晋南北朝，三、隋唐，四、宋，五、辽，六、金，七、元，八、明，九、清。

当然，秦代的官制也是部分地从战国时就发展形成的。但是统一以后，由于权力的高度集中，中央与地方间的关系，政务与事务间的关系，君主与臣下间的关系等，都不可避免地有所更张，出现一套严密的新制度。所以统一的封建王朝的官制与以前的官制是可以截然分为两事的。

至于秦以前的追溯，固然也很重要，但由于文献的不完整，还有待于从实物文字进行更广更深的研究，才能对上古官制获得比较明确的认识。过去一般官制史仅就经籍（特别是《周礼》）中的资料比附起来，那远不是实事求是的办法，所以这里就不牵扯进去了。

一　秦汉

就《汉书·百官公卿表》所载的官名看来，汉代的官制是基本上沿袭秦代的。秦代在完成统一以后，随着中央统治权力的加强，以及地方行政组织的日趋整齐精密，产生一套完整的官制以适应新的需要。因此，秦、汉的官制实际上就代表着统一的封建王朝初期统治机构的组织、制度状况。

秦、汉制度特征之一是：行政性质的与宫廷服务性质的两套并立，而其间又交叉而互有关联。根据这一点，可以作如下的说明。

第一、中央最高政务机构掌握在丞相（相国）、太尉、御史大夫三人手中。丞相是最高行政长官、太尉是最高军事长官，而御史大夫则一方面为丞相之副，一方面供内廷的差遣，另一方面又握有监察行政官吏之权。其中互相制约的作用是显而易见的。

但是这种定制的理论不久仍被事实摧毁了。武帝时代，由于宠任外戚近臣，废去太尉而以大司马大将军的名义为事实上的执政，丞相府就逐渐变成只能奉行既定政策的机关。这样就几乎正式的官职是一套，而大将军以下的非正式官职又是一套。到了东汉，连初期制度的形式也不再存在，而以太尉、司徒、司空三公作为联合共同执政的首脑。但仍不以实权交付他们，而以尚书协助皇帝处理政务。结果三公固然无权，（西汉的丞相、太尉、御史大夫称三公，东汉的太尉、司徒、司空也称三公。实际上是不同的。）而尚书也只有办理文书、传达诏命之权，不能直接执行政务。自此以后，历史上除权臣以外，就很少有能够真正担任宰相职务的。

第二、中央行政机关很多本身兼有业务。例如大司农是国家财务总汇，而所管的有仓储、水利、货运及官卖的各种事业，甚至管治安的中尉（执金吾）也管造船，管祭祀的太常也管医药。其相互交叉的关系在当时是怎样调节的，就不甚可考了。

按汉代所谓九卿，大致是：太（奉）常、光禄勋、卫尉、太仆、廷尉、大鸿胪、宗正、大司农、少府。（此据《通典》，但《汉书》列传中所称九卿实不止此九种，详见程大昌的《演繁露》。）其中属于行政性质的实在只有管刑狱的廷尉、管招待外宾的大鸿胪、管国家财务的大司农。其他则都以皇室的礼乐、车马、宗族、侍卫为主要职务。而管理苑囿之水衡都尉，修缮宫室之将作大匠，以及皇后、太子的宫官——大长秋、詹事等尚不在上述九种之内。所以宫廷服务的性质在汉代官制中是非常突出的。

第三、汉代有一种无职务、无官署、无员额的官名，不在正规编制之内，而直接与皇帝接近，能起相当的政治作用。这都属于郎的一类，郎是殿廷侍从的意思，其任务是护卫、陪从、随时建议，备顾问及差遣。有议郎、中郎、侍郎、郎中之别。中郎、郎中的首脑称将，中郎分别属于五官中郎将、左中郎将、右中郎将，统谓之三署。郎中则有车、户、骑三将。在此以上又有太中大夫、中大夫（光禄大夫）、谏大夫等，则纯以议论政事为职。又有博士，为学术顾问官性质，也有参加政事讨论的义务。这些都可以作为中朝官或内朝官的成员。所谓中朝官或内朝官就是由皇帝直接差遣而不专任行政职务的，与行政性质的正规官称为外朝官相对而言。如果正规官在本官以外，加有侍中、左右曹、诸吏、散骑、中常侍、给事中的名号，则是给以出入宫内之权，经常在皇帝左右办事。《汉书·百官公卿表》称为加官。加官之中，侍中最贵，左右曹诸吏最有权。因为皇帝左右处理文书的是尚书，而左右曹就是分科办事的尚书，诸吏则是受特别委任察举不法官吏的。给事中就是在内廷行走之意，大臣若加有这种名号，就以一身而兼中朝外朝两重身份。

这些都说明汉代官制是有系统的，但也是不很明确的。

汉代机构的名称，除丞相府、御史大夫府以外，一般只以其官署所在称为“寺”，不像后世先有一个机构名称，然后设一主官。所以往往官名即是机构之名。大概每一主官都有一个事务长，如丞相则有长史，御史大夫及其他则有丞。至于内部的属官则不立专名，由长官自行征辟任用，一般统称掾属。

汉代高级军职多以校尉为称，如城门校尉、屯骑校尉等，各有所统之兵，皆隶于中央，而地方则无正式常设之兵，因此亦无地方之军职。其最高级之统帅则称将军。将军有两种，一为常设之将军，如车骑将军、卫将军、前后左右将军等，于掌兵之外兼参与政事。一为临时派遣出征之将军，多于其上特加名号如伏波将军、度辽将军之类。事毕即撤销。

校尉之中较为特别的是司隶校尉，本来也是一种督察官，以纠举官吏的不法行为。后来逐渐变成京畿地区的高级行政督察官。到了魏、晋以后司隶校尉所辖的地区径称为司州，而司隶校尉就变为与州牧无异了。

汉代地方制度沿秦之定制，以郡统县。郡之组织也是与中央相应的，以郡守当丞相，郡尉（都尉）当太尉，监御史当御史大夫，分掌政、军、监察之权。而事实上负责一郡行政的仍是郡守，不过郡境过于辽阔的也以都尉负责分治。县有两级，一级的设县令，次级的设县长。其下有丞有尉。丞掌文书，尉掌治安。都算是“长吏”。

郡县府中的组织都相当庞大，因为汉代地方人士都须服务于本地方，即所谓郡县吏。郡县吏之优秀者即可由长官向中央推荐而任中央职务。除此以外，则有郎之一途，被任为郎的也有转任其他重要职务的机会。到了东汉才又发展察举的制度，被举孝廉的往往内任议郎或公府掾属、外任令长等。而推荐征聘之权皆在长官。在两汉时代还不曾定出详密的铨选制度，官吏之任用没有一定程序。

汉代的官等是按年俸米石多少而定的。一般说来，九卿是中二千石，郡守次一等，是二千石，其他再次一等的则为比二千石，以下则千石、八百石、六百石各级。至于最高的三公则不定等级。

县以下的组织为乡官，即三老、有秩、啬夫、游徼，而亭长为最低一级。乡官在魏、晋以后虽仍存其名，实质上已若存若亡。北齐变为三长——邻长、里长、党长，唐变为里正、坊正、村正，则由职官而变为职役了。

东汉官制与西汉有所区别的在于尚书的组织。尚书本是西汉时的少府官属，不过在皇帝左右呈递文书，地位极低。到了东汉，组织加强，按政务之性质以尚书分掌，由事务官渐变为政务官，其下设有尚书郎专掌文书。这是后世尚书省分为六部的萌芽。当时称为“政归台阁”，台阁就是宫廷中办事处之意。

在地方官制方面，则刺史的变迁最为显著。西汉的刺史是以较低级的中央官吏出外巡察，虽其地位远在郡守以下，却有纠劾郡守之权。其他更不待论。刺史巡察的范围，以所部为限，部即相当于州，全国共分十三部，但这并不是行政区的名称。到了东汉末期，为了加强军政权的集中，改刺史为州牧，州与郡、县才变为正式的三级，而州牧也成为前所未有的高级地方军政长官。

汉代地方官制另外一个特征，就是分封的王国与郡并存。直属于汉王朝的为郡，而封王的地区则称国。但自景帝削平七国以后，王国内的行政逐渐改由中央派遣“国相”治理，又派王傅监理王宫内部的事，王国与郡，侯国与县就都无甚区别了。汉朝廷系统内的官与王国内的官，其身份是不同的，朝官改作王官便有贬降的意味。

二　魏晋南北朝

魏、晋王朝都由手握军事力量的权臣逐步建立。他们有一批手下人物，组成一套机构，完全在正规官制以外，自由行使职权。因为这是一个非常时期，军、民、财政不再各成系统，只要为了军事上的便利，都可以打破常规。自从魏、晋开此先例，直到南北朝，一般制度都是由不稳定的临时措置而逐渐成为习惯的。

历史上称这些权臣所独自掌握的政权为霸府，霸府的中心人物就是幕僚与将领。及至霸府变为王朝，幕僚组成的机构就变为行政中枢，将领所统率的武力就变为常设的军队。而这两者之间又是没有严格界限的，所以形成一种军事与政治合一的局面。

就行政中枢而论，曹丕即帝位以后，立即以他的幕僚长为中书监及中书令，这就是中书监令成为宰相之起源。因为曹操曾以丞相的名义取汉朝而代之，所以不再设丞相，并三公也就只作为优礼大臣的崇高官位，不甚假以事权。而中书监令在实际上也只等于皇帝的秘书长，脱不了幕僚性质。

就行政部门而论，汉代的尚书粗具分曹办事的规模，这还不过是为了处理公文的便利，没有真正执行政务。到了魏、晋，某部尚书即管某部之事（亦有仍称某曹的），尤以吏部尚书（吏部原称选部，后改。）操用人之权，最为重要。尚书渐渐变为部长之名，而汉代之尚书郎则变为助理官之名。这又是后世中央政务分部之起源。

尚书的职务日趋重要，汉代的九卿就日益变成闲散的职位，与政务不甚相关。因此尚书成了中央各机构的总汇，尚书令及左右仆射就成了尚书省的首长，与中书省的监或令共同负责最高政务。

另外再将汉代的侍中以下的亲近侍从官如侍中、常侍之类，提高起来，成立门下省，作为皇帝私人的机要顾问，并兼领部分的宫廷事务。以上三省——中书、尚书、门下——的长官只要事实上是皇帝所倚重的，都可以算宰相。

从东汉到魏晋南北朝，有一种共同的特别现象，就是宰相无定员，无定名，也无定职。制度上无此官，而习惯上又确有此官。但有一点是确定的。凡真正总揽大权的必加上录尚书事的称号。因为其他宰相可能不处理日常公务，也可能不问小事，录尚书事则是一切公文都必须经他核阅。即使是威权极重的权臣，也不能不兼此称号，才能保证事权之高度集中。

但在南朝末期，事权又落在中书舍人手中。中书舍人四五员不等，在皇帝左右，可以直接代皇帝发布诏令，并且分别担任各部门的政务，尚书反须受其指导。这一官名，在南朝末期是十分重要的，在唐、宋也还是清贵之官，而在明、清则变为低级文官。同一官名而性质逐渐改变，以致相去悬殊，在官制史上是经常遇到的问题。

魏、晋以后，因为动乱的频繁，军事占首要地位，所有身任要职的多半带将军称号，并不一定统兵，只是为了提高其地位。至于出任地方军政长官的，自然更不例外。这种将军以征、镇、安、平为序，最贵者为征东、征西等。特别尊贵的就再加大字，称某某大将军，若单称大将军则必是把持朝政最有实力的权臣。另外有些杂号将军，则是加给其他官员的。

魏晋南北朝的地方制度，由于南北分治及新开发地区增多之故，州的数目日多而辖境日狭。重要的军政长官往往兼督数州，或者此州之某些郡兼另一州之某些郡，因此，区域的划分不是经常固定的。以南朝而论，例如彭城之徐州以外，又以京口（今镇江）为南徐州，原有之司州已陷没，又在义阳（今信阳）设司州。而后来的江西、湖南二省则新设江州、湘州。刺史之权极重，往往带将军称号，加以使持节都督某州或某某数州军事。更重要的地区并且是由亲王出镇的。这种都督刺史都开幕府，置僚属。形成地方政权。

魏、晋以后，用人方法虽仍沿袭汉代，以征辟为主，但为了表面尊重舆论，将州郡中正的地位提高到品评人物的枢纽，仕途升降由此而定。这就是所谓九品中正的制度。结果是出仕的人限于门地特高的家族。这些家族以外的人，一直到南北朝末期方才渐有获得较高官职的机会。凡是士族出身的人多半初仕即任秘书郎、著作郎等，以后则转任将军、都督的幕僚，也有直接为王府幕僚的。总之，几乎出仕的人都要经过充任幕僚的阶段，极少例外。这种习惯，即在唐、宋厉行科举的时代也还保存一些痕迹。而幕僚却又是不在正规职官系统以内的。

晋武帝灭吴以后，取得一时的统一，很想改革秦、汉的旧制，重新分封五等爵土，与郡县制并行。其等级虽繁，亦只王侯二级较为重要。王国以内史当郡守，侯国以相当县令，亦与汉制不甚悬殊。所不同者，诸王多兼将军刺史，典兵出镇，亦有在中央任职者，本身并不居于所封之国。其兼将军、刺史者，有长史、司马等为其僚佐，事实上即代行其职权。南齐时又置典签，专在王之左右密切监视，威权反在刺史之上，称为签帅。因此，分封之爵土仍属空名，不过在王侯国中又增添若干官吏而已。

北朝的制度大体上仍是受南朝影响的，直至北周始有意定出立国规模。首先在府兵制的基础上确立武职的名称。府兵的领兵官是郎将，府以上的组织是军，以十二大将领二十四府，每府一将军二开府。最高武职加柱国之号。此外，宇文泰在西魏时，即采苏绰、卢辩之建议，按《周礼》三公六官制度，改定百官之名，宇文泰遂以太师大冢宰为最高执政。将魏、晋以来之九品等级亦改称九命，最低者为一命，与一般以最低为九品者正相反。六官所属之大夫以下各职，皆依《周礼》定名。这显然是极端复古思想的表现，但也清除了汉、魏以来许多杂芜紊乱的名号而归于简易。然而地方制度仍然未改，而且由于军事频繁，将军都督（总管）也仍旧存在。复古不过昙花一现，并不彻底。

三　隋唐

隋文帝执政后，结束了南北对立的局面而重现了统一，当然就企图制定一种永久的规模和体制。虽然规模还只是初具，却已奠定了唐宋两代的基础。

隋代官制是比较整齐的，所以不妨将中央官职依次列举，以体现其全貌。

三师——太师、太傅、太保。

三公——太尉、司徒、司空。

以上为尊贵之官称，但一变古代习惯，既无职事，亦不置官属，并且往往是虚悬而不补人的。

尚书省

这是政务的总汇，主官为令及左右仆射各一人，连同尚书省的吏部、礼部、兵部、都官、度支、工部六曹称为八座，这是与南北朝相同的。

令及仆射直辖的为左右丞各一人，都事八人。

吏部尚书统吏部侍郎二人，主爵侍郎一人，司勋侍郎二人，考功侍郎一人。

礼部尚书统礼部、祠部侍郎各一人，主客、膳部侍郎各二人。

兵部尚书统兵部、职方侍郎各二人，驾部、库部侍郎各二人。

都官尚书统都官侍郎二人，刑部、比部侍郎各一人，司门侍郎二人。

度支尚书统户部、度支侍郎各二人，金部、仓部侍郎各一人。

工部尚书统工部、屯田侍郎各二人，虞部、水部侍郎各一人。

门下省

这是一切侍从官的总汇，主官为纳言二人，即侍中改名。其下有给事黄门侍郎、散骑常侍、通直散骑常侍、谏议大夫、散骑侍郎、员外散骑常侍、通直散骑侍郎、给事、奉朝请等。统城门、尚食、尚药、符玺、御府、殿内六局。

内史省

这是中书省的改名，置令二人、侍郎四人、舍人八人，通事舍人十六人，及主书录事等官。

秘书省

秘书监在魏、晋专掌艺文图籍之事，南朝梁始独立成一省。隋置监、丞各一人，郎四人，校书郎十二人，正字四人，录事二人。领著作、太史二曹。著作曹置郎二人，佐郎八人，校书郎、正字各二人。太史曹置令、丞各二人，司历二人，监候四人。太史曹专掌天文历法，因其为学术性质，故隶属秘书省。

内侍省

这是纯粹宦官的机构。置内侍、内常侍等官，领内尚食、掖庭、宫闱、奚官、内仆、内府等局。

以上五省。

御史台

御史台自东汉以来沿置。其官有大夫一人，治书侍御史二人（即御史中丞），侍御史八人，殿内侍御史、监察御史各十二人。御史皆由吏部选用。

都水台

都水台自晋以来沿置，其官有使者及丞各二人，参军三十人，河堤谒者六十人。领掌船局都水尉及诸津尉。

以上二台。

太常寺

其官有博士、协律郎、奉礼郎等。统郊社、太庙、诸陵、太祝、衣冠、太乐、清商、鼓吹、太医、太卜、廪牺等署。

光禄寺

统大官、肴藏、良醞、掌醢等署。

卫尉寺

统公车、武库、守宫等署。

大理寺

其官有正、监、评、司直、律博士、明法、狱掾等。

鸿胪寺

统典客、司仪、崇玄三署。

司农寺

统太仓、典农、平准、廪市、钩盾、华林、上林、導官等署。

太府寺

统左藏、左尚方、内尚方、右尚方、司染、右藏、黄藏、掌冶、甄官等署。

以上九寺每寺各置卿、少卿、丞及主簿等官。

国子寺

主官为祭酒，统国子、太学、四门、书、算学各置博士。

将作寺

主官为大匠，统左右校署。

以上二寺不置卿。

从上列的简表可以看到隋代中央官署的大概情况。

到了唐代，大体上继承隋制，作为骨干，但是运用起来却有很大变化。首先从政务中枢即所谓宰相的制度来看，按照隋制，中书令、侍中、尚书令分别代表中书、门下、尚书三省，是共同辅佐君主处理国务的首脑。这是根据魏、晋以来相沿的习惯整理之后加以巩固的。在理论上，中书省决策，门下省审议，尚书省执行，也自有其用意。但是唐代的君主不久仍沿南北朝的积习，不愿将重权经常交与三省长官，而任意差委其他官员参与其间。久而久之，参与的官员变为实际的宰相，而三省长官却只存空名。所以唐代大部分期间都以同平章事为宰相的头衔，而宰相的办公处则仍称中书门下。此时的宰相与秦、汉的丞相就远远不同了。最大的区别是集体而非个人；其次，宰相除了办公文的低级职员外，没有僚属，所以也没有独立的机构。虽然与君主十分接近，但遇事都只能以君主的名义发令，本身直接指挥的权力非常有限。

至于三省的组织，依然是正规机构，三省官员如中书省的中书舍人，门下省的散骑常侍、谏议大夫，尚书省的员外郎以上各官，都是所谓清望官，通常都由进士出身有闻望的人担任，日后的宰相和节度观察等使（武人所占有的藩镇除外）也都是从其中选拔的。

三省之中，尤其是尚书省才是行政的实际总汇。唐代的尚书省组织更加整齐严密，由隋之六曹固定为吏、户、礼、兵、刑、工六部。而每部的组织，则以隋之侍郎升为尚书的佐贰，在尚书侍郎以下，每部四司，各置郎中、员外郎为部员的骨干。这些一直沿到清代，基本没有改变。但有一点是与明、清制度不同的，唐代的尚书省有一个总机构，名为都省，都省之中以左右丞及左右司郎中、员外郎分管吏、户、礼左三部及兵、刑、工右三部。左右丞处于行政监督的地位，而左右司则兼有总务管理的性质。左右仆射是代表尚书令而作为尚书省长官的，但唐代的左右仆射位高而并不任事，左右丞反倒是尚书省的负责人，所以到宋代，左右丞也是执政官之一。

唐代六部分为三行，吏、兵是前行，户、刑是中行，礼、工是后行。各部官员的迁转是按这个次序，由后而中而前的，所以担任某部的官职并不等于熟悉这一部的职务，而只是由于资格关系。因此，六部尚书以下的官称只代表其身份，而不一定说明所任职务。这就是宋代六部等于虚设，而另以其他机构代替六部的由来。

唐代另外一个重要特点，就是翰林学士一职。翰林学士是一般行政系统以外的差遣，不计官阶，也无官署，只轮班在宫廷内的学士院住宿以待皇帝不时宣召，代皇帝起草文件。本来正式诏命之撰拟是中书舍人的职掌，而学士则只掌非正式的特别诏命。后来带有翰林学士知制诰职衔的就代行舍人之职，而舍人转变为无事权的高官。翰林学士之设置虽起于玄宗时，至德宗以后才日趋重要。由于在皇帝左右兼有顾问、幕宾、清客的地位，日后往往即升任宰相。所以最为仕途中人所羡慕。明、清时代的翰林官虽已不直接与闻政治，而习惯上总以翰林官为清贵之选，不由翰林出身不拜相，也还是从唐代沿袭下来的风气。

唐代的京官有行政系统以外的翰林学士，外官则有节度、观察使，也是无官阶，无确定职掌的。当南北朝末期，添设的州越多，州与郡的距离就越小，所以唐沿隋制，径将州郡县之三级制改为州县之二级制。州就是高级行政区之名。至于州以上再分为道，则只是为划分的便利，并没有以道统州的明白规定。所以某某道节度使、观察使之设，是一种暂时的措置，随时可以变动的。

唐代之节度使，实质上有三种不同情况。第一种早期的节度使，是统辖边防军队，驻守边境的，为比较固定性质。第二种是安史乱后军阀占据地的节度使，这种地区形成了半独立的政权，即使暂时表面上听命，也始终是唐朝政府力量所不能控制。第三种是在此以外的地区所设的节度使，其性质与魏晋南北朝的都督刺史相似，所以节度使必兼任所驻在的州刺史。这一类的节度使多设在中原及东南、西南地区，由中央任免，大多数是文人担任。地位稍次的则称观察使，职权也差不甚多。这种节度使以淮南、剑南两道为最重要，往往与宰相更迭出入。

节度使直属军队的军职和使府内的文职，大多数是自行任命的。规定的文职有行军司马、副使、判官、支使、掌书记等，其中重要的也可以代行节度使职权。次一等的可以委派代理州县职务。这些名为幕职，本身只是一种差遣，无官阶，所以必带有郎官、御史衔。幕职不限出身，文士不论已中未中进士，都可以应聘。在一定条件下，也可以推荐到中央任职。事实上唐代中期以后的文士很多应使幕之聘以作进身之阶的。这是宋代进士出身必先任幕职之由来。

唐代科举制度中的进士科目决定了唐代文官制度的新面目，新兴的士族代替了旧的世家，以进士集团势力为背景而操纵部分政治。除宦官系统、地方军阀系统以外，他们垄断了省、部、寺、台（御史台）、府（京兆河南府）各中央机构，以及中央所能控制的各州县刺史、县令、参军、丞、尉、主簿等官职。中央各高级机构的官员是“常参官”，有向皇帝朝见或建言的机会，御史有在京在外的各种任务，两京府县官性质介于中央地方之间，刺史为京官轮流充任的出路，而参军、簿、尉等官也是进士初仕必经之路。进士集团的内部也仍有派系矛盾，但此起彼伏，没有任何一派是长期占优势的。直到朱温以武人取得最高权力，才将所谓“清流”人物痛加打击一番。然而不久仍是进士出身的人占据政局中要职的局面，直到清末为止。

唐代临时性质的要职不止节度使一项，此外关于财政的有度支、盐铁、转运、租庸、铸钱等使，名目不一，分合也无一定。大体上盐铁转运使以扬州为中心，而分布所属之巡院于各地，在正规职官外又另成一系统。从刘晏掌财政大权以后，也有不少文士服务于此中。盐铁使往往身兼将相，手握财权，而正规的户部职官反不能举其职，必以其他官员判户部，才是户部的真正负责人。（即使官居户部尚书、侍郎，也要加判本司的头衔才能实任户部之职。）因此，户部本身的职务为赋役，度支使的职务为统筹财政，盐铁使的职务为一切税源，三者合一才是财务行政的全部，此五代定名为三司使之由来。

出征的将帅有招讨、宣慰、处置等使，可以奏请朝官充任其行军司马、判官、掌书记等幕僚。节制各节度使的又有元帅、副元帅、都统等，都属临时性质。元帅照例只由皇子亲王担任，而以副元帅负责。直至末期，朱温的势力扩张，才以异姓充元帅。

末期的武人都以加官为荣，于是检校三公、三师、中书令、侍中及加同平章事的，车载斗量。连低级的将校也无不带有大夫中丞等衔。名号之贱是前此所无的。

唐代宦官系统，若按正规官制说，都在内侍省以内。然而事实大不然。宦官可以正式担任外廷职务，可以受高级武职的荣称。中期以后，凡有节度、观察使处皆有监军使，而衔命往来于诸镇的，更无虚日，其紊乱政纪自不待言。尤其是掌禁军的左右中尉、中护军，握有操纵政局之实权，而宦官之以枢密使为名的，简直以内廷的宰相自命，与中书门下、翰林学士鼎足而三。至于君主之废立，则中书门下与翰林学士都只能仰他们的鼻息，不敢有异议。

唐代中央军职，南衙则是十六卫上将军、大将军、将军等，即左右卫、左右骁卫、左右武卫、左右威卫、左右领军卫、左右金吾卫、左右监门卫、左右千牛卫。北衙则左右羽林军之外，有左右龙武、左右神武、左右神策军谓之六军。有大将军、统军、将军。南衙十六卫仅供仪饰之用，北衙六军乃禁军之实力，事实上由宦官指挥。上将军等仅为位置高级武官之用而已。

隋、唐官职更有规定之太子官属，号称东宫官，与皇室各官相配。除太子三师三少以外，复增太子宾客一官，以充太子之辅导。其东宫事务官则以詹事府为总汇，而置左春坊以比门下省，右春坊以比中书省。家令寺、率更寺、仆寺以比卿寺。十率府以比十六卫。（十率府即左右率府、左右司御率府、左右清道率府、左右监门率府、左右内率府。）

唐代府州县官属最为复杂，因为这是几套制度纠缠在一起的。首先，唐代各大州设大都督府，中下州亦设都督府，这是沿袭南北朝的制度，都督既是军事长官，所以僚属也以长史、别驾、司马为名。而中期以后都督府已成空名，长史、别驾也不常设，司马则仅存其官，以位置贬谪或闲散的人。也可以名居此官而实任事于他处。（详见白居易《江州司马厅记》。）这都是无职务的。只有大都督府往往还用长史的名义实行节度使的职权，这是另一问题。其次，自南北朝以来，州刺史多带军职，所以其僚属也用参军事的名义，其中主要的是录事参军事，相当于刺史的总务长。而分掌州内行政的则有司功、司仓、司户、司田、司兵、司法、司士等参军事。（简称参军，在府尹或都督之下，则称功曹、仓曹等参军。）这是刺史官署中必要的组织，称为判司，与县令以下的丞、主簿及尉都是地方官吏中的基层，初任官必经的途径。（县亦有司功佐、司仓佐等员，但几等于虚设。）但是中期以后，正规官职都被非正规的差遣所夺了。凡设有节度、观察使的地方，其僚属都另有行军司马、副使、判官、支使、掌书记、推官等职名，他们才真是府州的僚属。地位既高，职权又广泛，露头角的机会也多。所以士人纷纷奔走于这一途。至于州的判司，县的簿尉，则大都只是选人循分供职之地以待迁转而已。

科举考试在唐代是与铨选判为两途的，但其间仍有密切的关系。进士登科只是给与出身，并不能凭此得官，须在吏部再试宏词拔萃入等，方授以最低级之从九品官。其他不就宏词拔萃试以及凡有入官资格的人都由吏部按期召集试以身言书判，（其实只是一种形式）然后注授适当的官缺（并须本人同意），经门下省审覆而加以确定。这些候官的人名为选人。凡是京官六品以下寺监官及外官县令以下官都是通过这种程序而补授的。只有较重要的官才是宰相向皇帝推举，不受程序和资格的限制。

进士出身的人，再经宏词或其他特设之制科高等，大概都须先授县主簿或县尉，然后经由拾遗、补阙、御史等官，使有表示政见的机会，以后就不难取得中央要职。在京的三省官到了五品已经算高级，具有公卿的资望，而三省长官也不过是二品。所以唐代的同平章事本身往往还不过是四、五品官。至于拾遗、补阙、御史，虽只是七、八、九品官，因其号称供奉官，也是当时所视为清望的。

唐代官职的品级与阶官的品级往往不相应。阶官高的固然可以下行低级职务，阶官低而所任为高级职务的也常有。（阶官五品以上称某某大夫，六品以下称某某郎。）服色的区别是按阶官而定的，三品以上紫衣，五品以上绯衣。假如阶官不到五品而所任郎中的职务虽是五品，仍然不能著绯，除非以特别的敕命加赐。所以宰相的官衔往往有赐紫金鱼袋字样，就是为此。只有做刺史的，即使阶官未到五品，也照例借绯。但罢任以后，还须著他的本品服色——青袍。

唐代除阶官以前，还有循资取得的勋官及封爵。勋官不过是计资之一种方法，封爵也只是一种荣典，与职务都无关系。

唐代都城经常在长安，而以洛阳为东都，东都除留守以外，各官署亦往往仍空存其名，于是朝廷常以贬降或闲废的官安置在此，名为分司官。一般是除按期拜表行香以外，只领俸而不任事，只分司御史还可以稍为行使职权。分司官以外，还有王傅一官，也是养老的，因为唐代亲王虽有额定的官属，而亲王并不出合。名为王傅，官居三品，实际连王的面都见不到的。

唐代习惯，官吏犯的公罪，多半是贬到远方做州县以下的官，称为左降官，虽有官名，不许任职的名为员外置同正员，其实只能领少数的生活费而已。但由于大赦的频繁，每经一次大赦，即有“量移”的机会，（从远处移回近处。）而且在君主或执政大臣有变动时，也很容易再起掌权，如德宗时的杨炎从左降的道州司马一旦起为宰相，而宰相一旦远贬为司马甚至录事参军的也不足为奇。在这种情况，地方官对于左降的朝官总是另眼看待，不敢待以僚属。

四 宋

每一王朝，在其完成统一以后，必着手制定其立国的规模体制，以期统治政权的长久巩固，如秦、如晋、如隋，都是如此。唯有宋代，在五代十国长期混乱之后，虽然取得统一，却并没有将支离破碎的旧制度加以修整，也没有另定一套整齐划一的新制度。反而在混乱的程度上加深，以致形成一种参差夹杂、变动不常的现象。这是读宋史的人所感到难于掌握的。

首先是因为五代的君主都由藩镇而取得政权，他们包括他们的部下都习惯于军府的任意措置，一切职务既没有明确的规定，也没有一定的名称。重要职务都付之于临时差遣，而旧有一套的制度仅作为仪式装点之用。宋代的开国君主既不例外，而佐命宰相赵普又是藩镇的幕职出身，所以宋代初期的政治制度仍是以唐代藩镇的规模为基础，像《唐六典》那样的正式条例早已抛在一边。

《宋史·职官志》还追源溯流，推到唐代的破坏定制已非一日，这也是有原因的。《宋史》的意思说：从武则天的时代起，就有试官的条例，有员外官的设置，有检校、判、知等名目。原意是以定制内之官待平常的人，而以临时差遣待有用之才，使庸碌之人不能生循资序迁的希冀，而才能显著之人得以在本职上充分发挥，不受规章条格的束缚牵制。这是较好的一面。然而这样一来，又产生叠床架屋、名实不相符的怪特现象。

这种弊病，宋代更甚于唐。以中央官而论，既有三省的正式机构，又以中书省置于宫廷内，与枢密院共同执政。所有三省、六部二十四司的本职都是用其他官员主判的，本官不管本职。例如吏部侍郎就并不管吏部的事。如果指定任本部，还须加上“判本司”的头衔。《宋史》说得最透彻：“中书令、侍中、尚书令不预朝政，侍郎、给事不领省职，谏议无言责，起居不记注，中书常阙舍人，门下罕除常侍，司谏、正言（即前此之拾遗、补阙）非特旨供职亦不任谏诤。至于仆射、尚书、丞、郎、员外，居其官不知其职者十常八九。”结果则官与职离而为二，官是虚名，职才是实际的官说。在此以外，还有差遣，职还不一定有职务，差遣才是职务。例如吏部郎中、龙图阁学士、知开封府，吏部郎中是官，龙图阁学士是职（这是不在正规官系统内的），知开封府是差遣。开封府本来正官是府尹，而不置府尹，仅以知府代充，这就是所谓以其他官员主判。

外官的刺史、县令，本来是历代相沿的正式地方行政官，自从唐代中期藩镇割据以后，往往由节度、观察使派人代理，不归中央除授。于是形成五代时武人横恣之弊。宋太祖想逐步纠正，于是先叫节度、观察所辖之州直接中央，不除授刺史，只派京官前往知州事，知州事即管州事之意。继而县令也不除授，只派京官前往知县事。又仍恐知州的权太大，又设通判以分其权。而刺史、县令正官反成虚设。

直到神宗时，才企图恢复唐代的正常制度，省、部、寺、监都仍旧收回自己的职掌。凡有职掌的官名为职事官，而仅为表明等级身份的官则名为寄禄官。寄禄官不再以尚书、侍郎、卿、监为名，而另定官号。这一更张名为元丰新官制。

宋代的宰相名称有五次的小变更。（一）初期沿唐制以同平章事为宰相，以参知政事为副相。（二）元丰改制以后，则名义上恢复三省长官，但虚设其名，以尚书省的左仆射兼门下侍郎，右仆射兼中书侍郎，作为宰相。于是名为三省，实则并而为一。（三）徽宗时改左右仆射为太宰、少宰，仍兼两省侍郎。（四）高宗时左右仆射并加同中书门下平章事，改中书门下侍郎为参知政事。（五）孝宗时改左右仆射为左右丞相。

唐末宦官之枢密使隐操内廷政治，宦官失势以后，后梁以士人代居其职，为君主私人顾问，与闻机要，即等于代君主宣达意旨，付外施行。于是前此之宰相固然仅能装点门面，翰林学士亦只供润色文章。宋代遂以枢密院为常设机关，专掌军政，与中书省分执政柄，号为二府。尤其是兵部失去原有职务以后，枢密院成为实际主持军政的唯一机构。枢密院主官为枢密使或知院事，次官为枢密副使或同知院事，资历再次的则称签书院事、同签书院事。枢密使地位相当同平章事，副使相当参知政事。除同平章事外，枢密院的主官、次官及参知政事、尚书左右丞统名为执政官，合称宰执。（宰相亦有兼枢密使者。）枢密院的组织，在主官、次官之下设都承旨、副都承旨为内部之总务长，都承旨初用武臣，神宗时始参用文臣。其下又有检详官、计议官、编修官，虽然不是正规官，却有定额，有专职，为枢密院的骨干。

除枢密院以外，宋代的特殊机构还有宣徽院，这原也是唐代的宦官创立的，与枢密院地位略同。后来事权都归枢密院，宣徽院虽有南北院两使，似乎犹在枢密使之上，实则位尊而无所事，所以至北宋末年即不复存在。

其次则三司使，三司指盐铁、度支、户部，五代时合而为一，宋沿其制，其权位之重，与执政无殊。其内部职务之划分如下，盐铁七案：兵案、胄案、商税案、都盐案、茶案、铁案、设案。度支八案：赏给案、钱帛案、粮料案、常平案、发运案、骑案、斛斗案、百官案。户部五案：户税案、上供案、修造案、曲案、衣粮案。其附属机构则有都磨勘司、都主辖收支司、拘收司、都理欠司、都凭由司、开折司、发放司、催驱司、受事司等。就此可见三司职权之广泛，与事务之殷繁。元丰新制虽废三司仍归户部，其中胄案改设军器监，似较合理，但财用大计毕竟不是户部常设有限之官所能尽办，因此，北宋末期又有总领财赋官及经总制使以别掌之。

其次则翰林学士院，这也是沿袭唐制的。翰林学士知制诰即以代皇帝撰拟文告为专职。学士中资格最老的称承旨，资格不及学士的称直学士院。学士院对三省枢密院按平等的体制。

冠翰林之名而不属学士院的，有翰林侍读学士、侍讲学士，资格不及的称崇政殿说书。这些都是所谓经筵官，以在皇帝左右进讲书史为职。

其次则阁学士，这又是宋代特殊制度之一。除某某殿大学士、学士多为执政大臣之荣衔以外，龙图、天章等阁学士、直学士、待制名为典司秘籍，为文学侍从之臣，其实凡朝官出任外官，都带此种头衔，并无意义。又有直秘阁等官称，名为馆职，是须经过考试的，名为入馆。明清制度，进士一部分因考试优等而入翰林院的，称为馆阁之选，就是由此而来。但宋代后期的直秘阁是其他官员之兼衔，名为贴职，并不视为贵重。

元丰改制以前，六部职务皆由其他非正式的机构代理。除三司使代户部，枢密院代兵部，已见前外，吏部则为审官东西院分掌文武官之铨选，礼部则为礼仪院，刑部则为审刑院，唯工部职务分散，无专掌。

至于寺监，除军器监为宋所特设外，余与唐制略同。

武职则在内以殿前司、侍卫亲军马军司、侍卫亲军步军司为三衙，其主官为都指挥使、副都指挥使、都虞候。其下诸班殿直有都头、祗候、都知、押班等名，皆沿五代之习，由藩镇之牙兵变为禁军。至于唐之十六卫上将军则仍留其名以位置宗室及闲散武臣，号为环卫官。又增置三卫郎（亲卫、勋卫、翊卫），亦仅虚名，皆无职务。此外又设皇城司干当官，以统辖亲从亲事官，供出入宫禁、传递宫中所需之事物，亦皆武职侍从官之类。武职之充近侍最贵重者为带御器械。此亦沿五代时皇帝多在军中，故有此习惯，非极亲信之人，不付以近在左右之武器，及宋代则仅作为装饰而已。

在宫廷中供职者，又有东西上合门使、副使、宣赞舍人、祗候等，此为掌朝会礼仪之官，本为鸿胪寺之职，寺既虚设，遂由合门使代行。但宋之合门使亦颇能与闻政事，得以乘机弄权。又客省引进使及四方馆使职务性质亦同，此类官职称为横班，亦武职之一种。

内侍省是宦官的总机构，另设入内内侍省以统辖尤为亲近的宦官，与内侍省并称前后省。宦官的职名有都都知、都知、副都知、押班、内东头供奉官、内西头供奉官、内侍高品、内侍高班等，其初补者则曰小黄门。宦官的高级官称另有内客省使、延福宫使、宣政使、宣庆使、昭宣使等。元丰改制后改为通侍大夫、正侍大夫、中侍大夫、中亮大夫、中卫大夫、拱卫大夫等以比朝官的阶官。凡内廷机构除主管官外，仍以宦官充勾当官，以任其事务。

唐末以来，节度使之权虽重而除授极滥。宋代以文臣知军州事，代节度使之职，于是恰恰相反，节度使之权尽去，位分则反而提高，只有亲王外戚及前任将相大臣之有特殊资望者，方授以此官。然名为某某道或某某军节度使，并不履任。例如元丰中镇江军节度使检校太傅韩绛为开府仪同三司、判大名府，镇江军节度使为虚衔，判大名府才是其实职。凡节度使兼中书令或侍中或中书门下平章事者谓之使相，检校官加节度使出判府州者，亦谓之使相。

节度观察留后本是唐代藩镇以其亲信留充后务之称，但宋代亦作为次于节度使一级的官名，后改为承宣使。此外则唐代的观察、防御、团练使以及刺史都作为虚衔，虽带某州之名，并不履某州之任，名为遥郡。

虽然藩镇制度已经划除，但是以知州直接中央，事实上还是行不通的。于是州以上仍不能不设有职权较大的官职，就是所谓转运使。转运使的本职是经度一路财赋，保障上供及地方经费的足额，所以名为漕司。为了履行其本职，就有必要巡察辖境，稽考簿籍，举劾官吏。久而久之，转运使又成为事实上的大行政区监司官，其性质与明、清的布政使约略相近。不过转运使的官秩不是很高的，而地方长官，如知府、知州，还可能是前任的执政。在职权上转运使较为广泛，而在体制上却不能完全以下属待府州。这一点与汉代州刺史与郡守的关系又略相似。

与转运使平行的又有提点刑狱公事及提举常平司两种类似的官职，也都有巡察之责。简称宪司及仓司。

但这些都只是监司官，至于高级行政区的军政长官则是安抚司的安抚使。安抚使照例由文臣充任，但往往带都总管衔，统辖军队，所以称为帅臣。安抚司设有参谋官、参议官、主管机宜文字等官，可以自辟僚属。宋代对于职权较重的外官，即使是文臣，也是多方牵制的。安抚司虽兼知州，统辖文武，而财权仍在转运使及其他临时派遣的财务专官手中，又在安抚司中设走马承受一员，有事可以直接亲向皇帝报告，不经安抚使之手。事实上与唐代的监军相似。所以每一路有四个系统的长官，职权互有不同而又都不能认真负责，即所谓帅、漕、宪、仓四司。为宋代大行政区的组织大概。

在北宋末期军事繁兴以后，经常派遣将相大臣担任方面要职，名称随时制定，职权最大的如都督诸路军马，督视军马，次之则制置使、宣抚使，或制置宣抚使，官秩特高者则称大使。所属幕僚都以朝臣充任。

特派的财务专官则有经制使、发运使、总领官、都大提举茶马、都大提举坑冶铸钱、提举市舶等。

宋代另有一奇特制度。节度、观察虽已等于废除，而两使下之判官、支使、掌书记、推官等幕职依然存在。不但两使，并防御、团练、军事州都仍有幕职，作为入官的初步。与州之录事参军、户曹参军、司法参军、司理参军等同为州之佐官。判官也有称签书判官厅公事的，简称签判，签判以下正名为幕职官，录事参军以下正名为曹掾官，其实也都还是闲曹。

宋代地方官制，基本上沿唐之旧。所不同者，州刺史、县令之名已同虚设，而实际任事的是知州、知县。稍大的州，则多已升为府，升府的州，一部分是沿袭唐五代旧名，一部分是因为皇帝未即位时所封或曾是任官之地。至于唐代节镇所在仍保留其军号，也有新加新改的军号，这称为节度州。但另有一种称军的地方，不是节度州，而是由县升的，或领数县，或并不领县。这种军往往仅比县略高一级。此外矿区、盐区则称为监，亦有领县者。

为了统治的便利，分全国为若干路。今据《宋史·地理志》所载，以元丰定制的二十三路为准，列表如下，较易明了中上级的行政区划。

京畿路

开封府

京东东路

济南府（兴德军节度）　青州（镇海军节度）　密州　沂州　登州　莱州　潍州　淄州　淮阳军

京东西路

应天府（归德军节度）　袭庆府（泰宁军节度）　兴仁府（彰信军节度）　东平府（天平军节度）　徐州（武宁军节度）　济州　单州　拱州（保庆军节度）　广济军

京西南路

襄阳府（山南东道节度，此为沿唐制未加军号之节度） 邓州（武胜军节度） 随州（崇信军节度） 金州（昭化军节度） 房州（保康军节度） 均州（武当军节度） 唐州 光化军

京西北路

河南府 颍昌府（忠武军节度） 淮宁府（镇安军节度） 顺昌府 郑州（奉宁军节度） 滑州（武成军节度） 孟州（河阳三城节度，亦未加军号） 蔡州（淮康军节度） 汝州（陆海军节度） 信阳军

河北东路

大名府 开德府（镇宁军节度） 河间府（瀛海军节度） 沧州（横海军节度） 冀州（安武军节度） 博州 棣州 莫州 雄州 霸州 德州 滨州 恩州 清州 保顺军 永静军 信安军 保定军

河北西路

真定府（成德军节度） 中山府（定武军节度） 信德

府（安国军节度） 庆源府（庆源军节度） 浚州（平川军节度） 怀州 卫州 洺州 深州 磁州 祁州 保州 安肃军 永宁军 广信军 顺安军

河东路

太原府（河东节度，未加军号） 隆德府（昭德军节度） 平阳府（建雄军节度） 绛州 泽州 代州 忻州 汾州 辽州 宪州 岚州 石州 隰州 慈州 麟州（镇西军节度） 府州（靖康军节度） 丰州 庆祚军 威胜军 平定军 岢岚军 宁化军 火山军 保德军 晋宁军

陕西路

京兆府（永兴军节度） 河中府（护国军节度） 解州陕州（保平军节度） 商州 虢州 同州（定国军节度） 华州（镇潼军节度） 耀州（感德军节度） 庆成军 清平军 以上永兴军路

延安府（彰武军节度） 鄜州（保大军节度） 坊州 保安军 绥德军 银州 以上鄜延路

庆阳府（庆阳军节度） 环州 邠州（静难军节度） 醴州 定边军 以上环庆路

秦州（雄武军节度）　凤翔府（凤翔军节度）　陇州　凤州　阶州　渭州（平凉军节度）　泾州（彰化军节度）

原州　德顺军　镇戎军　会州　怀德军　西安州　以上秦凤路

熙州（镇洮军节度）　河州　巩州　岷州　兰州　洮州　廓州　乐州（向德军节度）　西宁州（宾德军节度）　震武军　积石军　以上熙河路

两浙路

临安府（宁海军节度）　绍兴府（镇东军节度）　平江府（平江军节度）　镇江府（镇江军节度）　庆元府（奉国军节度）　瑞安府（应道军节度）　建德府（遂安军节度）　嘉兴府（嘉兴军节度）　湖州（昭庆军节度）　婺州（保宁军节度）　常州　台州　处州　衢州

淮南东路

扬州（淮南节度，未加军号）　亳州（集庆军节度）　宿州（保静军节度）　楚州　海州　泰州　泗州　滁州　真州　通州　高邮军　安东州　招信军　淮安军　清河军

淮南西路

寿春府　安庆府（德庆军节度）　庐州（保信军节度）蕲州　和州　濠州　光州（光山军节度）　黄州六安军　无为军　怀远军

江南东路

建康府　宁国府（宁国军节度）　徽州　池州　饶州　信州　太平州　南康军　广德军

江南西路

隆兴府（镇南军节度）　江州（定江军节度）　赣州（昭信军节度）　吉州　袁州　抚州　瑞州　兴国军　南安军　临江军　建昌军

荆湖北路

江陵府（荆南节度，未加军号）　德安府（安远军节度）常德府（常德军节度）　鄂州（武昌军节度）　复州　澧州峡州　岳州（岳阳军节度）　归州　辰州　沅州　靖州　荆门军　汉阳军

荆湖南路

潭州（武安军节度） 衡州 道州 永州 郴州 宝庆府（宝庆军节度） 全州 茶陵军 桂阳军 武冈军

福建路

福州（威武军节度） 建宁府（建宁军节度） 泉州 南剑州 漳州 汀州 邵武军 兴化军

成都府路

成都府（剑南西川节度，未加军号） 崇庆府（崇庆军节度） 嘉定府（嘉庆军节度） 眉州 彭州 绵州 汉州 邛州 简州 黎州 雅州 茂州 威州 永康军 仙井监 石泉军

潼川府路

潼川府（剑南东川节度，未加军号） 遂宁府（武信军节度） 顺庆府 资州 普州 昌州 叙州 泸州（泸川军节度） 合州 荣州 渠州 怀安军 宁西军 长宁军 富顺监

利州路

兴元府（山南西道节度，未加军号） 隆庆府（普安军节度） 同庆府 利州 洋州 阆州 巴州 文州 沔州 蓬州 政州 大安军 金州（昭化军节度）

夔州路

绍庆府（武泰军节度） 咸淳府 重庆府 夔州 施州 万州 开州 达州 涪州 云安军 梁山军 南平军 大宁监 珍州 思州 播州

广南东路

肇庆府（肇庆军节度） 德庆府（永庆军节度） 英德府 广州（清海军节度） 韶州 循州 潮州 连州 梅州 南雄州 贺州 封州 新州 南恩州 惠州

广南西路

静江府（静江军节度） 庆远府（庆远军节度） 容州（宁远军节度） 邕州（建武军节度） 融州（清远军节度）象州 昭州 梧州 藤州 龚州 浔州 柳州 宾州 横

州　化州　高州　雷州　钦州　白州　郁林州　廉州　琼州　南宁军　万安军　吉阳军

从《宋史·地理志》可以看出宋代地方行政单位名称之复杂，凡州之升府者有府名，州名之外又有郡名，郡名有沿袭唐制的，也有新定的。府也有与节度军号同的，也有不同的，节度州有不改府的，升府之后也有不立节度军号的。州的等级有节度、防御、团练、军事之不同，而某些州又仍唐旧称为大都督府。

凡置安抚使的地方有：应天府的京东西路安抚使，青州的京东东路安抚使，大名府的大名府路安抚使，河间府的高阳关路安抚使，真定府的真定府路安抚使。中山府的中山府路安抚使，太原府的河东路经略安抚使，京兆府的永兴军路安抚使，延安府的鄜延路经略安抚使，庆阳府的环庆路经略安抚使，秦州的秦凤路经略安抚使，渭州的泾原路经略安抚使，熙州的熙河路经略安抚使，临安府的浙西安抚使，镇江府的沿江安抚使，庆元府的浙东安抚使，楚州的淮东制置安抚使，庐州的淮南西路安抚使，池州的建康路安抚使，隆兴府的江南西路安抚制置使，鄂州的鄂州路安抚使，常德府的荆湖北路安抚使，潭州的荆湖南路安抚使，成都府的成都府路安抚使，潼川府的潼川府路安抚使，兴元府的利州路安抚使，广州的岭南东路经略安抚使，静江府的广南西路经略安抚使。以上的建制，当然随时有变动，所以驻地不一，辖境不一，名称亦不一。

地方驻军指挥则有都副总管、都副钤辖、都监、副都监等三级，或守臣兼充，或武臣充副职。至于沿边地方则置都巡检、巡检。

南渡以后，多采临时措置，各军将领分别给以统制、同统制、副统制、统领、同统领、副统领等名号，其下则有正将、副将、准备将等名，则为偏裨之职。

宋代仕途中有许多与其他时代不甚相同的制度。

一是荫补：宋代以恩泽而得官的不止于子孙，而且可以推到旁支，异姓，甚至于门客。而得荫补的机会又有大礼荫补、致仕荫补、遗表荫补各途，所以一遇郊祀之年，就有无数人涌入官序之中。于铨选已经壅滞之外，更增加一种冗官之弊。

一是磨勘：所有入官人经过一定时期，都可以申请叙迁，查明资历与规定相符，不需要有何职务上的表现，是一定可以逐步上升的。名为磨勘，实际是照例文章，不过防止伪造文件年月而已。

一是请郡：宋代高级朝臣可自己声请指定地方出任知州，以资休养。与唐代出任刺史多带左迁意味及清代外放道府为宦途荣遇皆有所不同。

一是祠禄：宋代所谓祠禄是以道教宫观为名给予一定待

遇，以示优礼。其高级者为某某宫使，专以位置罢退之大臣，次级者为提举某处某宫某观，最低一级为监岳庙，都并无职事。如果不是由自己陈请而得，则亦有贬降意味，与唐代之分司官带有投闲置散意味者略同。

一是阶官：宋代初期，寄禄官与职事官极为淆乱，最可笑者，选人初授皆以幕职令录为名，与其所任之职毫不相干。例如《通考》所指，有以京西路某县令为阶官而为河北路转运司勾当公事者，有以陕西路节度判官为阶官而为河东路某州州学教授者，有以无为军判官为阶官而试秘书省校书郎者。神宗以后，始别定阶官之名，不与职事官相混。文阶官自开府仪同三司至承务郎，每四年一转，无出身人逐资转，有出身人超资转，至奉议郎则仍逐资转。转到高级，即不按资而由特旨除授。武阶官略同，医官内侍官之阶官另有规定。因此，宋人官衔中之某某郎、某某大夫，乃所以表明其资历等级，而且科目出身的人加左字，无出身的人加右字，更是表明身份所不可无的。

一是封赠：先世赠官及封爵都是按资递加的。封爵的食邑名为几千户，全是虚的，所谓食实封若干户也不过是照例文章，进爵到国公为止，封王的出于特典。妇人的封号，初期仍唐制称国夫人、郡夫人，徽宗时定夫人以下至孺人按夫或子之品级为称。

俸禄之制，本官料钱最高每月四百千至最低七百，外加衣著实物，禄粟每月二百石至一石，高级官另有随身及傔人衣粮，职事官另有职钱自六十千至十六千。此外在京高级官另给实物。但这些规定都不是实际支领的数目。

五　辽

辽代官制最大特点是分辽官、汉官两大系统。辽官称北面官，汉官称南面官，辽官是契丹自立的特殊制度，汉官则是入据关内以后模仿唐、宋制度而设的。但所谓北面官（辽官）之中又有北面、南面之分，北面掌宫卫、部族、属国之事，南面掌境内汉人州县之事。这是必须辨明，不容牵混的。

首先须了解契丹的宫卫制度。契丹本属游牧民族，其君主即位，即自有一庐帐，名某某斡鲁朵，汉名某某宫，在生时等于其亲军组织，死后仍然不废。举辽太祖为例，其宫卫名算斡鲁朵，汉名弘义宫，凡领州五，县一，提辖司四，石烈二，瓦里四，抹里四，得里二。其中有的是以州县户口为所属，有的是以部族为所属，有的是以俘户及犯罪者家族为所属。石烈以下都是组织单位之名。

其次部族制度，据《辽史·宫卫志》云："契丹故俗，分地而居，合族而处。有族而部者，五院、六院（迭剌部）之类是也。有部而族者，奚王、室韦之类，是也。有部而不族者，特里特免、稍瓦、葛术之类，是也。有族而不部者，遥辇九帐、皇族三父房，是也。计辽内四部族曰：遥辇九帐族、横帐三父房族、国舅帐拔里乙室已族、国舅部族。太祖以遥辇氏旧部族分置者十部，增置者十部，圣宗以旧部族置者十六部，增置者十八，辽国外十部。”

所有宫卫部族实际都是军事组织。凡要地皆置各宫提辖司以掌战时征调，部族军则有各路招讨司、统军司、兵马司、都部署司等。贵族私军则有太子军、于越王军、麻答军等，精锐选兵则有太宗之皮室军，与地皇后之属珊军。而汉地之乡丁及属国军不在此内。辽之建国以庐帐军事为基础，设官分职亦与此相配合，所以必先知其大概。

以下叙北面官：

北枢密院有枢密使以下各官，掌契丹军政。

南枢密院亦有枢密使以下各官，掌契丹民政。

北宰相府有左右宰相、总知军国事、知国事等官，以皇族四帐充任。

南宰相府置官同，以国舅五帐充任。

北大王院分掌部族军民之政　北院大王初名迭剌部夷离堇，太祖分北南院以弱其势。太宗改夷离堇为大王。北院大王以外设北院太师、太保、司徒、司空，其下则郎君。又北院都统军司设北院统军使、统军都监等。北院详稳司设北院详稳、都监、将军等。北院都部署司设北院都部署、副部署。

南大王院同。

宣徽北院　掌北院御前祇应。

宣徽南院同。

大于越府大于越为辽之尊官，因太祖以遥辇氏于越受禅，故不轻以授人。

夷离毕院　掌刑狱。官有左右夷离毕。

大林牙院　掌文翰。官有北面都林牙，林牙承旨、林牙、左右林牙。

敌烈麻都司　掌礼仪。官有敌烈麻都、总知朝廷礼仪、总礼仪事。

北面御帐官

侍卫司　掌御帐亲卫。

北护卫府　掌北院护卫。

南护卫府　掌南院护卫，下有总领左右护卫司。

奉宸司　掌供奉宸御。

三班院　掌左右寄班。

宿卫司　掌宿卫。

宿直司　掌轮直官员宿值。

硬寨司　掌禁围枪寨下铺传铃。

北面著帐官

著帐郎君院　犯罪家属所隶，官有著帐郎君节度使，著帐郎君司徒。

大惕隐司

大内惕隐司　掌皇族四帐之政教。

大横帐常衮司　掌太祖后九帐皇族，常衮亦曰敞稳。

舍利司　掌皇族之军政，有舍利详稳、舍利都监、舍利将军等。

王子院　掌王子各帐。

北面诸帐官

遥辇九帐大常衮司　掌遥辇诸汗宫分之事。

大国舅司　掌国舅乙室已、拔里二帐之事。

部族官　大部族

某部大王（本名夷离堇）　某部左右宰相　某部太师、太保、太尉、司徒（本名惕隐）。

某部节度使司　某部节度使、副使、判官。

某部族详稳司　某部族详稳、都监、将军、小将军。

某石烈　某石烈夷离堇。某石烈麻普（亦曰马步，本名石烈达刺干）。

某弥里　辛衮（本名马特本）。

至于南面官，则全与唐、宋之制相同，唯中书省初名政事省，中书令为政事令，中书舍人为政事舍人。此外，特设汉人行宫都部署院，及十二宫南面行宫都部署司，是汉人参加契丹本部组织的机构。

大体上，由于五代至北宋时与汉人接触的关系，除其原有职官外，都是随时模仿而定名的。在其初期，鉴于五代时军人加检校官之滥，遂亦以太尉司徒等呼其贵官。又鉴于五代时方镇名号之多，遂亦于部族州县中滥称节度使。又其宫廷内部职名，不经文士参订，多用俗称，如郎君、小底之类。至太宗一度入汴，稍用汉人，文物渐备，方以汉官名位置汉人，故同一枢密院，而北面之枢密院乃其重心所在，南面之枢密院不能与之相混。

读辽史者每每遇到难于索解的契丹语名词，今据《辽史·国语解》录其大略如下：

挞马，管率众人之官。　夷离堇，统军马大官。　夷离的，大臣夫人。　夷离毕，执政官。　舍利，契丹豪民要裹头巾者，纳牛驼十头，马百匹，乃给官名曰舍利，后遂为诸帐官，以郎君系之。　三班院，左右班并寄班为三班。　拽剌，军官名。　令稳，官名。　麻普，即麻都不，县官之副。初名达剌干。　知圣旨头子事，掌诰命奏事官。（头子为文告之一种）　梅里，贵戚官名。

六　金

金代的官制在初期还只有其本族的简单称号。虽然到熙宗时代已经废去，而在读史时还是经常遇见的。据《金史·百官志》所述，官长的通名为勃极烈（据满洲人说，即清代之贝勒二字异译），所以太祖以都勃极烈即位，太宗以谙班勃极烈居守。（谙班是尊大之意，清代沿用，亦译作昂邦。）其次则有国论忽鲁勃极烈，及左右国论勃极烈。国论意为尊贵，忽鲁意为总帅。一般的勃极烈则以国论、乙室、忽鲁、移赉、阿买、阿舍、吴迭等名号为等第。部长为孛堇，统数部者则为忽鲁。自熙宗定官制后，皆已废止。唯镇抚边境之官，秃里、乌鲁古之下有扫稳脱朵，详稳之下有么忽、习尼昆。秃里掌部落词讼，乌鲁古掌畜牧，详稳为辽之旧名，掌乣军（部族军）。

自太宗始，渐袭辽、宋旧制，用汉官名。其稍不同者为以尚书省总揽政务而不设中书门下，以尚书令为最高长官，其下则左右丞相及平章政事为宰相，左右丞及参知政事为执政官。其下直属者为左右司郎中、员外郎及都事，又有祗候郎君管勾官、架阁库管勾、直省局局长等以司庶务。而左三部右三部皆各有检法司，设司正及检法等员。六部官制大体均承前，唯于员外郎增主事二员，为从七品官。其他与宋制相同者不赘。

大抵金制是缺乏系统性的，往往随事置官，有旁见侧出之弊，举其一，如宗正寺升为大睦亲府，而于各处置司，既属中央性质，亦属地方性质。司农司置大司农，又置卿及少卿，而各地方又有置行司农司者。又如掌近卫的官，有的属于殿前都点检司，有的属于宣徽院。掌宫禁的官，有的属于卫尉司，有的属于刑部的各宫提举。又如惠民司掌汤药而隶于礼部，武库署属于殿前都点检司，而军器库又属于军器监。

地方官制尤为复杂。转运使本掌钱谷，提刑使本掌刑狱，而又改提刑为按察使，或兼转运使，或兼安抚使，或兼劝农使。似钱谷刑狱，民政监察之权并无明确界限。至军政长官，则以诸京留守司留守带本府府尹兼本路兵马都总管为第一级，诸府府尹兼都总管为第二级，诸府府尹不兼总管为第三级。而节度州、观察州、防御州、刺史州则仍有节度使、观察使、防御使、刺史。是唐、宋两重制度的混合。至府州的僚属，则诸京有警巡院使，诸府及节度州有录事司录事，防御刺史州有司候司司候，是前代所无的。而唐、宋的幕职官也依然存在。

金代科举制度女真与汉人是分科的，前者所取的人数也较多，而入仕之途也较易。据《金史·选举志》，凡进士所历之阶及所循注之职：贞元元年制，南选初除军判丞簿，次除防判录事，三除下令，四中令及推官节察判，五六皆上令。北选更优。进士登科即授官，从此开始，说明由进士入仕是逐步趋于简易的。又金代不用文资官除县尉，这都与唐代之初制颇有距离。

又金代铨选有如下之特定名称，凡外任循资官谓之常调，选为朝官谓之随朝，以廉察而升者为廉升，授东北沿边州郡而升者为边升。

官职性质之区别，则有如下之名称：京府尹牧、留守、知州、县令、详稳、群牧（此二者仍用女真语官名，见前）为长官。同知、签院、副使、少尹、通判、丞为佐贰官。判官、推官、掌书记、主簿、县尉为幕职官。兵马司及他司军者为军职官。警巡、市令、录事、司候、诸参军、知律、勘事、勘判为厘务官。应管仓库院务者为监当官。知事孔目以下行文书者为吏。（以上皆据《金史》选举及百官志。）

金代之阶官，较宋制尤为繁复，除文武官外，司天官及教坊官亦有特定的阶官名称，又在宋制医官内侍以外。

金之军职，于内地置统军司，于边地置招讨司。统军使，招讨使皆正三品官。诸总管府及节镇则有兵马司都指挥使，诸府州则有兵马钤辖，又有都巡检使、散巡检等。

金之兵制，介于明之卫所及清之八旗之间。大凡其初期部内之民皆有服兵役之义务，以猛安、谋克为其组织之名。（《历代职官表》作明安、穆昆。）猛安约当千夫长，谋克约当百夫长，谋克之副曰蒲里衍，士卒之副从曰阿里喜。部卒之数初无定制，太祖始定三百户为谋克，十谋克为猛安。嗣后虽亦收编他族，然仍以女真本族为主。又随边境之南移，猛安、谋克有迁至河北、山东，授田定居者。久而久之，兵变为民，甚至猛安、谋克亦可举进士。故一遇有战事，仍须签发，以强迫其应征，乃至既废农事，又无能战之兵可用。

金之地方行政区划大致与宋相同，其以京为名者有上京路领会宁等府州，东京路领辽阳等府州，北京路领大定等府州，西京路领大同等府州，中都路领大兴等府州，南京路领开封等府州，其他则咸平路领咸平等府州，河北东路领河间等府州，河北西路领真定等府州，山东东路领益都等府州，山东西路领东平等府州，大名府路领大名等府州，河东北路领太原等府州，河东南路领平阳等府州，京兆府路领京兆等府州，凤翔路领凤翔等府州，鄜延路领延安等府州，庆原路领庆阳等府州，临洮路领临洮等府州。

七　元

元代疆域既广，种族又繁，其设官分职，不全依前代之旧，既以名称而论，亦杂采各种语言习惯，较之辽、金更为头绪繁杂，为读元史者所最感不便。今依《元史·百官志》所载，略加归纳，并就事实为之说明如下。

中央官制

中书省为政务中枢，其最高长官为中书令，常以太子兼领，班在一切臣僚之上。其次则左右丞相（以右为上）为正一品官，平章政事为从一品官，又其次则左右丞、参政及参议中书省事。左右司之职仍如前代，郎中、员外郎之下有都事。中书省之掾属则有监印或知印，怯里马赤、蒙古必阇赤、汉人省掾、回回省掾、宣使、省医、玉典赤等。

左右司及六部在前代本属尚书省，而元代不采三省之制，只存中书一省。尚书省虽亦曾屡次复设，乃因人而施，主旨专为临时搜刮财用，不为定制。旋置旋废，废又复置。此亦官制上一重要变革。当设立尚书省之时，中书省之职权即移于尚书省，而中书省又并存如故，此尤为特殊现象。

六部多有附设机关，户部则有各库、宝钞提举司、宣课提举司、酒课提举司、都漕运使司、采金铁冶都提举司、都转运盐使司等。礼部则有侍仪司、拱卫直都指挥使司、仪凤司、教坊司（均乐官）、会同馆、铸印局。兵部则有陆运提举司、打捕鹰房民匠总管府。刑部则有司狱司、司籍所。工部则有诸色人匠总管府、提举右八作司、提举左八作司、茶迭儿总管府、提举都城所、窑场、皮货所提领、各路织染提举司。（有中山刘元帅局及深州赵良局大使等名目，以创始人或主管人为工场之名，是元代的特殊习惯。）

与宋制相同的是枢密院与中书省对掌军事与政务，而于各用兵之处设行枢密院则为宋制所无。所统禁军有左右前后中五卫，各置都指挥使、副都指挥使、佥事、镇抚所、千户所（有行军千户所、弩军千户所、屯田千户所等名）。名为禁军，实亦带地方性质，因此，又有隆镇卫亲军都指挥使司，左右翼屯田万户府，左右卫率府。其驻守各地或带有技术性质之亲军则有河南淮北蒙古军都万户府，左右阿速卫亲军都指挥使司，回回炮手军匠上万户府，唐兀卫亲军都指挥使司，贵赤卫亲军都指挥使司，忠翊侍卫亲军都指挥使司，西域亲军都指挥使司，宗仁蒙古侍卫亲军都指挥使司等。这些名称几乎是数不清的。

元代的大宗正府与大司农司似乎也是继承金制。然实际上也不尽同。元代的大宗正府不是专掌皇室宗族，而是兼管部分蒙古人与汉人交涉事件的。大司农司除农业和水利以外，还兼管学校。翰林学士院变为翰林兼国史院，已经不是掌制诰的性质，逐渐与明、清的翰林院相近了。集贤院也不是修书的机关，国子监及道教阴阳术数也在所管之内了。

还有所谓内八府宰相，掌诸王朝觐之事，实际上亦与治理国政的宰相无关。宣政院则专掌释教，而吐蕃等地区的元帅府、招讨使司、宣慰使司等亦归其管辖，是为明、清设土官之起源。宣徽院的职务包括前代的光禄寺，而加以扩大。办油面的有生料库，办柴炭的有柴炭局，办糖蜜的有沙糖局，在外办野味的有淮东淮西屯田打捕总管府，办瓜果的有龙庆栽种提举司，办茶的有常湖等处茶园都提举司，建宁北苑武夷茶场提领所，并且有抽收杂税的机关名为抽分场提领所。这些都是属于宣徽院的琐碎低级机关，单从宣徽院的名称看，是不能理解的。

元代重视宗教，对于佛寺，不仅设官，而且大规模地置产收税，经常负责修缮。总机关名为大禧宗禋院。所属各大寺院设总管府，有设田赋提举司的，有设营田提举司的，有设财用所的，有设民佃提领所的，有设香户提举司的，有设营缮司的。在这方面几乎政教不分，而以正式官署执行寺院之事亦前代所未有。

历代掌管宫廷用物之制造者多为少府监所属官署，而将作监则掌公用之建筑，元代乃升为将作院，其所辖各种工艺品的作场也是非常繁多的。一为诸路金玉人匠总管府，其所属则有玉局提举司，金银器盒提举司，玛瑙提举司，金丝子局，鞓带斜皮局，瓘玉局，浮梁磁局，画局，装钉局，大小雕木局，温犀玳瑁局，漆纱冠冕局等。一为异样局总管府，其所属则有异样纹绣提举司，异样织染提举司，纱罗提举司。一为大都等路民匠总管府，其所属则有备章总院、尚衣局、御衣局、织佛像提举司等。

关于宫廷的职事，又有中政院，其所属有中瑞司、内正司、翊正司，主要是供应皇后的。除礼仪服御以外，分布各处的矿冶、渔猎、民户、匠户、田赋、税课等管辖机关也是难以屈指的。至于供应太后的徽政院、供应太子的储政院，名目繁多，都不相上下。总之，元代的皇后、太后、太子诸王都可以有领地，有丁口，国官与宫官交错设置，政令纷歧，是历史上所仅见的奇特现象。

元代所设各院，比较与传统相近的是：太常礼仪院、典瑞院、太史院、太医院。（其所属有惠民局及医学提举司，是有关医疗事业与医学教育的。）而末期所置之奎章阁及艺文监所掌关于鉴定书画，刊布图籍之事，也有具体的表现，不为虚设。又元代驿站制度特别发达，因此而特设通政院以管理全国驿站之事，而于各路置脱脱禾孙一官以稽察之，也值得一提。

以上各官署所管还没有完全包括所有的宫廷事务，大都、上都各留守司所属也有庞大复杂的机构。其他行宫则有尚供总管府，云需总管府，都是供应宫廷的性质。甚至真正地方行政机构如大都路都总管府，据《元史·百官志》说：凡本府官吏，唯达鲁花赤一员及总管推官，专治路政，其余皆分任供需之事，故又号曰供需府。则亦仍有供应宫廷的任务。

地方官制

元代中央与地方之划分亦颇异于前代。其中书省直辖之地方仅限于山东西及河北，谓之腹里。而以十个行中书省分辖一百八十五路，三十三府，三百五十九州，一千一百二十七县。（据《元史·地理志》）

中书省直辖大都路、上都路、兴和路、永平路、保定路及德宁等路，砂井总管府。燕南河北道肃政廉访司辖真定路、顺德路、广平路、彰德路、大名路、怀庆路、卫辉路、河间路、东平路、东昌路、济宁路，而曹、濮等州又直隶于省。山东东西道宣慰司辖益都路，山东东西道肃政廉访司辖济南路、般阳府路，而宁海州又直隶于省。河东山西道宣慰司辖大同路。河东山西道肃政廉访司辖冀宁路、晋宁路。

岭北行中书省统和宁路总管府。

辽阳行中书省统辽阳路、广宁府路、大宁路、东宁路、沈阳路。

河南江北行中书省统河南江北道肃政廉访司辖汴梁路、河南府路、襄阳路、蕲州路、黄州路、庐州路、安丰路、安庆路，而南阳、汝宁、归德等府又直隶于行省。江北淮东道肃政廉访司辖扬州路、淮安路，而高邮府又隶淮东宣慰司。山南江北道肃政廉访司辖中兴路、峡州路。

陕西行中书省统奉元路、延安路、兴元路。陕西汉中道肃政廉访司辖凤翔府，巩昌等处总帅府则辖巩昌、平凉、临洮、庆阳四府及秦、陇等十五州。吐蕃等处宣慰司都元帅府则辖河州路及雅、黎等州。

四川行省统西蜀四川道廉访司辖成都路、嘉定府路、广元路、顺庆路、永宁路。四川南道宣慰司辖重庆路、绍庆路、夔路。叙南等处宣抚司辖叙州路、马湖路。

甘肃行中书省统河西陇北道肃政廉访司，辖甘州路、永昌路、肃州路、沙州路、亦集乃路、宁夏府路。而山丹、西宁等州又直隶行省。

云南行中书省统云南诸路道肃政廉访司辖中庆路、威楚开南等路、武定鹤庆等路军民府。

江浙行中书省统江南浙江道肃政廉访司辖杭州路、湖州路、嘉兴路、平江路、常州路、镇江路、建德路。浙东道宣慰司都元帅府辖庆元路、衢州路。浙东海右道肃政廉访司辖婺州路、绍兴路、温州路、台州路、处州路、徽州路、饶州路。江南诸道行御史台辖集庆路、太平路、池州路、信州路、广德路，而铅山州又直隶行省。福建道宣慰司都元帅府、福建闽海道肃政廉访司辖福州路、建宁路、泉州路、兴化路、邵武路、延平路、汀州路。

江西行中书省统江西湖东道肃政廉访司辖龙兴路、吉安路、瑞州路、袁州路、临江路、抚州路、江州路、南康路、赣州路、建昌路。广东道宣慰司都元帅府、海北广东道肃政廉访司辖广州路、韶州路、惠州路、南雄路、潮州路、德庆路、肇庆路。

湖广行中书省统江南湖北道肃政廉访司辖武昌路、岳州路、常德路、澧州路、辰州路、兴国路、靖州路。湖南道宣慰司、岭北湖南道肃政廉访司辖天临路、衡州路、道州路、郴州路、全州路、宝庆路、武冈路、桂阳路。广西两江道宣慰司都元帅府、岭南广西道肃政廉访司辖静江路、南宁路、梧州路、浔州路、柳州路。海北海南道宣慰司、海北海南道肃政廉访司辖雷州路、化州路、高州路、钦州路、廉州路、乾宁军民安抚司。

从上面的编制看来，行中书省确是大行政区的性质。而省以下有再设宣慰司的，有设肃政廉访司的，有设元帅府的。更有设行中书省而兼设行御史台的。至于路则一般都设总管府，府有录事司。除直辖之县外，有府、有州，府州辖县，但亦有不辖县之州，更有不属于路而直属于省的府州。元代的路已由宋代的路缩小而略与明、清的府相同，道则与宋的路相近。所以省、道、路、府（州）、县，几乎成为五级，为历代最复杂的制度。

在西南沿边地区则有招讨司、宣抚司、长官司、军民总管府、军民府、万户府等，这种地区也有设路及州县的。即明、清两代土官仍沿用其名称，也是唐代羁縻州之进一步制度化，但名称纷乱已极，几乎无头绪可寻。

《元史》又载各行省属官有检校所检校、照磨所照磨、架阁库管勾、理问所理问、都镇抚司镇抚、儒学提举司，而蒙古提举学校官及官医提举司则各省有置有不置。此外两淮、两浙、福建设都转运盐使司，四川设茶盐转运司，广东设盐课提举司、市舶提举司。

诸路总管府总管以下内部属官有同知、治中、判官、推官、经历、知事、照磨、译史、通事。其他则儒学教授、蒙古教授、医学教授、阴阳教授、司狱司司狱、平准行用库提领大使、织染局局使、杂造局大使、府仓大使、惠民药局提领、税务提领。又设录事司录事、司候、判官以专任城中民事。其在两京，则为警巡院。

不立路之散府，则设知府或府尹，州设州尹，县设县尹。府州均有同知、判官、推官、知事及提控案牍，县则有丞、簿尉、典史、巡检。边远不设州而设军之处与州同。

此外，元代御史台之制亦与前代不同。除内台之御史大夫、御史中丞、侍御史、治书侍御史，仍旧制外，其属有殿中司之殿中侍御史及察院之监察御史。而江南及陕西特设行御史台，唯无殿中司，其他皆同。以各道肃政廉访司隶于内台及行台。每道设廉访使、副使、佥事。凡此皆足见元代之制虽多特创，而其中亦有一部分为明、清所沿用。

元代另一特殊制度是：除最高机构外，一般中外军民官署皆在主官之外设一达鲁花赤，主要由蒙古人担任。特别是外官，自总管府以至府州县，地方行政实权皆操在达鲁花赤之手。又低级事务官亦皆布置蒙古及他族人，有必阇赤、怯里马赤、回回令史及译史、通事等。

自仁宗时始开科取士，仍分蒙古、色目人与汉人、南人为两榜。虽已稍变其初期专用蒙古人任重要官职之制，但南榜进士之仕宦者亦多为御史台官及六部尚书为止，最高级之职位仍只限于本族人。

总结起来，元代设官的习惯有下列几点是突出的。一是宫廷关系的密切，这是由于皇室宗亲都有领地，食租税的原有习俗。一是工艺技术官司的繁琐，这是由于元代有匠户组织。一是事务官及吏员之充实及地位提高，例如都事及令史等，往往都有发言任事之权，这是由于蒙古高级官员往往情形不熟，能力薄弱，不得不假手于此种低级职员。

八　明

当明朝建立之初，政治制度大体上还是沿袭元代原有规模的。随着明太祖的统治力量逐步加强，才定出自己一套的新制度，既不是复古，却也不完全是新创的。然而经过时间的演变，明代中期以后的制度也与初期所定的大有距离。

首先，初期的定制是企图创立一种特殊的分封制，将自己的子弟乃至亲信的将帅分在各重要地区世袭镇守。这是将分封的诸王置于地方官吏之上，形成比元代的行中书省权力更大的半独立政权。自汉以后从没有过这样权力庞大的王国。其必至于威胁中央政权的安全是不待言的，所以永乐以后，有鉴于此，王国虽仍任其存在，却只有空的躯壳而毫无实权了。但分封的王越来越多而王府官吏也随之日增，平添无限的耗费，给民间带来沉重的负担。

其次是中枢政务，初期也是与元制一样，设中书省左右丞相。洪武十三年始定永远废除丞相一官，同时也撤销尚书省的名义，由六部尚书分任国务，直接皇帝，以期权力之极度集中。但皇帝毕竟不能亲自处理政务，于是不得不设内阁于宫廷，以大学士担任顾问兼秘书的职务。这便与东汉时的尚书相类。久而久之，内阁之权仍超出六部之上，名为不设宰相，内阁成员中之有力者仍然是实际的宰相，而且有时还是权相。不过内阁的成员是由高级朝官以“廷推”的形式产生的，而都察院六科给事中又都握有纠劾建言之权，所以廷臣之中分成派系，互相攻击，总是无休无歇。

又其次是宦官与政务的关系。历代虽然都有宦官干涉政务的事，但从没有像明代明目张胆代皇帝批答章奏的。内阁的职务止于票拟，而“批红”则是司礼监的事。司礼监的决定就是皇帝的意旨，内阁只能奉行，至多只能与掌权的太监商量一下。其他官吏之仰太监鼻息，受太监欺压，就更不待言了。因为太监有锦衣卫、东厂做爪牙，在京在外都可以用钦差的名义作护符，任意干涉行政，甚至干涉军事。从而加深廷臣中的派系纷争。

明代官制有取法于前代的，也有似同而实异的。今依次论述于下。

一、内阁：本来内阁既非官署名，亦非官名。开始时只是简任文臣入值文渊阁，预机务。这些人原官的品秩低，不兼部务，亦无官属，不能直接指挥行政，与唐代的翰林学士性质略同，以后这些人逐渐升迁，仍带某某殿阁大学士之名，才有内阁的正式办公处所。大学士本身品秩虽只五品，而其所升任的官往往已至尚书、侍郎，内阁的地位才逐渐提高到六部以上。到这地步，内阁就又有似于唐代的中书门下了。唐代的中书门下省官互称阁老，而明代之大学士则一般人称之为阁老。内阁大学士虽然表面位尊而权重，但是独立发挥其权力的机会甚少。内则受制于宦官，外则用人之权集中于吏、兵二部，而六科给事中与各道御史又往往遇事生风，党同伐异，互相攻讦。若以明代的大学士为具有宰相的权力，那还是不恰当的。

二、六部：六部尚书、侍郎都是堂官，都直接皇帝，而吏部为尤重要，因为官吏的除授都必经由吏部。即使是大学士、尚书、侍郎、都御史、九卿、祭酒缺出，也用“廷推”方式，以备皇帝任命。这样就形成廷臣分党营私，互相排陷的局面。又自永乐迁都北京以后，南京的部院官署依然存在，被排斥的安置在南京，南京各官也有一种势力与北京暗斗。两京官员迭为消长，操纵朝局。这也是明代的一种奇特现象。

六部所属各司都称某某清吏司，每司有郎中、员外郎，另外特设主事及司务为“首领官”，后升主事与郎中、员外郎同为司官。司官皆为实际任职之人，故颇能招权纳贿。

吏部以外，兵部管武职及土官之铨选，兵籍征调驿传等事亦其专掌。实即宋代枢密院之职，故颇为繁重。兵部尚书、侍郎又常兼总督或协理京营戎政，则更兼领禁军。

外任之总督、提督、巡抚多以兵部尚书、侍郎或都御史为其本官，地方文武因此均受其节制。明代之六部尚书往往不拘定额，可以添差，故有道士而任礼部尚书，工头而任工部尚书的。

三、都察院：此为明代所创设，与前代的御史台之制不尽相袭。凡设左右都御史、左右副都御史、左右佥都御史及十三道监察御史一百十人。都御史为台长，与六部平行，合称七卿。操弹劾及建言之权。关于官吏之考察黜陟则会吏部，关于重大刑狱则会刑部、大理院，其他各官署皆分属各道御史稽察。御史所充任之职务，远比前代为繁重。据《明史·职官志》所载："在内，两京刷卷，巡视京营，监临乡会试及武举，巡视光禄，巡视仓场，巡视内库皇城五城，轮值登闻鼓；在外，巡按（北直隶二人，南直隶三人，宣大一人，辽东一人，甘肃一人，十三省各一人），清军，提督学校（两京各一人），巡盐（两淮两浙长芦河东各一人），茶马（陕西），巡漕，巡关，攒运，印马，屯田，师行则监军纪功各以其事专监察。而巡按则代天子巡狩，所按藩服大臣府州县官。诸考察举劾尤专，大事奏裁，小事立断。按临所至，必先审录罪囚，吊刷案卷，有故出入者理辨之。”其假御史以重权如此。然而也有轻于议论之弊。

四、在京其他官署：明代最初设官也颇采秦、汉遗意，所以明太祖说：“国家立三大府，中书总政事，都督掌军旅，御史掌纠察，朝廷纪纲尽系于此。”中书应当即是丞相，无所不统，以后废中书，以六部共同执政，则六部也应当无所不统，而事实不然。其他独立的机构，既无所统摄，其中又有职责不明的，所以《明史·职官志》也只可分别叙述。今依其次第略加说明如下：

通政使司是明代创设的，“掌受内外章疏敷奏封驳之事。”似乎是南北朝通事舍人、唐代知匦使、宋代合门使及通进银台司等等之合并。在理论上是君主与臣下之间一个联系机关，无论何官署上奏事件都必经由其手，所以居七卿以下最高的位次，有资格参与“廷推”。及至清代，君主直接受理章奏，通政使即变成闲曹，而其品秩却仍然如旧，由此更可说明其在明代的作用。

与通政使同为正三品官的还有大理寺及詹事府。这两个机构在名义上一是理刑名的，一是太子的官属。然而即在明代中期以后，大理寺已经只能核阅案卷，詹事府也只备翰林官迁转之阶，太子出阁的讲读官都以其他官员兼任，名实不符了。

翰林院的性质也是特殊的。本来明初翰林院学士还是正三品官，沿前代之制设承旨，不久即革去承旨，降学士为正五品。于是翰林院官具有两重意义，其一作为参与机务的内阁成员。内阁成员称大学士，因而内阁与翰林院为一而二、二而一的机构，这是清制只有翰林出身的才能入阁的由来。不但内阁，即六部长官中也有定例以翰林官充任的。据《明史·职官志》所载："礼部尚书、侍郎必由翰林，吏部两侍郎必有一由于翰林。其由翰林者，尚书则兼学士，侍郎则兼侍读、侍讲学士，其在詹事府暨坊局官，视其品级必带本院衔。"

另外一点，明代的翰林院包括前代秘书监、史馆、著作局、起居郎、舍人等职，因此，这些官名都已废除。事实上连这些官的职务也废除了，不过作为装点门面之用而已。在建文时，曾改侍读、侍讲两学士为文学博士，设文翰、文史二馆，似乎意在申明职掌，然而性质仍不明确。

自永乐初为始，选进士之能文工书者为翰林院庶吉士，三年考试后，留院者按二三甲分授编修、检讨，不留者则为给事中、御史或出为州县官，后又特命大臣为教习。这是一直沿至清代不改的。

此外，国子监官也与翰林院相接近。以监丞掌绳愆厅，执行学规，博士分经讲授，分率性、修道、诚心、正义、崇志、广业六堂为肄业之所，也是明代所特创。

其他卿寺，如太常、光禄、太仆、鸿胪四寺仍如前代。所增设者，为尚宝司，在古代只是门下省的一小部分，而明代以卿及少卿为正从五品官，专以位置大臣勋戚子弟，作为荣宠，并无员额。

特设而无专署的，则有六科都给事中，左右给事中，给事中，掌稽察各官署之事，前代拾遗、补阙等官亦融纳于中。但与御史同有言责，即不免互为左右袒。习惯上以御史为台，以给事中为垣，台垣水火，亦是明代政局中的奇特现象。

又中书科中书舍人，虽名与古代之中书舍人相似，实则仅掌书写照例的诰敕，此外并无什么重要权职。然在明初还不如此。《明史·职官志》云："洪武间置承敕监、司文监、考功监，参掌给授诰敕之事。永乐初，命内阁学士典机务，诏册制诰皆属之，而誊副缮正皆中书舍人入办，事竣辄出，宣德初，始选能书者处于阁之西小房，谓之西制敕房，而诸学士掌诰敕者居阁东，具稿付中书缮进，谓之东诰敕房。正统后，学士不能视诰敕，内阁悉委于中书、序班、译字等官，于是内阁又有东诰敕房。"此即内阁诰敕房及制敕房中书舍人之由来，又在中书科中书舍人之外。观其沿革，即知仍由古代之中书舍人演变而降为低级。至于此外之值文华殿东房武英殿西房中书舍人，则更为卑微。《明史》云："初为内官职，继以中书分直，后亦专举能书者。大约舍人有两途，由进士部选者，得迁科道部属，其直两殿两房舍人不必由部选，自甲科、监生、生儒、布衣能书者俱可为之。不由科甲者，初授序班及试中书舍人，不得迁科道部属，后虽加衔九列，仍带衔办事。"中书舍人一官，性质最为难辨，明代富家子弟一无所能，可捐一中书舍人，再加一卿衔，便俨然高官显秩，若与唐、宋之舍人相较，真有天渊之别。沿至清代，虽不致如此，而中书科中书（删去舍人二字）只以荫生、贡监补授，内阁中书则几于非进士不补。实际颇有区别，表面仍易混淆。

明代又有行人司一职，是进士所授官之一，专以奉使出外，传宣诏命为职。由于明代有分封的王府在外，所以不免常有使命往来，此外无甚重要作用。所以清代与尚宝司一并裁撤。京官部员以下由进士补授的，中书、行人以外还有大理寺的评事，太常寺的博士，统称为中行评博，清初还有此称，后废。

明代宦官机构之庞大，为历代所无。《明史》云："宦官十二监：（每监设太监一员、左右少监各一员，习惯上因此称宦官为太监。）司礼监、内官监、御用监、司设监、御马监、神宫监、尚膳监、尚宝监、印绶监、直殿监、尚衣监、都知监；四司：惜薪司、钟鼓司、宝钞司、混堂司；八局：兵仗局、银作局、浣衣局、巾帽局、针工局、内织染局、酒醋面局、司苑局。十二监、四司、八局，所谓二十四衙门也。其外有内府供用库、司钥库、内承运库、十库……御酒房、御药房、御茶房、牲口房、刻漏房、更鼓房、甜食房、弹子房、灵台、绦作、盔甲厂、安民厂、皇城京城内外诸门……提督东厂、提督西厂、提督京营、文书房、礼仪房、中书房、御前近侍、南京守备……织造、镇守、市舶、监督仓场，诸陵神宫监，其外之监军、采办粮税矿关等使不常设者不可胜纪也。”

其中有几项重要的略加说明如下：司礼监设提督及掌印太监，提督掌皇城内一应仪礼刑名，掌印掌理内外章奏，其下有秉笔、随堂各太监。安民厂原名王恭厂，掌造铳火药。东厂（西厂不常设）有提督、掌印、贴刑官，提督多以司礼监之秉笔第二或第三人为之。贴刑官则用锦衣卫千百户为之。《明史》云：“凡内官，司礼监掌印权如外廷元辅。掌东厂权如总宪，秉笔随堂视众辅，各设私臣，掌家、掌班、司房等员。”京营则有提督太监、坐营太监、监枪、掌司、佥书，俱无定员。文书房有掌房十员，掌收发本章批旨，凡升司礼者必由文书房出身，如外廷之翰林院。御前近侍中有曰乾清宫管事者，有曰打卯牌子者，俱位居司礼、东厂提督、守备之次。守备太监掌护卫留都，为司礼监外差。镇守遍设于各地，嘉靖中裁革。

明初特申内臣不得干预政事之禁，而未几已遣郑和统兵出国，其后监军巡边之使迭出，守备镇守之名日增。甚至特设文书房，命大学士授小内使书，则唯恐其不能干预政事。甚至付以政柄，不止于干预而已。宪宗、武宗时之东西厂，神宗时之矿税，迫害人民，更是不烦缕述的了。

在外的官职亦多与前代不同。明代宗室诸王遍于各地，每一王府必设王官。虽与地方行政官不相关涉，亲郡王自中期以后亦绝无权力，而多一支应，并多无数冗员，亦明代秕政之一。

洪武初即改元之行省为承宣布政使司，而设官有左右布政使，左右参政，左右参议，仍有元代丞相、平章、参政之遗意。布政使实即一省最高行政长官，而与都指挥使司、提刑按察使司分掌民政、军政、刑狱。大事仍须会商，又有巡按御史以资监察。其预防地方独立政权之产生，可谓极其周密。

布政使下之参政、参议，分司诸道则有督粮道、督册道、各处分守道。按察使下之副使、佥事，分司诸道则有提督学道、清军道、驿传道、各处分巡道。两直隶无布按两司，则北直隶各道寄衔于山东、山西，南直隶各道寄衔于山东、浙江、江西、湖广。至清代则北隶成立直隶一省，南直隶成立江苏、安徽二省，均设布按两司，不再有此畸形之制度了。

都、布、按三司鼎立之制，虽能防止地方权力之扩大，又不免酿成运掉不灵之弊。于是中期以后，纷纷以部院大臣出任总督、提督、巡抚各差，以驾于三司之上。而这些差务，由于本是临时性质，所以各处名称范围都不同。略举其设置比较经常者为例，则有总督漕运兼提督军务巡抚凤阳等处兼管河道一员，总督蓟辽保定等处军务兼理粮饷一员，总督陕西三边军务一员，总督两广军务兼理粮饷带管盐法兼巡抚广东地方一员，总理粮储提督军务兼巡抚应天等府一员，巡抚顺天等府地方兼整饬蓟州等处边备一员，巡抚保定等府提督紫荆等关兼管河道一员，巡抚南赣汀韶等处地方提督军务一员，巡抚偏沅地方赞理军务一员，抚治郧阳等处地方兼提督军务一员。由此可见都是以防边或镇压人民为主要任务的，日久以后，变成定制，到清代才将督抚看作一省的最高长官，总督在明代有称总制的，所以清代一般还称总督为制台。而督抚仍用钦差官的体制，不给印而给关防，称部堂、部院而不单称总督、巡抚。

在理论上，根据历代传统，明代的上级地方行政是应由知府负责的。府为上级地方行政区划，也是从明代开始确定的，较之元代有府又有路的，已为简易。知府所属的组织如下：同知通判分掌清军巡捕水利屯田等事，无常职亦无定员，推官一人理刑名。事务官则经历司经历一人，知事一人，照磨所照磨一人，检校一人，司狱司司狱一人。

州虽有直隶州属州之别，品秩则同，亦有同知通判，所属则为吏目。知县则下设县丞主簿，分掌粮马巡捕之事，所属则为典史。此外有设有不设者，则为巡检司巡检及驿丞。

府县的杂职尚有医学、阴阳学、僧纲司、道纪司，有官而无禄，亦明制所创而清制相沿者。

关于地方学校考课之事，自宋代设提举学事司始，元则设儒学提举司，皆为地方高级督学之官职。各府州县分别设教授、学正、教谕，亦元制而明因之。唯考选生员入学之事，明初本未设专官，中期以后，始以御史提督两京学校，以按察司副使、佥事为各省提督学道。不独生员，府州县教官亦归其考核。然府教授官阶仅从九品，仅以位置老迈昏庸之人，学道及督学御史亦多未能举其职。

明代军政也与政务的不设中书省相同，初期的大都督府不久即罢而不设，以中、左、右、前、后五军都督府各领其都司卫所以达于兵部，长官为左右都督，都督同知，其属有经历及都事。

京卫有上直卫，有南北京卫，各设指挥使司，有指挥使、指挥同知、指挥佥事，及镇抚司镇抚，其属有经历、知事、吏目。上直卫之中以锦衣卫为最著，名为宿卫扈从，实则假探事之权欺压平民，用酷刑凌虐无辜。而南北两镇抚司助其残暴，是明代最大秕政。

都指挥使司为地区军事总机构，长官有都指挥使，都指挥同知，都指挥佥事，其属有经历司经历都事，断事司断事，吏目，司狱。长官之中有一人统司事，称掌印，简称都司，位次在布按二司之上。

卫指挥使司设官与京卫同。外卫皆统于都司及行都司。卫以下为千户所，千户所又辖百户所，其官为千户、百户、总旗、小旗。刑狱则归镇抚。凡卫所皆隶于都司，而都司又分隶于五军都督府。自卫指挥以下，其官兵多世袭。为明代特殊制度之一。

然都督府的都督等名称后来渐变为空头的官阶，而统兵之官则须别加总兵官、副总兵、参将、游击将军、守备、把总等名目。《明史》云："总镇一方者为镇守，独镇一路者为分守，各守一城一堡者为守备，与主将同守一城者为协守。又有提督、提调、巡视、备御等名。凡总兵、副总兵率以公、侯、伯、都督充之。其总兵挂印称将军者，云南曰征南将军、大同曰征西前将军……其在蓟镇、贵州、湖广、四川及攒运淮安者不得称将军挂印。”其后则总兵官增置日多，致不胜枚举。在明代本为无品级之差委，而清代则为正二品之正规武职。

明代除宗室外，文武官封爵只公、侯、伯三级，各加地名为封号，有岁禄而无封邑，亦不一定世袭。

明代重视科举，并且与所谓学校相结合，是前代所未曾实行的。尽管从国子监以下的所谓学校有名无实，并无教育作用，而在名义上应试的士子必由学校出身。《明史·选举志》云：“科举必由学校，而学校起家可不由科举。学校有二，曰国学，曰府州县学。府州县学诸生入国学者乃可得官，不入者不能得也。”国学即国子监。各地方入学的称生员，生员被选到国子监称贡生，在监经一定年限，得选补低级官职。《明史》云：“举人贡生不第，入监而选者，或授小京职，或授府佐及州县正官，或授教职。”此外，生员及其他文士或未入流之官吏可以应乡试，中试得举人可应会试，经殿试后得进士，或入翰林，或分部，即可洊居要职，所以虽名为科举必由学校，人都以科第仕宦为荣，少有真肯潜心向学的。

许多关于科举考试的规章，明代订定以后，清代即沿而不改。其略有不同的，例如各省乡试主考可由本省自行聘请，中期以后才逐渐派京官充任，但也还不拘资格。而清代则一般必用翰林出身的，有时还必用侍郎、副都御史。同考官以知县、推官、教官参用，而清制则限用科甲出身的州县官。

进士入仕之易，在明代是突出的。《明史》云："考选庶吉士者皆为翰林官，其他或授给事、御史、主事、中书、行人、评事、太常国子博士，或授府推官、知州、知县等官。"而在清代，无论内用主事、中书，外用知县，都不能即时补缺。至于给事中及御史官阶在清代已经升格，初登科的进士更不敢仰望。这是显著不同的。明代进士出身以后，往往立即身居言路，而一任御史即可充巡按差，较之唐代进士登科以后还要经拔萃宏词考试，而且须从九品官逐步上升，其难易不能相比。

另一方面，明代君主待官吏的无礼也是绝无仅有的。在古代，低级官虽然也有被杖责的，究竟居极少数。而明代触怒了君主，立即施以廷杖，蹂躏生命。而真正贪酷不法的官吏反不能罚当其罪。又明代官员等级体制较前代差别更严，低级对上级卑躬屈节到文官自称卑府、卑县，武官称沐恩，直到清代还是如此。

九　清

清代初期，大体仍承未入关前的规模，以满洲特有的旗制为其本部骨干，另按明代制度以统治汉人。除明代最突出的几种不利于统治的官制做了改变以外，并不曾认真有所更张。直到雍正、乾隆两朝，才逐步调整，得以比较稳定起来。因此，研究清代历史，既须了解初期存在而后来有所改变的一些制度，也必须了解雍、乾以后随时损益的情况。

首先是中央机构。

初期制度是相当简单的，负责军事的是八旗总管大臣，而负责政务的是议政五大臣、理事十大臣，其他执行机关还没有具体化。及太宗建号，设内三院及六部、都察院，才参用汉官名，然六部长官还只称承政，不称尚书。但这已经奠定了有清一代统治机构的规模。

内三院是满洲所独创的，其性质介乎明代的内阁与翰林院之间。虽然以后内三院不再存在，而内阁、翰林院在清代始终是仕途中最华贵的官职。清代的内阁已经不是政务的中心，但仍以内阁居一切官署之首，内阁的大学士与协办大学士是文臣最高的荣称，在汉人则更非翰林出身的不能有入阁资格（只有个别例外）。

政务中心则由雍正以前的议政处王大臣变为雍正以后的军机处王大臣。随着君主独裁的加强，不但根本废除前代任何一种宰相制度，连明代寄耳目心腹于太监的积习也被清除，并且即使皇室的近支也并不完全信任，军机处虽然也偶有亲王参加，仍然认为是破例之举。同治中曾一度复以奕䜣为议政王，毕竟不久仍被夺去名义。只有最后的几年中才盛行所谓以亲贵执政的局面。军机处的实权当然仍在满洲人手中。因为清代对待汉人的办法与金、元都略有不同，表面上虽不歧视，只是在京内任何机构中都额设满、汉两缺，有的还兼设满、蒙、汉三缺。严格说来，尚有规定为汉军缺、宗室缺、内务府包衣（世仆）缺的。外官虽不分满汉，但满人出仕的机会较多，重要职位也是满人占据较多，而且满人不担任知县以下的低级官。总之，事实上是满人占优先的。不过关于文墨的事不能不让汉人而已。

以军机处与前代相比，一部分近于东汉的尚书，因为章奏批答必经其手。也像南北朝的侍中，因为是内廷的大臣，随时在君主左右。也与唐、宋的同平章事差不多，因为是共同协议政务的，不能单独有所主张。也具有明代内阁的形式，因为没有官署，不能直接执行政务。但在当时情况下，军机处还算是全国各机构的首脑，而内阁大学士只能勉强算是名誉宰相。军机处本是雍正时临时秉承皇帝意旨指示军事机宜的机构，乾隆以后，沿而不改，成为定制。军机大臣无定额，一般是三四人至五六人，多从各部院长官选派兼任。其职务为每日晋见皇帝，共同议政。有时并可随时召见或自请入见。对中央及地方机构或官吏本身有所指示，都由军机大臣起草，用各种形式的谕旨发出。

还有一点应当指出，在康熙时代，皇帝亲自发出的指示是由南书房翰林撰拟的，他们的地位等于皇帝的机要秘书，军机处成立后，南书房这部分的职务才被划出来，而南书房翰林主要只管诗文书画方面的事了。

其次，六部尚书、侍郎也是负责国务的，其中一部分已经参加了军机处，其余也定期进见君主，报告本部有关事务。各部事权的轻重各有不同。最重的是户部，因为恰与唐、宋相反，户部是唯一的财政总机构。吏部在明代是能操纵用人之权的，而清代则因重要官职的任免都由军机处秉承君主意旨直接发表，吏部的事务只限于稽考中级以下官员的资历，根据例案予以准驳。至于兵部，由于重文轻武之习，即以武职的任免而论，已经不为人所重视，更不用说军政军令远非兵部所得过问了。刑部是个专业性的机构，不是谙习律例的人不能问事，所以堂官之中至少有一人是本部司官出身的，由他一人主持处理本部业务。工部在平日是无事可办的，在外的河工等也不由部经手，只在有关宫廷典礼时才是工部办事的机会。礼部的冷落，则更可想而知。

总起来说，清代的六部非但是明代的遗产，而且也是历代递相沿袭的。不过清代最突出的一点是部办（书吏）的势力。尽管部中主管的司员号称主稿，而实际查核成案还是倚靠部办，因为司员初到部的既不熟习，资格老的司员又转眼即须升迁，总不如部办父子师徒据为永业，舞文弄法头头是道。特别是吏、户两部，最能上下其手，一切官吏都不能不和他们取得联络，否则公文必被留难。书吏没有薪俸的保障，官署中又没有办公经费的预算，他们索起贿来，美其名曰部费。不独各部如此，各省的官署中也无有不是书吏暗中操纵的。所以官昏庸而吏奸诈，是清代官场中常有的严重现象。

六部以外，都察院仍沿明制，为中央高级机构之一。但清代的御史不甚敢放言高论。他们的出路正是京官所希望的外放道府，而他们发言若触犯当轴之忌，就必至于回原衙门行走，失去升擢的前途。并且清代的中央官，特别是有专折奏事权的翰林官，同样可以建言，可以弹劾，所以御史也不是唯一有发言权的人了。御史弹劾外省官员也不会有大风险，因为外省官员被弹劾，总是派钦差查办。查办结果一般总是归咎于少数中下级的官员了事，督、抚、司道总不会担大处分，因而也不会追究御史弹劾之有无确据。

六部额设官员都以明制为基础，唯添设七品小京官若干人，又在正规职官以下有笔帖式名目，专用满人，以任杂务。满人不需有任何资格，即由笔帖式出身亦可补司员，往往很快就升居高位。若汉人则即使是正途出身的，补缺也甚困难。

明代的六科给事中还在名义上保存古代封驳的遗制，清代则并入都察院，品级比御史虽略高，职责是全无区别的。不过御史由翰林及部员考授，给事中则多由御史升转。清代以翰林院、詹事府及都察院之给事中、御史为行政系统以外之官，具有清望，予以特别看待。每遇重大事件，往往谕旨发交六部、九卿、（清代的九卿，一般指通政使、大理寺卿以下等官，但并无确切规定，九卿只是笼统的名称，泛指部院以外有独立机构的主官。）翰、詹、科、道会议，有时亦临时召集以上各官全体进见皇帝，号称御前会议。

清制有与汉代制度相近者一端，是内朝与外朝之别。清代所谓内廷行走人员，即汉代之内朝官。内廷包括军机处、内务府、御前处。军机处是与外廷的内阁相对的，是君主的心膂，不过假内阁为喉舌。内务府是宫廷内部的事务机构，包括宦官在内，是与一切正规国家行政官署相对的。而御前大臣承应君主的临时差遣，参与机要，又是与一切负有一定职责之大臣相对的。再加上南书房及上书房行走人员吸收部分文学之臣在内。汉代所谓中朝官的性质就不但都包括在内，而且连外朝官的属于供应宫廷性质的机构，如少府、将作、大长秋之类，也包括进去了。内廷人员除内务府所属以外，所任的都是差使，各有本官，这也与汉代相同。

中央机构之六部、都察院、翰林院、詹事府及各卿寺都沿自明代，清代所增设的，除上述的内务府外，主要是理藩院。最初名蒙古衙门，后来逐步扩大，虽不名为部，而其体制与六部无异，设尚书、侍郎以下各官。也与内务府同为无汉人参加的官署。

另外一点，中央机构中之沿自明代的，其主官都有额定员缺，不似前代有所谓添差、传奉，得由皇帝任意指派。

翰林院也是明代遗留下来的机构，论其职掌，可以说是除撰拟极少部分的应制文章以外，一无所事。但是翰林官的出路非常优越。可以考御史，可以充主考、学政，可以放府道，可以升转京堂卿贰，若遇大考，还可以不次升迁。特别从道光时代起，重用汉人翰林官，分布在各省督、抚、藩、臬中的大大超过以前的人数。至于在京的汉尚书更几乎全是翰林出身的，大学士更是专待翰林出身的汉大臣，作为荣典。至于满、蒙籍的翰林有时是从部员转入翰林院，称为外班翰林，人数既少，所起作用就不大了。另外有些官职的汉缺是非翰林不除授的。例如国子监祭酒、司业、内阁学士等。也有些是翰林所不能参加的，例如军机章京。但也有个别例外。

附带的应当略述军机章京之任用。宋代的枢密院有都承旨，即是枢密院的秘书长。清代军机处的属员用满洲名称为章京，其领班者称领班章京，都由各部司员中保送考选。除轮班入值军机处办理文书外，仍可兼任其本职。他们凭借其地位，猎官特别便捷，不外放两司就一定升京堂。更有由章京而径升军机大臣的。所以成为仕宦的终南捷径。在古代还没有能相比拟的。

清代外官的规制大体也沿袭明制。只是将总督、巡抚、布政按察两司的职务确定下来，以督抚为疆臣，以两司及道员为监司官。督、抚负责一省或数省的军民两政，而司道则督率府县。在清代前期，还未曾将督、抚所辖省区十分确定，中期以后，始定设八督十二抚，后期复略有增减。督、抚职权亦随时代而有不同，前期督权远过于抚。总督兼辖区域有包括三省者，例如两江总督按例兼辖江苏、安徽、江西，而末期安徽、江西两省巡抚即不再听总督指挥。至于同城之督抚，如两广总督与广东巡抚同驻广州，即常有龃龉牵掣，因此，与督同城之巡抚终于不得不裁撤。总督之衔称亦与明代有异同，直隶本非省区之名，而以直隶总督为各省总督的领袖。又与四川总督皆兼巡抚事，为有督无抚之省区。又顺天府为京畿地区，辖有州县，府尹之上还有兼管大臣，与直隶总督之职权亦介于有关无关之间。两湖总督是事实上的名称，而犹沿元代旧名称为湖广。督抚带兵部、都察院衔似乎是唐代节度、观察使带台省官的遗制，其实亦大不同。唐代的两使是差遣，本身不能无官，而清代的督抚已变为实官，带部院衔只是沿袭明制，借以表示为朝廷特派之部院大臣，非此即不能兼辖文武，行使纠察权，使地方官吏一律听其命令。在前期兼衔还有随其本身官阶而异的规定，后来总督兼兵部尚书、都察院右都御史衔，巡抚兼兵部侍郎、都察院右副都御史衔亦成为照例的事了。巡抚资望特高的也往往另外加尚书衔，此种加衔是加于其本身的，不随职务而变。

藩、臬（布政、按察之简称）两司是宋代转运使及提刑的残余痕迹，被认为一省的正式长官，而督、抚毕竟是特派员，所以明制藩、臬是要定期朝觐的。清康熙中废去此制，藩、臬不再有直达皇帝之权（特殊情况除外），于是督抚变成正式长官，而藩、臬变成属员了。督、抚虽不能撤销藩、臬的职务，但可以在年终密考折内出具考语，朝廷总是根据考语加以处分的。不过做督、抚的也知道今天的藩、臬就是未来的督、抚，除非不得已，也不肯轻易举劾。

道员本是两司的佐贰，明代的道员分属于两司，各有本身的官名。所谓某某道，是沿自元代的行政区域名称。清乾隆中将原来的参政、参议、副使、佥事名称取消，只称守道、巡道，后来又一般简称道员，虽然简易，毕竟名称是不合理的。司道本来平行，但由于后来的道员脱离了司的关系，就直接成了司与府厅中间的一级。州县的文书先申府，府申道，道送司，司再呈督、抚，这是清代外官叠床架屋的一种积弊。

实际上道不能算正式行政区域，而且道员不一定都管地方行政。清代的定制，散州散厅与县是基层，府与直隶州厅是上级，省是最高一级。这是经常不轻易变动的。府在唐、宋，只限于在少数地区设立，而清代的府，全国多至二百余，也就等于唐、宋的州了。因此，知府的地位也较唐、宋为低。但唐、宋原有的州在清代也还有些未设府的，也有些仅留州名而无属县的，前者就是所谓直隶州，后者是散州。至于某些辽远的地方，本未设县，则以同知通判等官负责，大的直属于省，称直隶厅，其余则称散厅。在此以外，还有些距县过远的地方设巡检司，巡检官阶虽小，而职权也略等于一个小的知县。清代的行政区域制度是相当庞杂的。

清代以旗兵分驻各重要地点，在内地的设将军以下，却不与地方行政系统相溷杂。而在北方边区的，则以将军、都统，兼管军民。这又是一种歧出的制度。

唐、宋时代的州县是二级，而清代习惯上所称的州县则通指基层的地方行政区域。州县组织的不健全特别造成清代吏治的腐败。州县官无用人权，执行职务的全靠吏役。官署既无足够的办公经费，俸禄又极其微薄，吏役也等于没有工赀，非法营私便成为公开的行为。上司及过路官员的供应需索，各种临时任务的摊派更使州县官几乎成为专门伺应上级的官。

不但州县，即知府也是无属员的，不像唐、宋的府州设有录事参军以下。知府踞于州县之上，既不能直接执行职务，又须承奉督抚司道的颜色，实际上也就是尸位素餐。知府比州县官的升迁略为容易些，一做州县官几于就是终身沦于下僚，而知府，特别是在省城的知府，常有升道员的希望。

由于府州县的缺分有差别，督、抚和两司就不得不费尽心机加以“酌委”。苦缺没有人肯任，就必须预先许以调剂，优缺是人所必争，又必须平沾利益。府州县官基本上是由吏部铨选的，但也有由外补的，即使是部选的，督、抚也有权可以调动。加上分发候补的人越来越多，都只要求署缺而并不希望补缺，补缺之权在部，而署缺则督、抚有极大的自由，所以外官钻营奔走的风气因之更甚。

府州县官的本身职务，历代都不外催科听讼两件，听讼包括民事与刑事，这些不但关系到官的考成，也关系他们的物质利益。许多繁杂的事堆到他们身上，自己又并不熟习，不能亲身处理，所以不得不倚仗钱谷、刑名两种幕友以及仆役中的稿案门上。这班人彼此互相倚靠，各图自己的利益。下至于书差、捕快，以衙门为巢穴，随时随事无所不用其敲诈，地方官署中的黑暗腐败，是在当时的制度下永远不能清洗的。

清代的军事体制也有特异之点，即虽有武职，但无统率机关。八旗的都统是分设的，绿营（汉人兵）的提督以下也只管到驻在地的军队。没有宋代的枢密院、明代的五军都督府一类的总司军政机关。兵部仅能管到绿营武职的任免等等，而八旗与禁军则不能过问。因为清代乾隆以前的君主都是亲自统率军队亲自指挥军事的。嘉庆以后，事实上君主的威望已经下降，军制已逐步变更，愈形其紊乱不统一。所以远不似文职比较还有规模可言。

以禁军而论，直接宫廷的是侍卫，前锋营、护军营，八旗兵的总辖是骁骑营的八旗都统，卫戍京城的是步军统领，特种兵是火器、健锐、神机、虎枪等营。都各不相统属。驻防的则内地与边区性质不同，内地的不问地方行政，而边区的如伊犁将军、绥远城将军则等于特种军政长官。内地将军以外也有设副都统分驻各地的，也有设城守尉而又隶属巡抚的。至于绿营系统则将明代的临时差遣，提督、总兵（简称提镇）等都改为实官，规定设置于各省区。提镇虽与督、抚品级相同，而按期阅兵仍是督、抚的职责。提镇号称最高武职，权力远在文职以下。文职内而尚侍，外而督抚藩臬不能作保举虚衔，而武职一二品的提镇，到了末期，简直作为保举的官阶而不作为实职。得到这种官阶的即使想降格补一个低级的实职都难于登天。所以提镇由差使一变为实职，再变为官阶，是愈趋愈下的。

明代卫所的制度在清代已经废除，设卫的地方都已改为州县，即如天津卫还升为天津府。唯有漕运总督所属各卫所仍沿明制，设卫守备及守御所千总等官，直至末期才将此种有名无实的官职废去。漕运以外，河道总督所属亦有副将等武职，实际都与军事无关。

此外还有两三种特殊性质的地方官吏值得一提。其一是盐务官。在主要产盐地区设盐运使，官阶略次于按察使而略高于道员。所属有分司运同、运判、提举大使等官，在盐场中亦略具地方官性质。

其二是内府差。从苏杭织造起至某些关监督，是由内务府人员中派充的，与地方官亦不能没有关系，但不受督抚的管辖。

其三是教官。府有教授，州有学正，县有教谕，而辅以训导，专管府州县学中的生员，负责有关考试及学业品行等事。这些教官直接受学政的统辖，学政在三年以内轮流到各府及直隶厅州举行生员的入学考试以及其他考试。举行考试时，事务方面由地方官办理，而考核生员的学行则须根据教官的报告。教官介于官与非官之间，虽不管行政，而有关学校教化等事，地方官仍须会同办理。学政不能干预行政，但对府州县仍可用长官身份发出有关的指示。

关于官吏的出身，可以分几项来说。第一是通过各项考试的，首先是进士出身的，尤其是翰林出身的最为优越。其次举人而不能中进士的，也有几条出路，一是等候“大挑”，优等的可得知县，次等可得教官。一是考取官学教习后亦得议叙职官。如果连举人也不中的秀才也可以考优贡拔贡，经朝考后也分别授职。此外荫生经考试后最高可分部以员外郎任用。凡是经过考试的都算正途出身。清代恩荫制度限于高级文武官的子孙，不过亲信的大臣死后往往特赏其子孙若干人以举人进士或者职官，然而比起宋、明来，还不是那样漫无限制的。正途以外便是保举捐纳，名为异途。除举人进士不能捐得，国子监生（简称监生）的资格是任何人可以用廉价购买的，这也算一种出身，由此可以指捐各种实官或虚衔，京官最高到郎中，外官最高到道员。在中期以前，从当时的“搢绅”，（全国在职人员总录，每季发行一次。）就可以看出正途出身的占多数，而到了后期，则异途的比重增加了。清政府为了大肆搜括，将捐纳的条款订得极广泛，借以多方招徕，名为“花样”。只要肯多出钱，就可以获得优先补缺的机会。特别是知县，用现款捐足花样，名为大八成，就可以凭空一跃而为地方行政官，其为牟利营私，就不问可知了。这一制度却是历代所无的。

非但无官的人要捐纳，即使已有官的也几乎无人能避免捐纳。因为低级的靠捐纳才能加高级的衔或者升到高级的班次，受处分的人靠捐纳才能抵销处分，被革职的人靠捐纳才能开复原官。而且有些捐纳巨资的，还可以改用“报效”名义，得到很高的职衔。

捐纳项目中的虚衔是为不预备做官仅希望虚荣的人而设

的。有虚衔就可以穿戴品官的服色。虚衔以外有封典，得了封典，则祖父母、父母等等也都可以穿戴品官的服色。

清代职官的品级虽然定得很细致，实际上是极其紊乱的。品级高的有时反是属员，例如翰林院编修、检讨虽是七品，若做了学政，则知府（四品）以下都以上司相待。然而这个学政又可以升任知府，则对以前平行的督抚司道又须以上司相待。又如同知、通判是五六品官，知县对他们也以上司相待，但同知、通判又可以借补知县。这说明规定的品级与实际情况不一定相符。

官与吏是截然两途。有些仅能供缮写而不能应考试的人就了吏员一途，在一定年限之后也可以选用低级官职，如巡检、典史、库大使之类。这种低级官职的俸薪非常微薄。吏员出身的杂职升擢到较高级是稀有的例子。

清代俸禄定制较唐宋为薄，而较明代稍为核实。明代的俸禄几乎是有名无实的。清代在职官员所支禄米及俸银虽亦为数极微，正一品官亦仅年俸银三百余两，禄米百余石。但别有养廉银自年支数万至数百数十两不等。然而实际收入仍不系乎此。外官经手钱粮的都有所谓“平余”“加耗”的收入，不经手钱粮的也有各种“陋规”。顾名思义，陋规原是非法的，然而相习成风，只要不是明目张胆地贿买，也就认为当然的了。

京官无可生发，就倚靠外官的馈赠，主要是所谓“炭敬”，自最高级的部院大臣以至司员，几乎除此就不能维持生活。

铨选及考课的制度，自明至清并无大的变动，也可以说是历代相沿的成法。但到了清代后期已经成为虚应故事的儿戏了。按照规定，一般官员都是向吏部投供听选的，选有单双月之分，所以选出的官称为月官。凡知县以上都须引见皇帝，低级的月官则照例特派王大臣验看，但验看也是具文，甚至并不亲到。铨选本是为员缺相当，有一缺即须选一人补，后来督、抚可以委署，署缺的与补缺的权利不相上下，也就没有重视选缺之必要了。至于考课，京官的京察，外官的大计，都是按期照例举行的。事实上等于有奖无惩，京官不过拣几个十分年老无能的闲官予以休致。外官则督、抚随时可以特参府州县及佐贰杂职，也可以保举某人可任某官，并不在乎是否大计的年份。

官员的处分，一般由吏部或都察院拟定，特殊的由皇帝谕旨指定。最重的拿交刑部治罪，治罪结果，非处斩即发往边疆效力，号为遣戍。遣戍的经一定时期就可以释回，并且有不久仍复起用的。其次则革职，革职而较重的，则加永不叙用四字，较轻的则加留任二字。再其次则降级调用，自一级至五级不等。例如巡抚可以降为司道，司道可以降为府厅，被降的不准不就职。但革降的人除有明文永不叙用外，开复原官并不很难。遇有特殊情况则加以勒令休致，驱逐回籍，交地方官严加管束等等字样。

督、抚对属员非但可以随时参劾，还可以用人地不宜的理由予以调动。也可以用留省察看的名义不许其到任。州县官不胜任的，如果是科甲出身，也可以用文理尚优为理由改以教职用。

定制本省人不能做本省的官，即使不同省而离原籍在五百里以内，也必须回避。又直系亲属在同一省做官的，小的要回避大的。丁忧人员必须回籍守制，起复时，须请地方官证明丧期已满，月日稍有欠缺，就担重大处分。不回避本省的只有教官及武职，教官照例用本省人，但须隔府。丁忧不守制的则只有武职及旗员，他们都只穿孝百日，不开缺。大臣丁忧不守制的，自古以来称为“夺情”，清代“夺情”的官总是改为署缺，在任守制，以素服办公，不参加吉礼。

清代官制之重文轻武当然是由宋、明相承而来的。由于重文轻武，所以唐代藩镇之弊不再出现，因而形成重内轻外的局面。然而仕宦风气却不一定如此。自在京的部院翰林官以及旗员，都以放外缺、得外差为荣，这是因为京官的俸禄太微，外官有种种权利可享的缘故。以督抚而论，各省外销（外销是地方杂收入不报部的）的款项归其随意支配，在用人行政方面又容许有很大的自由。所以中期以后，中央的统治力量日渐微弱，所赖以勉强支持的反而是督抚。另外一点，中期以前，内外重要职务都由满人掌握，汉人是不敢和他们较量的。以后满人在实际上虽仍处于优越地位，而表面则总说不分畛域，例如某些省份的督抚缺分本来限用满人的，后来就取消这种限制了。

无论文武、京外、满汉，从全面来看，都很难一定说何者为重，何者为轻。不过清代有一种情况是很显著的。一切官员，所争者大多是利而不是权。由于清代初期力矫明代之弊，对于结党攻讦以及立异求名的行为痛加打击，又对汉官不轻假以事权，所以大多除图饱私囊以外，不再有其他希望。一般说来，武官只是克扣兵饷，文官只是在钱粮及经手款项上得些沾润。这都是极平常，不足为异的。

利益最优的是清代著名的盐漕河三项官职。三项都有名目繁多的陋规。与这些有关的大小官员大都享受异常奢华。特别是河工，几乎大批的款项全入了他们的私囊，而受苦的是沿河的百姓。其次则关差税差也是极大的利薮。

总之，有清一代，财政收入是一件事，私人利益另是一件事，无一种官职不是有弊端的，也无一种官是可以倚靠俸薪收入的。这就说明整个封建王朝政治制度所暴露的丑恶。

历代职官简释

《历代职官表》是清高宗于乾隆四十五年开始命四库馆臣编纂之书（以下简称官修本《历代职官表》），用意是按照当时的官制追溯前代官制的沿革。为了便于对照起见，所以用表的形式作为纲领，而以说明考证罗列于后。以编制方法而论，不能说对读者没有相当便利，但作为一部说明古今官制的书，毕竟是存在不少问题的。

首先，此书所涉及的清代制度已经远不是完整的。由于当时所根据的只是《会典》，而《会典》又是沿袭明代的一套官样文章，于是许多定制以外新设的重要机构就不为立表。例如事实上在乾隆中已成定型的军机处就不在表内，清初设置而乾隆中尚未废除的议政大臣也不在表内，这是显然没有顾到实际的。（当时馆臣也不是不知道这一点，总是因为难于着笔，所以只在兵部沿革中略略一提。）还有些临时的差遣却曾起过重要作用的，如经略大臣之类，定期的差遣如乡会试考官总裁之类，兼任的差遣，如御前大臣、南书房翰林、上书房师傅之类，都不但不列表，并且不在有关部门中叙述。这样的结果，不止于清代官制不够全面，就连前代的官制也不免得其外表形式而遗其实际内容。举宰相一官而言，如南北朝的录尚书事，宋代的枢密使，都是实际执政的人，表中既不列其名，说明中亦只约略提及，而中书门下之虚名却连篇胪列上去，依靠这样的表，何从掌握史实？此其一。

编纂此书之原意，不但要说明“今之某官即前代某官”，并且要顾到“古有今无或古无今有”（见乾隆上谕），但是既以清制为纲领，则古有今无的官名又何从表现？这样的结果，任举一朝特有的官制都必是无所附丽的，比如说：汉代的督邮，南北朝的典签，唐的监军使，宋的走马承受，明的行人司等等，都只好缺而不谈了。尤其无法处理的是唐代的尚书左右丞，左右司，因为明、清皆无所谓“都省”，尚书省的重要组成部分就无法交代。按这样的表式，在官制史中就变成严重的脱节。此其二。

至于古无今有的官名，也不能合理地表现。因为既承认其为今有而古无，即不应再追溯其缘起。而《历代职官表》于每一项清代官制都必设法与古代相比附，例如八旗都统明明是古所无的，而也罗列了北魏的南北部大人、后周六柱国以下各官，比附得极为牵强。在说明考证中类似这种情况是不少的。这是于强有作无以外，又加上强无作有之病。此其三。

但平心而论，当时的馆臣能于纂修《四库全书》之余，博采群书而成一系统性的历代官制考略，补前此各书所未备，毕竟还有一定研究参考价值，在今天也还有些用处的。不过不能不指出此书虽经过相当长久的编纂过程，仍然暴露了官书的草率。最显著的缺点是引书不正确，或是文义有窜改，或是字句有脱误，甚至书名人名也参差谬误，这些显然不能归咎于写刻之讹。至于写刻的乌焉亥豕，即使是原刻的官本，也触目皆是，校不胜校。若作为一种应用的参考书，仍然是不适宜的。

为了截长补短，化无用为有用，现在采取黄本骥氏改编的《历代职官表》作基础，而参考官修本《历代职官表》的原说明，重新编制一种以官名为纲而不以时代为序的简便资料书，定名为《历代职官简释》（以下称《简释》）。读者如果要利用官修本《历代职官表》而苦其繁重不得要领，检阅这部《简释》固然较为便利；即使撇开原表而欲查考某一官职之性质、体制、职务范围、沿革兴废等，也可以凭借这部《简释》而收按图索骥之功。

根据上述情况，官修本《历代职官表》的说明，不仅由于过分繁冗而不适合今天之用，最大障碍还是由于从清代说起，而不是从某一官职设置之时说起。为了针对这个弊病，这部《简释》所要做出的改变，就是不以任何时代为出发点，而只以一种一种的官职为出发点。

这样改变一下，当然也不简单。因此，个人在积累的职官资料中，抽出一部分与《简表》所列官名相符合的，加以简化，写成这部《简释》。虽然尽可能吸收官修本《历代职官表》原有的重要内容，但仍是从史志及《通典》《通考》诸书直接援用，凡原表所引不甚可靠的来历，概不作为依据。对于每一机构的说明，尽量注重其组织情况和对其他机构的关系；而对于每一官职的说明，则不仅以史志所载之职务性质为限，同时尽量注重其活动情况以及待遇等级、迁转次第，有时亦兼举常见之俗称、别称等。因此，叙述时采用相当灵活的体裁，而不强求形式上之一致。例如在必要时引用某书原文，也有时径用官修本《历代职官表》按语原文，一般则酌量改写。

这样的编制也仍然不一定符合理想，因为《简释》不可能不受到一些限制。首先，《简释》是与黄编《历代职官表》相辅而行的，并不是官修本《历代职官表》的改造。所以原表所无的官名，《简释》就不可能添出。即使明知其重要，不应忽略，也只能在说明中连带提到，而不能成立专条。其次，谈到官制，是不能与铨选、科举、俸禄种种制度分开的，并且更需要涉及军事编制及地方行政区域的问题。即使专就官名本身而论，非正式的官名尤其是读史者所亟须寻求解答的。（非正式的官名有两种，一是临时设置的，一是习惯上有此名称而不见于官文书的。）这样说来，这部《简释》就远不能解决这些问题了。另外还有一个问题，《简释》既然不能完全脱离官修本《历代职官表》的基础，自然是对清代制度说得比较详细具体些，然而清制也时有变更，究竟以何时为断呢？其势也只能以原书所举为准，小小变动，只可从略。至于鸦片战争以后及最后所谓立宪的时期的改革，已入近代史的范围，与过去的传统官制更无从比附，都不得不排除于本书以外。

当然，在一部简单的书中不可能要求面面俱到，目前的意图，也只是为这部黄编《历代职官表》提供辅助说明的作用。

关于本书的体例，有必要在此作下列的几点说明：

（一）有些官名是通用于不止一种官署的，例如主簿、令史之类，不可能按照原表每一官署的主簿、令史都列一专条，因此，就只在一条内作总的说明。

（二）官修本《历代职官表》所追溯的上古官名，往往或出于传说，或尚无定论，强为比附，是不足取的。所谓历代职官，当然应以统一的封建王朝制度为主体，因此，上古部分非确与后世制度有关的，就从略。

（三）一种官职之起源，虽然应当指出其时代，但若为了逐细辨明其始于何帝何年而罗列许多论证，却不一定是必要的，因为所谓某帝某年，可能是初见于史，而并非开始设置，为避免烦琐的考据，只作概括的适当说明。

（四）表中所列的官名，原则上都作了解说，但也有例外。这是由于下列几种情况：一、两个以上的官名所差仅一二字；二、顾名思义一望而知而又并非重要职务；三、《历代职官表》原举的实证不充足，不能也不需作确切的解释；四、在史书上极罕遇见而意义又并不难了解。另一方面，也有些虽似无重要职务关系，而仍不能从略的，如文武阶官是，因为这在唐、宋时代具有表明其人身份的意义，而读史者又极难查考，收入《简释》中，可以提供不少便利。

（五）官名的职务性质尽量以现代语言解释，但有些属于一时的制度，如果以今天的习用语来比拟，是不恰当的。因此，有时仍直接援用史文，以期确切。唯比较难懂的用语，仍略加译释，用括弧标明。因此，在使用语言的形式上以行文之便为主，而不完全一致。

（六）辽、金、元的音译名称，经乾隆中的改定，与旧史出入颇大，官修本《历代职官表》是乾隆时代的官书，当然是用改定的音译，而读史者必然感到扞格，因此，仍两者并举。

（七）本书词目的编排次第，为了照顾不同读者的习惯，采用以第一字笔画为序的方法[①]，同一笔画，又以旧字典的部首为序。

（八）《简释》是以官名或机构名为出发点的。至于每一时代的职官制度，各有其特具之规模和习惯，若无全面的概括说明，则个别名词之释义恐仍不够明晰。因此，另撰《历代官制概述》一篇，附载于前以备参考。

另外，本书为官修本《历代职官表》范围所限，其不能无所遗略，已如前述。即在《历代职官表》范围以内，钩稽阐释，亦仍不免有不确切、不适当之处。有赖读者不吝指正，并在此致恳切的企望。

---

① 编按：本书初版为繁体字本，首字笔画数皆据繁体计算。本次改以简体字出版，首字笔画数已与初版差异颇大，为方便读者检索起见，故将全书官名改以音序排序，特此说明。

A

阿速卫亲军都指挥使司 元代宿卫宫禁之职属于左右阿速卫（阿速为蒙古语守卫之意，清改译作阿苏。）亲军，置达鲁花赤、都指挥使、副都指挥使、佥事、经历、镇抚、把门千户、百户、门尉等。隶于枢密院。

安抚使 隋代有安抚大使之名。唐代为临时派遣往各道之大臣。非常设。中期以后，各道皆有节度、观察使，即不复有此称。宋代既罢节度、观察使，以知州直属中央，而知州之职权太小，不能应付较广大之地区，于是又以朝官出任特区之安抚使，如真宗时以翰林学士王钦若为四川安抚使，知制诰梁颢为陕西安抚使。以后沿边诸州亦多置安抚使，文臣武臣兼用。自北宋末年至南渡后，则几于遍置，多以侍从出任，总辖军民，并得便宜从事。其边要地区则兼称经略安抚使，本官为二品以上则称安抚大使。元代之各路安抚使则已成路之行政长官。明、清则仅存此名于西南少数民族地区。

安抚司 明沿元制，于土司中设安抚司，低于宣抚司，有安抚使以下等官，清制略同。余详宣慰司条。

按察使 金代承宋代提点刑狱之名设提刑使，后改用唐代之名，称按察使，明代则并存两名，称提刑按察使。与承宣布政使为两司，掌一省刑名按劾之事。清代因之，为正三品官。其直属之署内事务官与布政使同，唯多一知事，掌勘察刑名，为正八品。凡两司直属官之或置或否，各省并不一律，视事之繁简而定。按察使名义上虽以刑名及驿传为其主要职掌，事实上全省政务仍与布政使共同负责。余参见布政使。按察使简称臬司，通称臬司为廉访，代称则臬司为柏垣。

B

八旗都统 八旗制度为满洲部族民籍与军队相结合之组织。其始，编三百人为一牛录，设额真一人，后又定户籍，分黄、白、红、蓝四旗，继又增镶色四旗，总为八旗。每五牛录设一甲喇额真，五甲喇额真设一固山额真，每固山额真设左右梅勒额真以佐之。入关以后，定固山额真汉名为都统，梅勒额真为副都统，以下分称参领、佐领。满洲八旗以外，先后又增蒙古、汉军八旗，其制度均同。八旗次序，以镶黄、正黄、正白为上三旗，其余为下五旗。行军或行猎，则以镶黄、正白、镶白、正蓝为左翼，余为右翼。八旗都统，满洲、蒙古、汉军，旗各一人，从一品，副都统旗各二人，正二品。各掌其户籍及军政。至清末，旗制已松懈，在京之各都统除循例办文书以外，已无实际武力之可言。

把总　把总之名始于明代，清代定为正七品武职。再次一级则称外委把总，简称外委。

褒成侯　西汉末期始封孔子后裔为褒成侯，沿至东汉不改。唐初曾封孔子后裔为褒圣侯。

宝泉局监督　清制，户部宝泉局掌铸造缗钱，收纳铜课，主官为监督，满汉各一人，由六部司员中选派，任期二年。下设大使，满洲五人，由户部笔帖式中选委，五年而代，称职者以应升官用。

宝泉提举司　据《元史·百官志》，诸路宝泉都提举司，至正十年置，其属有鼓铸局、永利库，掌鼓铸钱文，印造交钞。十一年置宝泉提举司于河南行省及济南、冀宁等处，凡九所，江浙、江西、湖广行省各一所，十二年，置铜冶场于饶州路德兴县，信州路铅山州，韶州岑水，凡三处，每所置提领一员正八品，大使一员从八品，副使一员正九品，流内官铨注。直隶宝泉提举司，掌浸铜事。此元代造币机构之大概。

又纸币行使后，在北宋已有交子务之设，南宋则称会子务，金则有交钞库，印造钞引库，钞纸坊使、副使、判官等，元则有诸路宝钞提举司达鲁花赤，都提举，副达鲁花赤，提举、同提举、副提举，以及宝钞总库、印造宝钞库、烧钞东西二库等。明亦设宝钞提举司、钞纸局、印钞局、宝钞广惠库等官职。清不设，故表内无之。附载于此。

宝源局监督　清制，工部宝源局与户部宝泉局同为铸钱机构，主官为监督，满、汉各一人，大使满洲二人。

保章氏　《周礼》春官之属有保章氏，掌天星以志星辰日月之变动。郑玄注云："保，守也，世守天文之度。"至明代尚有保章正一官。清代无。保章之职实司占候灾异，选择时日，含有古代迷信成分。清代钦天监所司兼有吉凶禁忌之事，皇室典礼皆必先卜吉凶。即《明史·职官志》所谓凡营建、征讨、冠婚、山陵之事则选地而择日。既分掌于天文漏刻两科，故不再设保章正。

北面都林牙　《辽史·百官志》云，北面官大林牙院掌文翰之事，有北面都林牙，林牙承旨，左林牙右林牙等官。

贝勒　金代官长通称勃极烈，清改译作贝勒，清制，宗室封爵之第五级称多罗贝勒。

贝子　清制，宗室封爵之第六级称固山贝子。在贝勒之下，镇国公之上。

备身五职 北齐制有左右备身五职，刀剑备身五职，及左右备身员，刀剑备身员等名，皆低级之近卫。

比部郎中 魏、晋尚书有比部曹，《隋书·百官志》云，“掌诏书律令勾检（稽核）等事”。唐制，比部郎中、员外郎掌勾会内外赋敛、经费俸禄等。宋制，掌勾覆中外帐籍，凡场务仓库出纳在官之物，皆月计季考岁会，从所隶监司检察，以上比部。实际是审计的职务，但因随有行政处分，所以隶属刑部为第三司。金、元以后无此名。

笔帖式 满洲语文书官之称。清代于中央各机构中多置笔帖式，以掌低级事务，专用旗籍，宗人府之笔帖式则专用宗室。

编修 宋代于国史实录院置编修官，其他有编纂文献之责者，如枢密院亦有编修官。明代遂于翰林院修撰之次置编修，为七品官。清代仍之。殿试后进士第二、三名（俗称榜眼、探花）均即授翰林院编修，此外二甲进士之改翰林院庶吉士者，经过散馆考试以后，亦选拔一部分授以翰林院编修实官，谓之留馆。

辩铜令 汉制，水衡都尉属官有辩铜令及丞，掌鉴别铜质，为铸钱之用。

别驾 汉置别驾从事史为州刺史之佐官，刺史以巡行视察为职，别驾即所以辅助刺史出巡。后世州郡不甚分别，故别驾又为郡官，唐初即改隋之郡丞为别驾，后又改为长史，长史、别驾之名迭兴迭废，有时亦并置于刺史之下，然同为冗官，并无职事。

别将　唐代初期府兵制度，以隋代之车骑（即鹰扬副郎将）为别将，后定名果毅都尉。详见折冲都尉条。

兵部　唐、宋以后兵部为六部中之第四部，由《周礼》夏官司马相承而来。魏始置五兵尚书，后又置驾部、库部等，与《周礼》夏官之职方氏合并而成。唐、宋以后之兵部四司，即兵部、职方、驾部、库部。明、清则为武选、职方、车驾、武库四清吏司。唐玄宗时曾一度改为武部。

兵部为全国军事行政之总汇，在秦、汉本为太尉之职，以后各朝军事重权往往寄托于权臣而中央机构之权因之或大为削减，或仅存空名。以唐代而论，至中叶以后，外而藩镇，内而禁军，皆无统辖其军令之机构。至宋始设枢密院为最高军政枢纽，与中书省共同执政，号称稍上轨道，但兵部等于虚设。唯明代定制之初，以五军都督府掌军令，以兵部掌军政，似较合理。而后来往往以兵部堂官督军出征，而本部则从中操赏罚进退之柄，号称本兵，以致败事，则又兵部职权过重之害。清代军权全由皇帝掌握，兵部又几于复成唐、宋之徒有虚名。

兵部郎中　唐、宋之制，兵部本司郎中、员外郎均额设二人，各有专司。郎中一人掌武官之阶品，一人掌差遣，员外郎一人掌贡举，一人掌选院，谓之南曹。明、清无本司，则兵部各司之郎中通称兵部郎中。

兵部尚书　相当于《周礼》六官中的大司马，故后世以大司马为兵部尚书的通称，唐高宗时曾改称司戎太常伯，或夏官尚书，旋复旧。《唐六典》："兵部尚书一人，侍郎二人，掌天下军卫武官选授之政令。凡军师卒戍之籍，山川要害之图，厩牧甲仗之数，悉以咨之。"武官的选授，与文官大致相同，每年孟冬召集选人，以尚书为中铨，两侍郎为东西铨。至季春而毕。

兵部尚书在明代，地位与吏部尚书相埒，而兵部尚书又常作为特派督兵大臣所加的头衔，例如兵部尚书总督某处军务之类。又总督京营例为武臣，文臣之协理者则多为兵部尚书侍郎或右都御史。至清代各省总督、巡抚已成正规官，犹带兵部尚书侍郎，亦为明制所遗。

兵部左右侍郎　唐、宋制兵部侍郎皆二员。清初之制，于兵部设督捕侍郎满洲汉人各二员，以掌旗人逃亡之事，其下有左右理事官及郎中、员外郎主事及司狱等官，康熙三十八年裁。仍与各部同设左右侍郎，满、汉各一人。

兵马使 唐代藩镇自置之部队统率官，往往称为兵马使，其权尤重者为兵马大使，都知兵马使。

并省尚书令 北齐以并州为建国之基地，其后虽建都于邺，而并州仍置尚书省，称为并省，有令及仆射等官，略似明代之有南京，清代之有盛京，亦皆置各部。

伯 古代之五等爵，伯居侯之下，子之上。晋以后多以县名为伯号，然实际并无封地。清代则废除县号，而代以美名。

伯克 清制于新疆委任本族办理地方事务，概名伯克，另加名目以别其职务。如阿奇木伯克总理回务，伊什罕伯克为副，噶匝纳齐伯克掌理田赋，商伯克掌征输，哈子伯克掌词讼，都官伯克掌递送兵马粮饷文卷一切官物及分攒差务，密喇布伯克掌水利，明伯克掌千户之征输一切杂务，什和勒伯克掌驿馆薪刍诸务，帕察沙布伯克掌巡缉牢狱诸务，玉资伯克掌百户之征输一切杂务。

勃极烈 金初官号。清改译作贝勒。乌古乃时设官，官长都称勃极烈，即金语管理众人之意。最高总治官叫都勃极烈，金太祖即位前任此职。

博士 博士在秦、汉为学术顾问官的性质，既各司其专门之学，又参与政事讨论，并出外巡行视察。据《汉书·百官公卿表》，博士官秩为比六百石，员额多至数十人。至武帝特崇儒术，于是置五经博士，各以其家法传授于弟子，每经不止一家，故有博士十四人。其所传授之人则称博士弟子。汉以后学术之传授多在私家，博士之任渐轻。唐制，国子监博士虽为正五品官，仅置五人。其太学博士、广文馆博士以下品秩尤卑，书算学博士仅为从九品。汉代属于太常之博士，唐代仍设于太常寺为正七品官，则仅掌议礼而已。故唐以后直至清代，唯此两处有博士。清代国子监博士仅二人，足见其尤不重视。

布政使　清沿明制，以承宣布政使司为一省最高民政机构，而以布政使为主官。与管刑名之按察使并称两司，为从二品，仅次于巡抚一级。

前此历代对于府州以上之大行政区多仅以临时性质之军政长官负责，而无常设之总机构。故南北朝刺史之带将军、都督者所管辖之区域并无一定。唐之节度观察使虽综一道之政，而其本身仍兼领州刺史。宋之安抚、制置等使则更是因人因地而施，从未成为定制。唯元代之行中书省始为大行政区之政务中枢，与中央机构无异，不直接兼任地方官。此种制度如任其发展，必致形成分离独立之局面。故明代既不能不于府州之上定一最高级之行政区，又不能不防止离心之倾向，因而特设布政使司，全国凡十三，各置布政使，乃略采元制而参以钤制之法，使其专任方面，而不临民。且以都指挥使掌军事，按察使典纠劾刑名，而布政使复分为左右，以防其专擅。复有巡按御史随时监察，以为朝廷耳目。中叶以后，总督、巡抚纷纷凌驾于布按三司之上，则布政使更虚有方面官之名，逐步变为督抚之直接下属。据《明史·职官志》所载，其全部官员如下：左右布政使各一人，左右参政、参议无定员。其所属之事务官则经历司经历一人，都事一人，照磨所照磨一人，检校一人，理问所理问、副理问各一人，提控案牍一人，司狱司司狱一人，库大使、副使，仓大使、副使，杂造局、军器局、宝泉局、织染局大使、副使各一人。布政使掌一省之政，参政、参议分守各道及派管粮储、屯田、清军、驿传、水利、抚民等事。

清初尚沿明制设左右布政使二人，康熙初始不分左右。又明制凡十三布政使司，清则初分江南为江苏、安徽，又分陕西为陕西、甘肃，又分湖广为湖南、湖北，乾隆中分江苏为江宁、苏州各一人。明制两京地区不设布政使，清则于直隶亦补设。

清制布政使对督抚公文中称本司，口头称司里，公文用“详”，督抚行文用“札饬”，纯按上司属员体制。唯以布政使官阶已贵，督抚仍须尊重其意见。关于州县官之赴任调任撤任等事，督抚不能直接行文，仍须由布政使牌示。督抚如与布按两司不协，特殊情况可奏参，否则年终例有密考折，朝廷往往根据密考令其来京候简，或调任他省。若情况特重，两司亦可专折陈奏事件。布政使自明以来均简称藩司，通称藩司为方伯，代称则藩司为薇垣。布、按两司均由朝廷特简，或由盐运使及道员升任，或由京堂外放。督抚因故缺位时多由布政使护理。两司及各道均称监司官。

布政使司都事　清沿明制，于布政使署中置都事一人，掌受发文移。为从七品官。

布政使司经历　明清于布政使署中置经历一人，掌出纳文书，为从六品官。为布政使之首领官，实际上即官署内部事务长。

布政使司理问　清沿明制，于布政使署中置理问一人，掌勘核刑名。为从六品官。

布政使司照磨　清沿明制，于布政使署中置照磨一人，掌照刷卷宗。为从八品官。

步兵校尉　汉制，步兵校尉为武帝所置京师屯兵八校之一。《汉书·百官公卿表》云：掌上林苑门屯兵，晋犹沿置。然为此官者不必为武人。

部族节度使　辽、金俱有部族节度使，以统藩属。节度使从三品，副使从五品，下有判官、知法、司吏、通事、译人等。

C

材官将军 魏、晋间有材官校尉、材官将军之称，掌营缮所用之木材，与汉代材官之为兵种者意义全别。清代习惯上称将军、督、抚之差弁为材官，亦由汉代之材官一语借用。

参将 明制，总兵官之下有参将，分守各地。清制，参将为正三品武官，次于副将一级。凡参将之为提督及巡抚总理营务者，称提标或抚标中军参将。

参军事 汉末军事时期，曹操以丞相统兵，其幕府中任事者多称参丞相军事，其实本非官名。至南北朝遂直接以参军为官名，而按参军之性质再加区别，如谘议参军掌谋划，记室参军掌文翰。凡亲王、将军、都督之幕府多设此官。唐代之州刺史皆沿南北朝之例，有使持节某州军事之加衔，故刺史之属官亦即以参军事为名，简称参军。州之组织，除长史、别驾、司马等为刺史之佐官外，以录事参军事为僚属之长，总揽内部一切事务。其下有录事一人。此外分曹办事之人则有司功参军事、司仓参军事、司户参军事、司田参军事、司兵参军事、司法参军事、司士参军事，其下又有不分曹之参军事人数不等。如系下州则参军事不全备。参军事之品级自从七品至从九品不等。

唐之州刺史本沿南北朝之习惯，兼军民两政。故名义上仍按军事组织。而汉代刺史之正式官属，如督邮，如从事等制度全废。及刺史管军之实际职务已归消灭，于是管军之刺史必另加团练、防御使之名，而使下又另有一套官属如副使、推官、衙推之类。故唐、宋习惯必以军州并称，刺史与团防虽是一人，而内部组织却为两套，其实权当然移于军方，刺史属下额定之参军遂皆成为初任官或贬责官之虚衔。唐代戏曲角色中有参军一名，参军之被人轻视，即此可知。然诸州参军事虽为闲职，亦可带此官以任其他重要职务，如姜公辅、白居易身为最贵近之翰林学士，而以本官不高，俸给微薄，自请为京兆府参军。此唐制之特殊者。又韩愈自监察御史贬连州阳山令，量移江陵府法曹参军，作诗云："判司卑官不堪说，未免棰楚尘埃间"。一以自请而得之，一以贬降而得之。此又须知同一官而以所处之环境不同，遂生区别。但其为闲官则一。

参领　清代八旗制度中甲喇额真（或称甲喇章京）之汉名为参领，为正三品官，副参领为正四品官。

参赞大臣　清制于总统伊犁等处将军下设参赞大臣，襄赞军政。凡出征之将军亦往往派参赞大臣，以分统军队。

参知政事　宋初于同平章事之下设参知政事，以分宰相赵普之权，其后遂为定制。与枢密使、副使、知枢密院、同知枢密院并称执政官，与宰相合称宰执，虽阶次不同，实际也是宰相的副职。简称参政，辽、金、元多沿用此名。清代有称协办大学士为参知的，其实协办大学士仅为虚衔，与唐、宋参知政事之为实职者不同。

仓部郎中　《新唐书·百官志》云："仓部郎中员外郎各一人，掌天下军储出纳、租税禄粮仓廪之事，以木契百合诸司出给之数，以义仓常平仓备凶年，平谷价。"《宋史·职官志》云："仓部郎中员外郎参掌国之仓庾储积，及其给受之事。分案六：曰仓场，曰上供，曰粜籴，曰给纳，曰知杂，曰开拆。"

仓监　据《唐六典》，太原永丰仓及龙门等仓每仓置监一人，丞二人。

漕标副将　清制，漕运总督直属之武职有漕标副将游击等，掌催护粮艘。

漕运总督　明初设京畿都漕运司漕运使，后又设漕运总兵官，景泰以后逐渐定为总督漕运兼提督军务巡抚凤阳等处兼管河道。至清代则定制漕运总督为正二品官，若兼尚书衔则为从一品。驻淮安府。掌督理漕务，凡粮船过淮，率所属官兵调度趱催，抵天津后入京述职。

茶引批验大使 明制各府设批验所，置大使、副使各一人，掌验茶盐引，官品为未入流。

常侍曹 汉代的尚书分曹治事，其一曰常侍曹，主丞相、御史、公卿事。凡关于以上各官所掌的文书，由常侍曹尚书处理。其下置侍郎，及令史。见《续汉书·百官志》。其后改常侍曹为吏部曹。见《晋书·职官志》。

长安洛阳左右部尉 汉制都城四门分置左右部尉，掌地区之治安。曹操举孝廉为郎，除洛阳北部尉，造五色棒悬门左右，有犯禁者皆棒杀之。其职甚卑，而权亦不细。其后西晋之洛阳，东晋之建康置六部尉。

长铤都尉 汉代特种兵之将领。长铤为长刃兵。

长水校尉 汉制，长水校尉为武帝所置京师屯兵八校之一。《汉书·百官公卿表》云，掌长水、宣曲胡骑。长水、宣曲皆是地名，胡骑之屯长水者为长水胡骑，屯宣曲者为宣曲胡骑。东汉至三国犹沿此名。

敞史 辽制有此名，即前代令史之职，为低级事务职员。

钞关御史主事 《明史·食货志》云："关市之征，官司有都税，有宣课，有司，有局，有分司，有抽分司、场司。抽分在南京者曰龙江、大胜港，在北京者曰通州、白河、卢沟、通积、广积，在外者曰真定、杭州、荆州、太平、兰州、广宁，河北有盐山县。宣德四年，委御史、户部、锦衣卫、兵马司官各一，于城门察收舟船纳钞，钞关之设自此始。于是有漷县、济宁、徐州、淮安、扬州、上新河、浒墅、九江、金沙洲、临清、北新诸关。量舟大小修广而差其额，谓之船料，不税其货，唯临清北新则兼收货税，各差御史及户部主事监收。正统九年，复设甘省税课司，成化七年，增置芜湖、荆州、杭州三处工部官。初抽分竹木止取钞，其后易以银。寻遣御史榷税。隆庆二年始给钞关主事关防敕书。”

朝奉大夫 宋代始置朝奉大夫为正五品文阶官，金、元以后废。

朝列大夫 金代文阶官之制，从五品下曰朝列大夫，元升为从四品，明为从四品初授之阶。

朝请大夫 唐、宋文阶官之制，从五品上曰朝请大夫，元升为从四品，明为从四品加授之官。

朝请郎 唐、宋文阶官之制，正七品上曰朝请郎。金以后废。

朝散大夫 唐、宋文阶官之制，从五品下曰朝散大夫，元升从四品。明废。

朝散郎 唐、宋文阶官之制，从七品上曰朝散郎。金、元以后无。

朝议大夫 唐、宋文阶官之制，正五品下曰朝议大夫，明为从四品初授之阶。清制从四品概为朝议大夫。

朝议郎 唐、宋文阶官之制，正六品上曰朝议郎，金以后废。

车府令 秦时赵高曾为中车府令，掌皇帝之车舆，后世亦有车府署令，或隶太常，或隶太仆。

车府署令 唐太仆寺所属四署之一，掌王公以下车路及驯驭之法，从官三品以上婚葬给驾士。至汉太仆所属之车府令则实主皇室所用之车舆，唐制已稍不同。

车驾清吏司 清沿明制，为兵部的第二司，掌驿传邮符及牧马之政令。额设郎中满洲三人，汉人一人，员外郎满洲二人，蒙古一人，主事满洲汉人各一人。

车骑府 隋代府兵军府组织之名，主官后改为别将。参见骠骑府条。

彻侯 汉沿秦制二十等之爵，以彻侯为最高一级，后避武帝之名改称通侯。

丞相 秦、汉定制，以丞相为辅佐皇帝的最高政务长官，与太尉、御史大夫地位略等。太尉掌军，御史大夫掌监察，又兼为丞相之副，起互相制约的作用。汉代初期，有时置左右丞相各一人，但一般是只置一人，不分左右的。魏、晋以后，真正担任宰相的多用其他名义，而丞相只用以位置权臣如曹操、王导等，往往进一步即登皇位。一直到南宋孝宗以后，才又采用左右丞相名称。辽、金、元亦同，但已远不能比汉代丞相之有实权。明初亦设左右丞相，不久即废，只以内阁诸臣参与机务，自此以后不再有丞相之名。但习惯上唐、宋之同平章事亦以丞相为一般称呼。

承德郎 金代文阶官之制，正七品上曰承德郎，元升为正六品，明为正六品升授之阶。清制正六品概为承德郎。

承事郎 宋代文阶官之制，正八品为承事郎。

承务郎 隋代六部置承务郎，唐以后称员外郎，废承务郎之名。又唐、宋以后为低级文职阶官之一，唐、宋、辽居八品，金居七品，元、明居六品。

承信校尉 明沿元代武阶官之制，承信校尉为正六品升授之阶。金之承信校尉为正七品上阶。

承议郎 唐、宋文阶官之制，正六品下曰承议郎，金以后废。

承应小底局 辽代特有之宫廷机构，属宣徽院，有笔砚小底、寝殿小底、佛殿小底、司藏小底、习马小底等。小底即小的，亦即小厮、小当差之意。

承运库 据《明史·食货志》内府凡十库，承运库贮缎匹、金银、宝玉、齿角、羽毛，而金花银最大。广积库贮硫黄、硝石。甲字库贮布匹、颜料。乙字库贮胖袄、战鞋、军士裘帽。丙字库贮棉花、丝纩。丁字库贮铜铁、兽皮、苏木。戊字库贮甲仗。赃罚库贮没官物。广惠库贮钱钞。广盈库贮纻丝、纱罗、绫锦、绸绢。六库皆属户部，唯乙字库属兵部，戊字广积广盈库属工部。通谓之内库，各设大使、副使。

承直郎　金代文阶官之制，正七品下曰承直郎，元升为正六品，明为正六品初授之阶。

城门领　清制，步军统领衙门所属有城门领，满洲十八人，汉军七人，从四品，城门吏同，正七品，门千总汉军三十二人。掌内城九门、外城七门之晨昏启闭。城门领初名城门尉，城门吏初名城门校。门千总初为指挥千户，后改。

城门校尉　汉制，城门校尉掌京师城门屯兵，有司马及十二城门候。北朝魏、齐沿置。汉代城门置屯兵，往往以大臣专领，如王谭、王商、王立皆以特进领城门兵，孔光以太师领城门兵。

城门候为司城门启闭之官，清代之城门吏略与相似。

城守尉　清代驻防旗兵将领之名。在无将军或副都统之次要地方，设城守尉，仍受巡抚节制。

乘黄署　唐太仆寺所属四署之一，掌供车辂及驯驭之法。

乘黄为良马之名。与殿中监之尚乘局及闲厩使共掌皇室车马，职务甚不分明。总之乘黄署仅备官而已，即尚乘局亦只空名，实权在中官所任之飞龙使。

敕令所提举 宋制以宰臣兼充敕令所提举，下设详定官及删定官，相当于清代之律例馆。

崇进 元代正一品之阶官名号甚多，有开府仪同三司、仪同三司、特进、崇进、金紫光禄大夫、银青光禄大夫六号。崇进为元代所特创。

崇文门监督 清制于京城之崇文门设关，以收出入京城商货之税，兼及田房契税并其他商税。其主官为正监督一人，特派旗籍大臣充任，副监督一人由内务府大臣选派。崇文门税收为宫廷之私有，所属员吏，以刁难勒索著名，为当时商旅之害。

崇政殿说书 宋仁宗时始有此名。初仅临时所置，以次于侍读、侍讲，后乃以经筵官之资高者为侍讲，卑者为崇政殿说书，宋以后废。

抽分场提领 元制于商货经过之地置抽分（按成收税）场提领所，每所设提领、同提领、副提领等。

祠部郎中 据《唐书·百官志》，祠部郎中、员外郎掌祠祀、享祭、天文漏刻、国忌庙讳、卜筮、医药、僧尼之事。唯道士在唐代隶属宗正寺，不归祠部。宋以后则统归祠部。

祠祭清吏司　明、清礼部的第二司，即唐、宋以前的祠部。掌祭礼及丧礼并关于术数、医卜、僧道之政令。

祠祭署奉祀　清制，于天地坛、朝日夕月坛、先农坛、帝王庙各置祠祭署奉祀，掌典守神库，巡视洒扫。奉祀之下有祀丞，奉祀员阙，以祀丞序升。秩为从七及从八品。

刺史　汉初之制，本以郡守为地方行政最高长官，当时地方本无常设之军备，郡守不须带有军权。唯尚恐郡守、县令有违法溺职之事，故遣刺史分行巡察。凡十三部，各有部刺史一人，其官秩仅六百石，远在郡守之下。但刺史虽有纠察郡守之权，而不能干预郡守、县令之事。所规定纠察之六条如下："一条，强宗豪右田宅逾制，以强凌弱、以众暴寡；二条，二千石（郡守或国相）不奉诏书遵承典制，倍公向私，旁诏守吏，侵渔百姓，聚敛为奸；三条，二千石不恤疑狱，风厉杀人，怒则任刑，喜则淫赏，烦扰刻暴，剥截黎元，为百姓所疾，山崩石裂，袄祥讹言；四条，二千石选署不平，苟阿所爱，蔽贤宠顽；五条，二千石子弟恃怙荣势，请托所监；六条，二千石违公下比，阿附豪强，通行货赂，割损正令。"在西汉时郡守之有成绩者往往入为公卿，执国政。而刺史之职务修举者亦往往擢为郡守。此制在后世唯明代之巡按御史略与相近。然汉代郡守之上别无监司之官，而明代则府县官之上督抚司道层层辖制，又以巡按御史插足其间，尤为利少弊多。

西汉成帝时曾改刺史为州牧，后或改称刺史，或复旧。东汉末期，为镇压农民起义，提高地方长官权力，复改刺史为州牧，后渐成地方割据政权。

魏晋以后，因统治者有鉴于州牧之权太重，难于控制，遂又废不复设，仍改为刺史。晋武帝统一以后，并地方军队亦仅留存极少数。然此时分立之州渐多，刺史之职权地位亦皆与西汉迥不相同，形成以州、郡、县为三级之地方制度。由于动乱之不止，州刺史已代郡守而为地区最高长官，仍不得不付以相当之军权。于是刺史往往加都督诸军事，其权尤重者加使持节，再次加假节，不称都督者或称监，或单称督。此则名为刺史而仍与州牧无殊。东晋以后权臣且有都督至八州者则更驾于刺史之上。

至南北朝则新设州郡日益繁多，往往郡止辖一二县，州止辖一二郡，州刺史与郡守之间已无甚区别，故隋文帝统一以后，径将郡一级废去，直接以州统县，于是隋之州县即等于汉之郡县，而刺史即等于汉之郡守。沿至唐代，成为定制，中间唯隋炀帝及唐玄宗时曾又改州刺史为郡太守，不久仍复故。

在名义上，州为高级地方行政区，而事实上州之性质各有不同，有本为大都会或军事重镇者，有处于边远或地狭人稀者，于是不得不参照南北朝以来之习惯划定为上中下三等。因此，上州地位特别提高，由南北朝之都督改称总管，其尤重要者，其州为大总管府，刺史由大总管兼领。唐代在未设节度使以前皆沿此制，最上等之州为大都督府，次为都督府，下等不设。无论州之等级如何，刺史之官衔中始终犹带持节军事字样，例如苏州刺史之全衔即为使持节苏州诸军事苏州刺史，直至宋代犹如此，虽是虚文，亦因本州皆有州兵之故。

刺史与都督在名分上分掌民政与军政，各自成一机构，各有官属。即使为同一人，而机构不相混。及至安史乱后，内地亦援边疆之例纷纷设立节度观察使，于是刺史之正官仍存，而都督之名为节度观察使所夺。大抵有节度或观察使之处，其所驻在之州刺史即由本使自兼，而所辖之各州刺史，则以节度或观察使为长官，须听其号令，不能直接上奏朝廷，而下行之公文亦必由节度或观察使转发。当河北诸镇不奉朝命时，其所辖之州刺史皆不听朝廷除授，而以所部之武将任之。此风沿至五代尤为普遍。宋太祖有鉴于此，收藩镇之权，从改用朝官文臣知州事入手，故不再袭刺史之旧名。当唐代藩镇割据之时，朝廷所能控制之各州，不过河南江淮等地，得由台省各官出任刺史，其有兵事之边区，仍多由节度使奏请，多以幕职官代行州刺史之职，不除正官。其南方僻远之州，则专以授朝官之有罪者，谓之责授，在仕宦中视为不幸。

刺史之名直至辽、金尚未全废，元废。清代在文字上犹往往用作知州的称呼。又南北朝之州刺史往往以王公贵戚为之，加将军号以示尊宠。若他官为刺史而不带将军者，谓之单车刺史，其权较轻。

从仕郎　金代文阶官之制，从八品下曰从仕郎。

D

达鲁花赤　元代于中外各官署主官之外皆有达鲁花赤（一作达噜噶齐）一员，由蒙古人担任，以监视汉官。达鲁花赤为头目之意。

大都护　唐代于安西、北庭等地置大都护府。大都护一人，从二品，副大都护二人，从三品，副都护二人，正四品，下有长史、司马、录事参军事等。

大都留守司　元制，大都留守司掌守卫城阙，兼理宫廷营缮器物之事。附设祗应司、器物局、大都城门尉、上林署、仪鸾局等。主官有留守五人，同知、副留守、判官各二人。

大都陆运提举司　元设，为管理都城陆运米粮的机构，属兵部。主官为提举、副提举。

大都宣课提举司 元制置大都宣课提举司以掌京城商税。主官有提举、同提举、副提举等。

大官令 秦、汉的少府是供应皇室需要的机构，其所属各官，关于饮食方面者有大（太）官、汤官、導官、胞（庖）人。颜师古说，大官主膳食，汤官主饼饵，導官主择米，胞人主宰割。又有果丞，主果实。各有令长及丞。《续汉书·百官志》则云，大官令下有左丞、甘丞、汤官丞、果丞各一人。注云：左丞主饮食，甘丞主膳具，汤官丞主酒，果丞主果。

总之，汉代大官是一庞大机构，《汉书·宣帝纪》注云：大官令屠者七十二人，宰二百人。《后汉书》载大官经费每年至二万万，固然由于皇室的浪费，也因为所供应范围包括整个宫廷人员之故。此后历朝都在光禄寺设大官署，但宋代已别置御厨使以领诸署，皇帝膳食实归尚食局，大官署亦只管祭物而已。

大官署署正 清沿明制，为光禄寺四署之一，满洲汉人各一人，从六品，署丞满洲二人，从七品。掌祭祀燕飨之肉及蔬菜之属。唐制各署均置令，不称正。

大汉将军 明制，锦衣卫所属有大汉将军一千五百人，取身材高大者为殿廷卫士，以资壮观。名为将军，实非职官。其他尚有红盔将军、明甲将军等，亦同。

大行令　据《汉书·百官公卿表》：典客秦官，景帝中六年，更名大行令。武帝太初元年更名大鸿胪，属官有行人、译官、别火三令丞。似大行令即掌外国使节等事。又谓：典属国，秦官，武帝元狩三年昆邪王降，复增属国，置都尉、丞、候、千人，属官九译令，成帝河平元年，省并大鸿胪。则大行令、大鸿胪为常设之官，而典属国乃因事而设者，然两者皆云秦官，又似典属国亦非武帝时创置，其故未详。汉代为典属国者，苏武之后有常惠及冯奉世，位望皆颇高，恐典属国仍是临时之号。至北魏仍有此名，后即不再见。

大行人　《周礼》秋官之属有大行人，掌大宾客之礼仪，后有小行人，其职稍次。性质实与秦之典客相近，盖原意以接待远方宾客为主。典客后虽改大鸿胪，亦未失此意。隋、唐以后之鸿胪卿始以赞导礼仪为职，与行人不完全相同。

明代有行人司之职，则虽取《周礼》行人之名，名实亦不相符。明行人司置司正及左右司副，下有行人若干，以进士为之。所掌者为捧节奉使之事，凡颁诏册封，抚谕征聘，皆差此官。中书、行人、评事、博士，共称中行评博，为京官中之位卑而望高者，知县且以升此为荣。清代奉使之事皆临时差官任之，不设行人，故《职官表》中不列，其实明之行人，亦仍由秦、汉之谒者衍变而来，非可完全忽视。

大鸿胪　大鸿胪本为汉初之大行令，武帝时改名。晋南渡后，有事则权置，无事则省。后魏仍置此官。至隋以后则无大鸿胪之名，改称鸿胪寺卿，而鸿胪之职与古稍异，故《职官表》以古之大鸿胪当清代之理藩院，而后世之鸿胪寺卿则别立一表。

大理寺　古称法官为理或李，在秦、汉，以廷尉为最高司法之官，中间偶亦曾改廷尉为大理，不久仍复旧。北齐始设大理寺，而隋、唐以后皆沿其制。唐高宗时一度改为祥刑寺，亦旋复旧。明、清诸卿寺官品均较唐制为卑，唯大理寺卿仍为正三品，在大九卿之列。清制设卿及少卿，满洲汉人均各一人。其职掌为“平反重辟以贰邦刑”。与刑部、都察院为三法司。凡有应议大政大狱，与六部、都察院、通政使司称九卿会议。下设左右寺丞、左右评事及堂评事。左右寺丞均满洲、汉军、汉人各一人，左右评事则只汉人一人。左右寺丞初名左右寺正、寺副，后裁改。

大理寺官自少卿以下分左右始于明，盖一以分区任事，一以互相稽察，后遂定以浙江、福建、山东、广东、四川、贵州属左，以江西、陕西、河南、山西、湖广、广西、云南属右。清始革去之。然初期犹有左右寺丞、左右评事之分。明代三法司之制，以刑部受天下刑名，都察院纠察，大理寺驳正。凡刑部重囚皆送大理寺覆讯而后定案，中叶以后，刑名之柄为内官所夺，甚至大理寺大审时太监坐公案之中央，列卿受其指使。清代虽不至此，然刑部本为监督机构，却亲掌决狱之权，大理寺本为法庭性质，却又只能审核案牍。卿寺之权为六部所侵，卿寺遂皆成赘疣，亦不独大理寺也。

大睦亲府　金代由大宗正府改称，即宋代之大宗正司，简称大睦亲，其长官为判大睦亲事，同判大睦亲事。

大人　北魏初期仍为部落制，置南北二部大人以统诸部落，继为东、西、南、北四部，又继为八部，或称八国。

大晟府　北宋特设掌乐律之机构，北宋末年废不复设。其长官为大司乐，次为太乐令，又次为主簿、协律郎。所典六案，曰太乐，曰鼓吹，曰宴安乐，曰法物，曰知杂，曰掌法。

大司空　司空本是古代掌工程的官，西汉成帝时改御史大夫为大司空，后复旧。哀帝时，再改为大司空，与大司马、大司徒总称三公，成为共同负责最高国务的长官。东汉则以司空与太尉、司徒总称三公，职务并无实际区别。后世亦用作工部尚书的通称。

大司乐　《周礼》春官之属有大司乐，掌乐舞之事。后世多以乐舞归入太常寺之职掌。唯北宋特置大晟府大司乐。清设乐部，以总理乐部大臣领之。

大司马 在《周礼》，司马的主要职务是武事，至汉武帝时，授霍光以大司马大将军之职，实际上即是在内朝（宫廷中）掌握全部政务，丞相只在名义上办理例行之事而已。因此，在哀帝时并丞相之名亦废，改为大司徒，而大司马仍居其上。大司马、大司徒、大司空变为共同负责的政务长官，职务上无大区别。至东汉则大司马改为太尉，仍与司徒、司空总称三公。魏、晋以后，在特殊情况下也有置大司马的，多半用以位置权势特重的大臣。后世的兵部尚书也通称大司马。

大司农 秦及汉初以治粟内史管国家财政，汉景帝时改称大农令，武帝时改称大司农。据《汉书·百官公卿表》，其属官有太仓、均输、平准、都内、籍田五令及丞。均输掌物资供应，平准掌物价调节，都内掌国库，籍田掌皇帝亲耕。此外新兴的盐铁专卖业务也是由大司农主管的。元代于中央置大司农司，掌农桑水利之事，明初尚沿置，后废。清代以大司农为户部尚书之通称。

大司徒 汉代本以丞相、太尉、御史大夫分掌最高之政、军、监察三权，至哀帝时，改定三公的名称，以丞相为大司徒，太尉为大司马，御史大夫为大司空。大司徒的地位就不及以前丞相的重要。起源是由于武帝以后，大司马大将军之权特重，已为事实上的宰相，因而三公的序列，径以大司马（东汉称太尉）为首。不过形式上的行政程序，还是要通过司徒府的。东汉的制度大致如此。三国以后往往以丞相掌握实权，而仍设司徒以位置有资望的大臣，不任实职。

大通桥监督　清设，由各仓监督之中选派，凡石坝运到之漕、白（上等米）二粮抽验斛面，督催车户，分运京仓之事皆属其职掌。满、汉各一人。

大王　辽制，部族之大单位曰部，每部之长曰大王（原名夷离堇），下有左右宰相、太师、太保、太尉、司徒等官，司徒原名惕隐。

大学士　唐代有弘文馆（后改昭文馆）、集贤殿学士，本为掌文学著作之官，其由宰相兼领者称大学士。宋代沿之，凡学士中资望特高的，加大字。至明代，则例置大学士若干人，以殿阁为名，如华盖殿、文华殿、武英殿、文渊阁、东阁等，在宫城内之内阁中办事，实际上是替皇帝批答奏章，商承政务。其本身的官阶不过五品，远在尚书、侍郎之下。但由于实权甚重，往往兼任尚书、侍郎，加官至一品，成为事实上的宰相。一般称为辅臣，俗称阁老。至清代初期，在内三院，即内国史院、内秘书院、内弘文院，各设大学士一人，以后将内三院改为内阁，大学士即成为内阁的主官。额定满、汉各二人。

各以殿阁之名系衔，共有六名，即保和殿、文华殿、武英殿、体仁阁、文渊阁、东阁。何人用何名，由皇帝个别临时指定。清代之大学士与明代不同，官阶为正一品，在所有文职中居第一位，并享有最高的荣誉。一般以授大学士（或协办大学士）为拜相。在公私礼节上都以中堂为称呼，不直称其名，即使加有师、保的荣衔或封有侯、伯的爵号，仍称为中堂。但本身是没有实际职务的，如果不是在外兼任总督，在内兼管部务，即等于空的荣典。

大冢宰　北周建国时，采取复古政策，官制全仿《周礼》。中央机构统于六官，天官大冢宰是六官之长，也就相当于宰相。到了末期，作为外戚权臣的杨坚仍然以大冢宰的名义为实际的统治者，隋代建国，北周的制度仍被废除。明代以六部当六官，始复以冢宰为吏部尚书之通称。

大舟卿　梁置，即都水使者之改名，掌舟航河堤，陈因之。

待诏　待诏、待制本为伺应召对之意，非官名，故汉代常令文学之士待诏于金马门。唐之翰林待诏亦同。宋代采其意，于馆阁直学士以下置待制，始为官名。明废，唯翰林院有待诏一官，秩甚卑。至清则由六员减至一员，尤与文学之任无关，仅存此空名而已。

导官 导官是舂米工场之意。汉代有导官令及丞，主舂供御皇室的米，先属少府，后属大司农。导字当作䆃。其官唐代犹存。

登仕郎 唐、宋文阶官之制，正九品下曰登仕郎，元制正八品为登仕郎，从八品为登仕佐郎。明制登仕郎登仕佐郎为正、从九品升授之阶官，清制登仕郎及登仕佐郎分别为正、从九品之阶官。

登闻鼓院 宋代所设受理官民建议或申诉的机构。与登闻检院性质略同而互相制约，据《宋史·职官志》，登闻检院隶谏议大夫，登闻鼓院隶司谏正言，掌受文武官民章奏，凡言朝政得失、公私利害、军期机密，乞恩雪冤等先经鼓院进状，或为所抑，则诣检院，其主官为判登闻鼓院事。

唐代于东西朝堂分置肺石及登闻鼓，有冤不能自伸者，立肺石之下，或挝登闻鼓。立石者左监门卫奏闻，挝鼓者右监门卫奏闻。此登闻鼓之由来也。

登闻检院 宋初改唐代之理匦使为理检使，并置登闻检院，以朝臣判院，凡官民上疏均先诣登闻鼓院，如鼓院不受，则诣检院。登闻检院隶谏议大夫，登闻鼓院隶司谏正言，故检院较鼓院略高一级。

迪功郎 明代文阶官之制，正八品初授为迪功郎，从八品初授为迪功佐郎。

敌列麻都　辽代北面官之掌礼仪者，清改译作多啰伦穆腾。

典簿　清制，翰林院设典簿厅，置官曰典簿，为翰林院中之事务机构。后改于编修、检讨中派办院事，典簿亦成虚名。在明代名典籍，清改此名，以与内阁之典籍示区别。

典籍　清代于内阁中设此官，掌收贮图籍，出纳文移。定额满洲、汉军、汉人各二人，官阶为正七品。内阁自大学士以下皆无官印，如对外行文，只用典籍厅印。此由明以来相沿习惯，以内阁本非官署，大学士亦本只是差遣非实官之故。

典厩署令　唐太仆寺所属四署之一，掌饲马牛给养杂畜。

典军校尉　东汉末西园八校尉之一，详见上军校尉条。

典客署　汉代之典客即后来之大行令、大鸿胪，至隋、唐则鸿胪寺之下又设典客署。隋炀帝曾改称典蕃署，旋复旧，置令及丞。专掌招待外国宾客事务，与礼部之主客司仅掌政令者不同。

典牧署　唐太仆寺所属四署之一，掌诸牧杂畜给纳及酥酪脯腊之事。然牧政皆由在外之牧监执行，而监牧使督领之。典牧署亦名不副实。

典史　典史之名始于元代，明、清因之，每县设典史一员，以掌狱囚，如无县丞、主簿，则典史兼充县署之事务官。品秩为未入流。

殿前都点检　五代后期于殿前都指挥使之上增殿前都点检一职，为总领禁军及统率出征各军之最高指挥官。在后周恭帝时，赵匡胤即以殿前都点检之身份受各军之拥戴而即帝位，故以后此官遂不复设。

殿前都虞候　宋承五代之制，而五代又承唐末藩镇之制，藩镇有虞候一职，本为军中戒严执法之官，当古代之司马。司马失其职，而有虞候，虞候之名渐轻而有都虞候，都虞候又不守本职而侵将帅之权，于是各军之都虞候渐成为军中之副帅。殿前司侍卫司之都虞候遂相当于指挥使以下之主要军职。

殿前司　五代帝王多由藩镇而起，藩镇之所恃以称雄者，即所豢养之衙兵。建国以后，仍不脱拥兵自卫之习，遂以亲信军队置于殿前，充作亲统之兵。宋代因之。都指挥使本为行军时统帅之名，宋既平定诸国，虽不复用兵，而旧习不改，遂以指挥使、副指挥使作固定官职，为殿前司之长官。都指挥以节度使为之，副都指挥使以刺史以上充，若资序过浅，则称主管本司公事。其属有准备差遣、书写机宜文字等员。皆由唐末至五代习惯于以临时差遣代正规官之职也。殿前都指挥使在宋时称殿帅，亦称殿岩。

殿前左右射生军 唐肃宗时始置衙前射生手，亦曰供奉射生官，又曰殿前射生手，分左右厢，总号曰左右英武军。又以殿前射生左右厢为殿前左右射生军，又改左右神威军，置大将军以下。后废归神策军。

殿侍 宋代最低级之供奉武官，在三班借职之下。

殿中省 魏、晋以后有殿中监一官，本是门下省所属，地位较低的官。隋始分立殿内省，唐改为殿中省，在三省以外，与秘书省、内侍省同称省，则地位已提高。所属有尚食、尚药、尚衣、尚舍、尚乘、尚辇六局。殿中省监一人，从三品，少监二人，从四品，丞二人，从五品，其属六局各有奉御二人，正五品，直长若干人，正七品。宋略同，后此不设。殿中监多以戚里贵臣为之，非文臣所职。

殿中侍御史 据《通典》，魏以二御史居殿中，察非法，即殿中侍御史所由始。南北朝以后，皆以殿中侍御史居侍御史之次。唐制殿中侍御史官阶为从七品，低于侍御史而高于监察御史。唐制，以殿中侍御史知左右巡，号两巡使。即分察京城之左右两街者，为御史中最繁剧之职务。

殿中司马督 北齐有殿中司马督及员外司马督，隶领军府。

定国将军 明代武阶官之制，定国将军为从二品升授之阶。

定远将军 明代武阶官之制，定远将军为从三品升授之阶。

东京兵马都部署 辽以辽阳为东京，东京都部署司及东京统军司为其镇守留都之机构。

东京等宰相府 《辽史·百官志》谓：上京为皇都，凡朝官京官皆有之，余四京随宜设官，为制不一，大抵西京多边防官，南京中京多财赋官。《续文献通考》云：圣宗时设东京、中京、南京宰相府，各有左右相，左右平章政事。五京诸使，东京则户部使司，中京则度支使司，南京则三司使司，转运使司，西京则计司，即所谓多财赋官也。然何以分设各处，何以划分职权，史无明文。

东西上合门使 唐、宋之制，正殿朝会，百官从东西上合门入殿廷。宋代因设东西上合门使各三人、副使各二人，其下有宣赞舍人及合门祗候。掌朝会宴飨供奉赞相礼仪之事。副使承旨禀命，舍人传宣赞谒，祗候分佐舍人。文武官及外使朝见辞谢皆掌其引导序班，赞其拜舞。凡庆礼奉表掌于东上合门，慰礼进名则掌于西上合门。辽、金仍沿此制。

东园匠令丞 据《汉书·百官公卿表》，少府有东园匠令及丞。盖主丧事所用者。《汉书》常称赐东园秘器，即棺椁。

都漕运使司 元制有京畿都漕运使司，设运使、同知、副使、判官、经历、知事等。

都察院 明、清中央监察部门之总汇称都察院。唐制御史台分三院，监察御史称察院，明废侍御史及殿中侍御史，仅设监察御史，故径去御史台之名，改称都察院，以总领各道监察御史，而以都御史副都御史为其长。至清代更以六科给事中并入，合称御史及给事中为科道。与唐、宋台官谏官分职之制不符，为官制上一大变革。但都察院亦仍承古代御史台之规制，不在行政系统之内。对君主得进行规谏，对政务得进行评论，对大小官吏均得进行纠弹。在外则总督、巡抚皆带都察院都御史副都御史衔，得对其辖境内于行政权外兼行监察权，表明其地位之特殊。至科道官不能兼任行政职务，表明其不受牵制。又都察院之组织无长官与属员之分，科道官皆独立发言。又低级官吏或士人有建议事件，可由都察院代奏，被参处的官吏有冤抑或百姓有所控诉而行政官署不予处理或处理不当的，亦可向都察院陈述。吏部官员本身有过失，亦由都察院议定处分。

都船狱 汉代有都船狱，大约是造船工场附设的监狱，属中尉，设令及丞。汉代中央机关有监狱的甚多，都司空狱、若卢狱、都船狱之外，尚有導官狱、暴室狱等，導官是舂米工场，暴室是织染工场，似乎工场附设监狱原是为囚禁工人的。但并无一般性的总监狱，其他罪人即任便分别交给这些监狱管押。

都大提举茶马司　《通考》略云：宋熙宁七年，诏三司盐铁判官李杞、三司勾当公事蒲宗闵经画川蜀买茶，充秦凤熙河路博马，杞于秦川，宗闵于成都置司。后改名都大提举茶马司。有主管茶马、同提举茶马、都大提举茶马凡三等，按资历分别任之。

都官郎中　魏、晋有都官郎，都官大约是中都官之意，故《隋书·百官志》云："掌畿内非违得失事。"唐制都官为刑部的第二司，"掌俘隶簿录，给衣粮医药而理其诉免"。宋制则"掌徒流配隶，凡天下役人与在京百司吏职，皆有籍以考其役放及增损废置之数"。据其职务而言，恐由汉之中都官狱得名，因管狱囚而旁及吏役。其变迁经过颇不易明。尤其易于混淆的是，《隋书·百官志》云，后齐尚书省都官统水部，掌舟船津梁公私水事，《南齐书·百官志》云，都官尚书领水部曹，《通典》亦云，起部尚书不常置，事毕则省，以其事分属都官左民尚书。则都官实与工程有关，而与刑部相去颇远，不知何以名实不相符如是之甚。

都监　宋代武将职名之一，冲要之路以知州知府兼本路兵马都监，而以武臣充副都监。州都监则以较低级之武臣充之，资历尤浅者称监押。

都事 宋代各部有都事，在主事之上，金代于尚书省置都事，是事务长的性质。至明、清唯都察院尚沿置此官。

都水监 据《汉书·百官公卿表》，太常属官有都水长及丞、水衡都尉亦有都水长及丞。《唐六典》卷二十三，汉成帝以都水官多，置左右使者各一人，刘向护左都水使者是也。东汉置河堤谒者，晋又置都水使者，而以河堤谒者为都水官属。南朝梁改都水使者为大舟卿，为卿寺之一。而北朝至隋则称都水台，唐称都水监，主官称使者。下设两署，一舟楫署，二河渠署。都水监在金元仍如旧制。明清号称归并工部之都水司，遂无专任水利工程之官。宋之都水监有外监或外都水丞，为在地区实际负责河道堤防之机构，尚有内外相维之意。明代设总河都御史、清代设河道总督，而中央无专管治水之行政总汇，与废将作监之情况略同。

都水清吏司 源于唐、宋之水部，明、清为工部的第三司。掌河防海塘及水利之政令及道路桥梁舟楫之制度，兼掌藏冰之事。清制郎中满洲五人，汉人一人，员外郎满洲五人，汉人一人，主事满洲四人，汉人一人。

都水使者 都水使者之名始于西汉，盖总领各都水长之官。直至唐代，都水监之长官犹称使者。

都水台 晋以后水衡都尉与都水使者迭有兴废，此置则彼罢。都水使者之机构为都水台，隋、唐以后改称都水监，隋之都水监领舟楫、河渠二署。直至金、元，犹沿此名，主官为监及少监。其设于当地之分机构则称外监，元代称行都水监。

都水长　西汉代太常、大司农、少府、水衡都尉均有都水长及丞，京兆尹、左冯翊、右扶风之地方行政机构亦有都水长及丞。盖皆置于所辖之苑囿、农田以及河渠所经之地。以都水使者总领之。此制至东汉而改，中央机构之都水官概归地方。

都司　清制，都司为正四品武官，次于参将一级。凡都司之为副将总理营务者，称协标都司。都司本即明代都指挥使司都指挥使之简称，由高级军职变为下级军职。

都司空狱　汉代宗正所属之监狱。司空主工事，都司空狱大约是犯罪工役所囚禁的地方。设令及丞。

都统制　南宋高级领兵官之职名。《宋史·职官志》云："建炎初置御营司，擢王渊为都统制。绍兴十一年，三大将兵罢（按谓韩世忠、张俊、岳飞），诸军皆冠以御前二字，擢其偏裨为御前统领官，以统制御前军马入衔，秩高者为御前诸军都统制，且令仍旧驻札，以屯驻州名冠军额之上。其后兴元、江陵、建康、镇江府、兴、金、鄂、江、池州及平江、许浦水军皆除都统制，官卑者称副都统制。又有统制、同统制、副统制、统领、同统领、副统领。"

凡所谓统制、统领等名，皆由于靖康建炎之际，高宗以兵马都元帅名义建军命官，不能复用平时制度，设此以应变。及后来则统制亦仅为偏裨，而都统制亦不似初置时之贵重矣。

都巡河官 金置，从七品，属都水监，掌巡视河道，修完堤堰，栽植榆柳。其下又有散巡河官分驻各处。

都虞司 清代内务府七司之第四司。掌府属武职之升补及三旗禁旅训练遣调、供应、畋渔之事。其所谓禁旅，即内务府镶黄、正黄、正白三旗护军营，各置护军统领一人，参领、副参领、护军校各若干人。掌宿卫宫禁，导引扈从。

都元帅府 辽制都元帅府有兵马都元帅、副元帅，同知元帅府事。金同，元之都元帅府分元帅府皆置于地方。

都指挥使司 明代于各地方置卫所，略如府兵之制，以都指挥使司为其常设之统率机构。简称都司。《明史·职官志》云："都司掌一方之军政，各率其卫所以隶于五府而听于兵部。凡都司并流官，或得世官……明初，置各行省行都督府，设官如都督府，又置各卫指挥使司。洪武四年，置各都卫断事司，以理军官军人词讼，又以都卫节制方面，职系甚重，从朝廷选择升调，不许世袭。八年，诏各都卫并改为都指挥使司。凡设都司十有三。燕山都卫为北平都司，西安都卫为陕西都司，太原都卫为山西都司，杭州都卫为浙江都司，江西都卫为江西都司，青州都卫为山东都司，成都都卫为四川都司，福建都卫为福建都司，武昌都卫为湖广都司，广东都卫为广东都司，广西都卫为广西都司，定辽都卫为辽东都司，河南都卫为河南都司。行都司三，西安行都卫为陕西行都司，大同都卫为山西行都司，建宁都卫为福建行都司。十五年增置贵州、云南二都司，后以北平都司为北平行都司，永乐元年改为大宁都司，宣德中增置万全都司，计天下都司凡十有六，又于建昌置四川行都司，于郧阳置湖广行都司，计天下行都司凡五。”明代罢行中书省后，即改设都指挥使司，与布政使司、按察使司分掌地方之军政、民政、刑狱，而都司设都指挥使一人，正二品，都指挥同知二人，从二品，都指挥佥事四人，正三品。其属则有经历司经历、都事，断事司断事、副断事、吏目，司狱司司狱、仓库草场大使副使各一人，体制与布按两司相似，而列衔在其上。

都转运使　宋代之都转运使本为掌财赋之官，而事实上亦即大行政区之最高长官。其来源颇为复杂。自隋、唐以后，州刺史已变为县级以上之地方行政长官，权力远较两汉魏晋为小，故唐代不得不于州县以上设置更高一级之行政区。故《通典》云：“至德之后，改采访使为观察，皆并领都团练使，其僚属随时增置。分天下为四十余道，大者十余州，小者二三州，各因其山川区域为制。诸道增减不恒，使名沿革不一，举其职例皆古之刺史云。”

然唐代之观察团练使职权渐为拥兵割据之节度使所夺，至五代而其弊已极。宋初根本废除节度使之制，而以诸州直属中央。然区域太广，中央难以一一控制，既不得不于州以上再设高一级之长官，又不欲蹈节度使拥兵之覆辙，于是藉统一财政收支为名，分全国为若干路，路设都转运使或转运使以管一路财赋为主，实即管一路之民政，而为州之上级监督，此与唐代之转运使名同而实异。（唐代之转运使另详转运使条。）《宋史·职官志》载都转运使之制云：“都转运使、转运使、副使、判官，掌经度一路财赋，岁行所部，检察储积，稽考帐籍，凡吏蠹民瘼，悉条以上达，又专举刺官吏之事。有军旅之事，则供馈钱粮。或诸路事体当合一，则置都转运使以总之。若副使，若判官，皆随资之浅深称焉。其属有主管文字、干办官各一员，文臣准备差遣，武臣准备差遣，员多寡不一。”《文献通考》述其建置原委尤为明晰，云：“宋朝艺祖开基，惩五季之乱，藩臣擅有财赋，不归王府。自乾德以后，僭伪略平，始置诸道转运使以总利权。开宝六年，广南平，除徐泽为判官，盖转运判官始此。其转运使之名，国初但曰勾当某路水陆计度转运使，官高者则曰某路计度转运使。太平兴国初皆曰使，两省以上则为都转运使，又置副使与诸路判官焉。又置同勾当转运事。俄罢诸路副使。真宗每用兵，或令都部署兼转运使。王师征讨，则有随军转运使，事毕即停。至道中诏曰：天下物宜，民间利病，唯转运使得以周知，令更互赴阙延见询问焉。庆历中皆带按察之任，六年罢之。”

又引东莱吕氏之言，则更能探其隐微。略云：太平兴国二年……诏邠、宁、泾、原、鄜、坊、延、丹、陕、虢、襄、均、房、复、邓、唐、澶、濮、宋、亳、郓、济、沧、德、曹、单、青、淄、兖、沂、贝、冀、滑、卫、镇、深、赵、定、祁等州先隶藩镇，令直属京师，郡长吏得自奏事，自是而后，边防、盗贼、刑讼、金谷、按廉之任皆委于转运使，又节次以天下土地形势俾之分路而治矣。

然宋之知州知府可能为前任宰相执政官，而转运使以监司之身份临于其上，知州知府官位虽高，仍不得不俯首。此乃欲抑制知州知府，却未虑及转运使之权太重也。吕氏又云：“至道元年八月，荆湖转运使何士宗请：执政大臣出临外郡，应（一切）合申转运使公事，只书通判以下姓名。太宗谓宰相曰：大臣品位虽崇，若出临外藩，即转运使所部，要系州府，不系品位，此朝廷典宪不可轻改。并仍旧贯。由是观之，转运使权可谓重矣。然又疑其权太重，复置朝臣于诸路为承受公事，是讥察漕司（转运使之别称）也。真宗即位，省罢承受之官。景德间遂建提点刑狱一司，实分转运使之权，又以武臣带合职者副之。熙宁中议罢武臣提刑，或谓真宗时以武臣提刑，令讥察漕司也。监司之官既众，所领之职又分，诸路复以知州带一路安抚钤辖等名目，自领军事，而转运使所职，催科征赋、出纳金谷、应办上供、漕辇纲运数事而已。”

综此以上数说，可见宋之转运使最初原作最高一级行政区长官，继而又设提刑，则已非唯一之长官。此正明、清以布政按察两司共临府县之上所由始也。然此种畸形制度必不能持久，故南宋又于转运使之上往往又加一安抚使。安抚使为帅，转运使为漕，提刑为宪，提举常平为仓，帅、漕、宪、仓四司俱为监司，形成管官之官多而管事之官少之局面。至明、清则又不得不于布按两司之上又加督抚矣。金制于诸路沿置转运使，而于京师设都转运使司以总领之。《金史·百官志》云：都转运使司使正三品，掌税赋钱谷、仓库出纳、权衡度量之制。

都转运盐使司　都转运盐使司始置于元代，清沿元制于各产盐要地亦设都转运盐使司，简称盐运使司，其主官为运使。长芦、山东、河东、两淮、两广各一人，为从三品官，直属于盐政及兼理盐政之督抚。官序在按察使之下，道员之上。

督粮道　清制，有漕粮省分皆设督粮道，简称粮道，掌监察兑粮、督押运艘。南方各道每年粮船起帮，督运过淮，盘验毕，回任料理新粮，由山东河南粮道押运抵通。乾隆四十八年，定各省粮道俱押本省粮船抵临清盘验，方回本任。唯山东粮道上下趱运，俟总漕押送尾帮抵临清然后回任。以上皆指总漕（即漕运总督）所属而言，至偏远省份亦有粮道，则与漕运无直接关系。

读祝官 太祝之名本于《周礼》，为春官之属。汉制，太常属官有太祝令及丞，掌祭祀时读祝及迎送神。唐制，太常寺有太祝六人，为正九品官。清称读祝官，专以满洲人为之。

度支郎中 唐、宋以度支为户部的第二司。《新唐书·百官志》云："掌天下租赋、物产丰约之宜，水陆道涂之利，岁计所出而支调之，以近及远，与中书门下议定乃奏。"但中期以后多用他官判度支，度支郎中成为空名。员外郎同。《宋史·职官志》云："度支郎中员外郎参掌计度军国之用，量贡赋税租之入以为出。分案五：曰度支，曰发运，曰支供，曰赏赐，曰知杂。"按此为司以下再分科，较明、清制度为周密。

度支尚书 魏晋南北朝置度支尚书，《隋书·百官志》云：后齐置度支尚书，统度支、仓部、左户、右户、金部郎中。隋建国后改称户部尚书，以后相沿不改。

E

恩骑尉 清制，凡阵亡人子孙，袭爵次数已尽，即授以恩骑尉，列为七品，令其世袭。

二千石曹 汉代以郡国的守相官俸为二千石，因此习惯上称地方行政长官为二千石。尚书分曹治事，其主管郡国守相文书的，为二千石曹尚书。

F

发运使 唐末始有此名，宋代于转运使以外复置发运使，转运使掌一路之财赋，发运使则置于江南、淮南、两浙、荆湖等路。发运使本为唐时之扬子院留后，以盐铁转运副使充之。广明时，高骈奏改为发运使。至宋而盐铁转运使已归入三司使，而江淮犹沿置发运使以总盐漕茶务。若官秩特高者则称都大发运使。

防守尉 清代驻防旗兵将领之名。在近畿之城镇关口往往设置，隶于副都统。

防御 清代驻防旗兵低级军官之名，设于佐领之下。

防主　南北朝有此名，盖专为镇守一城以防变故而设，如西魏时郑伟为江陵防主都督十五州诸军事是其一例。至隋、唐府兵制度中之防主，则为低级军官之名，在副将之下，团主之上。

飞龙使　唐代置飞龙厩为养马之所，因置此官以掌之。辽代犹袭用其名，有飞龙院飞龙使、飞龙副使。

飞山军指挥　宋初之炮兵称飞山营。

奋武校尉　清代武阶官之制，奋武校尉为正八品阶，从八品则称奋武佐校尉。

烽帅　隋、唐时以烽火瞭望处为烽，瞭望兵为烽子，其主官为烽帅。

奉常　奉常是秦代官名。常是祭祀时之旗帜，奉常即主祭之意。其职掌为宗庙礼仪。汉代改为太常，太是尊大之意，后世遂以太常卿为九卿之首。但汉代之太常所属有五经博士，为传授学术之官，其所教之生徒名为博士弟子。故后世科举制度中所取之士亦称为升名于太常。汉以后学术之事已非太常专职，名义上犹未改，至隋、唐立国子监，太常始专掌礼仪，与汉代之太常职掌有别。

奉车都尉　汉武帝时置奉车都尉以掌陪奉皇帝乘车舆。霍光尝为此官，兼光禄大夫，出则奉车，入侍左右。为皇帝之亲臣。

奉宸苑 清代内务府三院之一，掌苑囿事务，康熙二十三年设立，雍正六年始定官制。设兼管事务内大臣，无定员，卿二人，正三品，一由侍卫补授，一由内务府司官补授。所管有景山、瀛台、玉泉山、南苑、圆明园、畅春园、清漪园等处，各以郎中、员外郎及苑丞、苑副掌之。而圆明园更有管理事务大臣，无定员。又万寿山附设织染局，因在郊外，亦归奉宸苑管理。明制于内织染局之外亦有城西蓝靛厂之外署，盖以取水便利之故。奉宸苑之职，本即汉代之上林令。故后世管苑囿之官多仍用此名，直至明代犹有上林苑监一官。唯另有司苑局，以太监领其事。

奉恩将军 清制奉恩将军为宗室封爵最低一级。其嫡妻所生一子得承袭奉恩将军，余子均为闲散宗室。

奉国将军 明制，宗室封爵奉国将军在辅国将军之下。清制同，但有一二三等之别。

奉国中尉 明制宗室封爵以奉国中尉为最低一级，不再减降。故凡极疏远之宗室皆得有奉国中尉之称。

奉上太医 金制，太医院所属有正奉上太医，副奉上太医，长行太医等名。

奉圣侯 晋及南北朝皆封孔子后裔为奉圣侯。

奉天府尹 清顺治时建奉天府，设府尹，后增府丞，继定以盛京侍郎兼管奉天府尹事，由特简，无常员。奉天府丞例以汉人为之，且例兼学政。府尹所属治中、理事通判、儒学教授、经历、司狱略同顺天府。

奉训大夫 金代文阶官之制，从六品下曰奉训大夫，元升为从五品，明为从五品初授之阶。

奉政大夫 金代文阶官之制，正六品上曰奉政大夫，元升为正五品，明为正五品升授之阶。清制正五品概为奉政大夫。

奉直大夫 金代文阶官之制，从六品上曰奉直大夫，元升为从五品，明为从五品升授之阶。清制从五品概为奉直大夫。

奉直郎 宋代文阶官之制，以从六品上为奉直郎。

府检校 明制知府下有检校一官，为知府直属之内部低级事务官。清初尚沿之，后裁。

府经历 清沿明制，各府设经历，为知府官署之首领官，即其直辖之内部事务官。除内部事务外，亦以备知府之差遣。习惯上地方官吏之犯罪待讯者，发交府经历厅看管。官阶正八品。直隶厅亦设经历。

府知事 明制知府下有知事一官，为知府直属之内部中级事务官，官阶正九品，清初尚沿之，后裁。

辅国公 清制，宗室封爵之第八级为辅国公，在镇国之下。又辅国公有不入八分者，详镇国公条。

辅国将军 明制，宗室封爵辅国将军在镇国将军之下，清制同，但有一二三等之别。又唐、宋武散官之制，正二品曰辅国大将军。

辅国中尉 明制，宗室封爵镇国中尉之下为辅国中尉。

驸马都尉 汉武帝时始置。驸即副字之意。与奉车都尉皆为陪奉皇帝乘车之近臣。魏、晋以后，公主夫婿多授以驸马都尉，遂成为称号而不为官职，沿至明代犹如此，唯清代无此称。

副将 清沿明制之副总兵而改称副将，仅次于总兵一级，为从二品官，但其性质已有不同。副将本身亦有两种不同之性质，一为地方最高级将帅之直属军官，一为统辖其本协之军官（副将所属之军事组织为协）。凡副将之为总督总理营务者称督标中军副将，为驻防将军总理营务者称将军标中军副将（简称军标），为河道漕运总督总理营务者称河标、漕标中军副将。俱简称中军。中军之职务颇似唐代节度观察使之都押衙、都虞候等。

G

各省钱局监铸官 清制，铸钱各省区，以布政使总其成，而受法式于户部。各置监铸官以判局事。如直隶宝直局一人，以保定府同知充，山西宝晋局一人，陕西宝陕局一人，江苏宝苏局二人，俱以佐贰官选充。

各坛庙尉 清制，于天地坛、社稷坛，太庙、堂子各置尉一人，掌守卫值宿。均为满洲缺，分四、五、六、七、八品不等。

工部 工部前身为南北朝之起部，唯《通典》云："晋、宋以来有起部尚书，不常置，每营宗庙宫室则权置之，事毕则省，以其事分属都官、左民二尚书。"至隋承北周工部中大夫之职，定工部为六部中之第六部，以后相沿不改。明、清之制，下设营缮、虞衡、都水、屯田四清吏司，大体仍前代之旧。清制工部附属节慎库、制造库、料估库、琉璃窑、木仓、皇木厂、管理街道厅等，又关于钱法堂事务亦工部与户部联合管理。

古代关于建筑工程之事属将作监专掌，关于水利工程之事属都水监专掌，工部只是处于行政监督地位。明、清却将这些重要业务机关撤销，而工部的职务仍然虚有其名。

工部郎中 唐制工部之本司工部郎中员外郎掌城池土木之工役程式。若京都有营缮之事，则由少府、将作任其事。明制工部第一司改称营缮，而实任营缮工程者别有营缮所。清代则既无将作之官，亦无营缮所，遇有工程，皆临时派员，招商承办。

工部尚书　汉代的司空虽亦掌水土工程，实际是与太尉或大司马、司徒或丞相共同执政的成员，非专掌之官，与《周礼》之各官司空亦不相当。尚书中亦无专掌工程的一曹。所有工程的实际职务都在将作寺及都水台。以工部尚书为官名，是从隋代才开始的。此后均以工部尚书为工部长官，但唐、宋以后，以工部为六部中最末一部，故尚书侍郎及郎官升迁的顺序总是从工部起递升。工部尚书是尚书中资历最浅的，明代并有以总工头擢任工部尚书，添设在正员以外之事。唐代曾一度改称司平太常伯或冬官尚书，旋复旧。后世多以大司空为工部尚书的通称。

工部左右侍郎　唐、宋工部侍郎皆一人，明始分设左右。清代以满汉右侍郎与户部右侍郎同兼管钱法堂事务。

公　周代定公、侯、伯、子、男五等之封，后世相承，多以公为王以下最高之爵号。唯汉代仅有王、侯两级，其他皆废除。至魏、晋始恢复五等，后皆沿袭，唯明代仅封至侯、伯为止。清代除皇室以外，封王者绝少，一般以公爵为最高爵位。有一二三等之别，各赐以美名，如澄海公、嘉勇公等。外戚则一概称承恩公。又唐、宋之制有国公、郡公、开国郡公、开国县公之等级，所食之邑自三千户至一千五百户不等，然亦仅虚名。须食实封方有物质待遇。

公车司马令 公车司马令为汉代宫门之传达官。据《汉书·百官公卿表》，卫尉所属有公车司马令及丞。注引《汉官仪》云：公车司马掌殿司马门，天下上事及阙下凡所征召者皆总领之。《续汉书·百官志》云：掌宫南阙门，凡吏民上章、四方贡献，及征诣公车者。司马门是宫城的外门，因此，欲以书面陈述，或欲面见皇帝者，均由此处受理。大约公家的车马可以直达此处，过此即为宫内，故受理之人称为公车司马令。至于正式的章奏，则必由尚书受理，唯各机关以何方式送至尚书，无明文可考，似不属于公车司马令之职掌。公车司马令与唐、宋之知汇使略有相似，唯公车司马令兼有接待之职，又非知匦使所能包括。

宫苑总监 唐制有苑四面监，监各一人，从六品，副监各一人，从七品。显庆二年，改青城宫监曰东都苑北面监，明德宫监曰东都苑南面监，洛阳宫农圃监曰东都苑东面监，仓货监曰东都苑西面监。又九成宫总监，监一人，从五品，副监一人，从六品，丞一人，从七品。盖宫苑有四面监，又有总监以统辖之。

恭圣侯 北齐时封孔子后裔为恭圣侯。

拱卫直都指挥使 金、元置，从四品，掌控鹤六百余户，及仪卫之事。

钩盾令 东汉少府所属有钩盾令，其下有永安丞、苑中丞、果丞、鸿池丞、南园丞等。皆掌苑囿及其中种植者。《汉书·昭帝纪》有钩盾弄田之语，钩盾大约是宫中之空地，所以能开作弄田，弄田是充作皇帝游玩的田。唐代司农寺所属有钩盾署令及丞，掌薪炭、鹅鸭等陂池薮泽之物。

狗监 汉代有狗监。司马相如因狗监杨得意而得进于武帝。盖宫廷中养猎狗之官。唐代闲厩使所管有五坊，曰雕坊、鹘坊、鹞坊、鹰坊、狗坊。自玄宗以后，五坊小儿倚势为民间之害，顺宗时曾罢之，然其后复如故。

鼓吹署令 唐制，鼓吹署令与太乐署令为平行机构，太乐署掌典礼所用之乐，鼓吹署则掌军乐，用于皇帝之仪仗中。清代仪仗用乐则隶于銮仪卫。

关都尉 汉沿秦置关都尉，掌收出入之税并稽察行人，守护关口。

关令 唐制，有驿道者为上关，无驿道者为中关，余为下关，各置令及丞，以掌稽察行人，据过所（护照）为往来之节。

关内侯 汉制，列侯皆自有国邑，食其租税，亦得以其国内之人为臣。即以地名为其侯号。若但封侯爵而不给以国邑，无侯号，则寄食于关中之地，仅得少数租税，称为关内侯。其名亦始于秦代。

关税监督 清初沿明制，各税关均差户、工二部司员充任，因抽分属户部，钞关属工部之故，后改为通差六部司员，继又改为特简京员往充，或由将军、织造、盐政兼理，多用满籍，尤以淮安关，广东海关为最优之缺，例以内务府司员充任。其他各关有由督抚委道府管理者，如江南海关委苏松太道，夔州关委夔州府知府。

观察使 唐代初期，派遣朝官分赴各道访察州县官吏功过及民间疾苦，或名巡察使，或名按察使，或名采访使，或兼黜陟使，最后定名观察处置使。大抵非军事重要地区，在安史乱后未设节度使者即以观察使为其地区（在唐代名为道）之最高长官。事实上亦即以民政为主而兼管军事，故定制设有观察副使、支使、判官、掌书记、推官、巡官、衙推、随军、要籍、进奏官等与节度使无异，所不同者只不赐旌节而已。至观察使所带之衔，自御史中丞至六部尚书不等，亦仅略次于节度使所带之衔。在唐代中期，河南北及关中皆已设节度使，唯江南地区，如宣歙、江西、福建、鄂岳、湖南、黔中皆只设观察使，岭南西道之桂管、容管、邕管亦设观察使。至后期则相继多改节度使并别加军号矣。唐代节度使、观察使间之关系略与清代之总督、巡抚相同，节度可兼观察，犹总督可兼巡抚，职权相似，而位分略相上下。宰相出镇，正常为节度使及总督，若为观察使及巡抚则是贬黜。

至宋代则观察使与节度使俱仅为荣称而非实职。唐代待命之节度使观察使称节度观察留后，宋代因于节度使之下观察使之上添一承宣使之称。清代通称道员为观察，乃借用，实不相当。

官告院 宋代专管颁发官吏告身（授官凭证）的机构。唐制，百官告身由尚书省之吏部、兵部、司封、司勋分掌。宋初始设局集中一处，以中书舍人一员提举，而以朝官一员判局事，后改为院。

管河同知通判 清制河道总督所辖有管河同知、通判、州同、州判、县丞、主簿、巡检、吏目、典史等官，与地方行政官署同。分驻沿河各州县汛地。同知直属于河道，地位相当于知府。

管理街道厅 清制每年由御史一人，工部司员一人，步军统领衙门司员一人共同充任管理街道厅，掌京城之道路沟渠。

管理三库大臣 清代特设，无定员，于大臣内简用。掌综理三库之政令，稽其财用出入之数。所谓三库者，一银库、二段匹库、三颜料库。其下各设郎中、员外郎、司库、大使等官，皆满洲员额。职官表载："银库掌银货解纳、收支之政令，凡直省田赋及关市盐茶诸税课咸入焉，岁有常数，部核数无阙，乃移库，准部定权衡受之，如启椟验封，有作弊及数不实者论。段匹库掌币物解纳、收支之政令，凡岁用缣帛纱縠咸入焉。由织造官市丝，民间织染输部，部移库受之。所需财用皆给公帑，具册达部，以待稽核。有造作不如法者论。颜料库掌杂物解纳、收支之政令，凡器用所需百物之良，若铜锡铅铁丹青赭绿香楮茶蜡之属咸入焉。直省有司各以其土产，岁支正赋市自民间，大者疏闻下部，小者以册达部，核其数移库受之，采择不精良者论。"

管粮同知通判　清初以府推官监兑漕粮，康熙六年裁推官后，改委各府同知通判充任。以稽查米色之美恶，兑运之迟速，并查禁包揽搀和需索滋事等弊。

冠军大将军　唐、宋武散官之制，正三品上曰冠军大将军。

光禄大夫　汉武帝时改中大夫之名为光禄大夫，秩比二千石，与谏大夫、太中大夫等同为掌论议之官。唐、宋以后，始用作阶官之号。唐、宋皆以光禄大夫为从二品阶官，元、明升为从一品，清升为正一品。遂为文臣最高之阶官。凡阶官亦谓散官，详见散官条。

光禄寺 汉代光禄勋为郎中令之改名，即宫廷宿卫及侍从诸官之长。自光禄大夫、大中大夫、谏大夫、谒者、郎中、侍郎等皆总于此。魏、晋以后，已仅存其名。至北齐而以光禄寺掌皇室之膳食，意义全然不同。实际乃是汉代大官令之职。北齐光禄寺统大官、肴藏、清漳（酒）等署，以后各朝皆沿此制。唐代光禄寺置卿、少卿及丞二人，总大官、珍馐、良酝、掌醢四署。各有令一人，丞二人。宋以后大致相同，唯辽改名崇禄寺，金则以其职属于宣徽院，有尚食局提点、生料库都监、收支库都监、果子都监、尚酝署令、酒坊使等官。元有宣徽院，其下仍有光禄寺。清沿明制，所辖大官、珍馐、良酝、掌醢四署犹仍唐旧。寺之主官为卿及少卿，均满洲汉人各一人，卿从三品，少卿正五品。各署皆有署正、署丞，为从六、从七品官。明制又有司牲司，置大使、副使，清省。

光禄寺名为掌宫廷所用之食物，其实皇帝之膳饮，在清代为内务府之职，光禄寺为外廷职司，所管者不过祭祀所用之食物而已。但在明代，则假御膳之名，为奸吏侵渔之薮。且明制各省额解光禄寺银米皆直送本寺，不由户部，甚至由中官提督寺事，任意支取钱粮，嘉靖、隆庆间每年用费至四十万，厨役窜名其中至四千余名。清代则光禄寺经费有限，变为冷署矣。

广储司 清代内务府七司之首，掌库储。凡六库，曰银库、皮库、缎库、衣库、磁库、茶库。所设官有总管六库郎中二人，部员兼管六库郎中二人，郎中四人，员外郎十二人，部员兼库员外郎六人，主事一人，委署主事一人，司库十二人，无品级司库十二人，笔帖式二十六人。于此可见内务官员之繁冗。

广捷军指挥 宋初以标枪兵为广捷军。

广威将军 明沿元代武阶官之制，广威将军为正四品加授之阶。金之广威将军为正五品上阶。

国公 汉制王以下仅有侯，王莽封安汉公，曹操封魏公，乃称王称帝之渐，不为定制，魏以后始于王以下有公爵一级，其以古国为名者称国公。唐宋至明多沿此制，至清代则公爵称号之上不用郡国名，但取两字或四字之美称。

国王 汉以后封爵为王者有国王、郡王之别，以古国名为王号如吴楚之类者，则称国王。

国相 汉代采郡国并置之制，直属于朝廷者为郡，分封于诸王者为国。但王国亦自有其职官，重要职官有傅及相，傅管王个人之行动，相管王国内之民事，皆仍由朝廷任命，不使国王得有自由。王国所辖亦有县与侯国，辖境大小与郡略同，故王国相之职位与郡守亦相等，而侯国相又与县令相等。据《续汉书·百官志》，东汉有二十七王国相，七十一郡太守。

国子监　《周礼·师氏》："以三德教国子。"郑玄注："国子，公卿大夫之子弟。"晋武帝时，据此语以立国子学，自此以后，或称国学，或称太学。隶属太常。北齐始立专署以司其事，曰国子寺，其主官为祭酒。唐代改名国子监，后皆沿之。唐之国子监设祭酒一人，司业二人，以官而兼师，总国子、太学、广文、四门、律、书、算七学。除主簿、录事为事务官外，掌教者名博士及助教。除广文馆专领业进士之国子学生外，其四门、太学以所教诸生之家世为等级，如国子生为三品以上官之子孙，余类推。律、书、算则为专门之学。除广文外，共称六馆。宋、元以后，渐加合并，以致仅存国子一学。明制国子监设祭酒一人，司业一人，其属有绳愆厅监丞一人。司士厅五经博士五人，率性、修道、诚心、正义、崇志、广业六堂助教十五人，学正十人，学录七人。典簿厅典簿一人，典籍厅典籍一人，掌馔厅掌馔二人。清代大体仍如明制，唯员数减少。祭酒满洲汉人各一人，司业满洲蒙古汉人各一人，监丞及博士皆满洲汉人各一人。而六堂均以汉人为助教，或设学正，或设学录。另简大臣总理监事。

明代南北二京俱置国子学，故有南监、北监之称。国子学生多由各州县学选拔贡入肄业，亦有由捐纳而得者。清代捐例大开，非生员出身之纳赀者，必先捐得监生，并不真正在监肄业，于是国子监益成有名无实之机构。唯祭酒、司业犹必以翰林官为之，而府、州、县学官之优异者亦往往给以国子监学正、学录衔为荣典。

又国子监是官署之名，唐代国子监与少府监、将作监等并列，清代犹与钦天监并列，教学之地则当云国子学或太学。而清代习惯即以监为学，以故有监生之名。

又古代以国学为成均，唐高宗时曾改国子监为成均监。后世往往以成均为国子监之别称。又宋崇宁中立辟雍（太学），置大司成一员，为师儒之首，位在侍郎以上，与国子监祭酒并置，官署与学校划分，但不久即废。

国子监监丞　唐以后国子监丞均为内部事务官，唯明制特设绳愆厅，以监丞为之长，参领监务，而诸生有过失并廪膳不洁均纠惩之。清代监丞为正七品官，其职掌为督教课，察勤惰，均廪饩，核支销。乃是学监性质。

果毅都尉　唐代府兵制度，每府有左右果毅都尉二人，在折冲都尉之下。详见折冲都尉条。

H

哈喇鲁万户府　元代宿卫宫禁之机构，除属于枢密院之阿速卫亲军都指挥使司外，又有属于大都督府之哈喇娄万户府。（蒙古语哈喇鲁即黑龙之意，清改译作哈喇娄。）设达鲁花赤、万户各一员，其下有经历、知事、提控案牍、镇抚、吏目、千户、百户、弹压等员。

翰林学士 学士之名始于南北朝，用以陪侍君主文宴娱乐，如陈后主时之江总等。故立名之始即有君主私人之意义。唐玄宗时于朝官中选置翰林学士，使其入值内廷，以备随时宣召，撰拟文字，取其较外廷官为便捷也。德宗以后，因时事多艰，常需有随时商议机要之人，翰林学士遂在中枢政治中占重要位置。其后渐成定制，凡任免将相，册立太子，宣布征伐或大赦，均于事先由学士院承命撰写，次日召集群臣宣布。凡诏书皆用黄麻纸，概由中书省颁布，唯翰林学士所撰以上各种诏书则用白麻纸。特别是拜相，必须事先保密，不能由宰相本身经手，故为学士院之专责。制诰本是中书舍人之职，自有翰林学士以后，舍人为外制，学士为内制，名义上各不相溷。但德宗在兴元时，仓卒应变，即以学士代行舍人之职，以后舍人渐成空名，而翰林学士加知制诰衔者即等于暂代中书舍人，往往经过一定期间，方正授中书舍人。中书舍人反变为翰林学士之升途。翰林学士是差遣的职务，不在职官之内。其本身必另有本官，本官之高卑不拘，自最卑之畿县尉至各部郎中都可以充学士。但充学士者升迁必易，一般总是升至中书舍人，不久即可入相。所以翰林学士是仕途中最荣贵的。直至明、清，拜相者必由翰林出身，还是唐、宋相沿的习惯。

宋制与唐大体不异，唯学士与舍人都不用正式名称，学士只称直学士院，舍人只称知制诰，学士仍是内制，舍人仍是外制，总称两制，两制都是朝列的清班。唯资历最深的才正式除授翰林学士，一经授职翰林学士，即有入相之望。所以翰林学士在唐代不是正官，而在宋代则成为正官。

辽、金、元都有翰林学士，至元而正式成立翰林兼国史院，明承其制，于翰林院置学士一人，以为翰林院之主官，则与唐、宋之翰林学士职掌全不同，亦不甚足重轻，故清代径废此官，只特派大臣充翰林院掌院学士。翰林学士在明、清实无可相比拟者。

翰林学士承旨　唐代翰林学士大约为六员，其中承旨一员尤为重任，等于学士之长。宋代则以资深者一员为之。五代后梁时以避朱温父讳改称奉旨。

翰林医官院　《文献通考》云：五代时有翰林医官使。宋制，翰林医官院使副各二人，并领院事，以尚药奉御充，直院四人，尚药奉御六人，医官医学祇候无定员，掌供奉医药及承诏视疗众疾。其冠以翰林二字者，因唐代翰林待诏有各种技艺人，医亦其一。徽宗时遂以翰林院勾当官总天文、书艺、图画、医官四局。辽与宋制略同，故其北面官有太医局都林牙局使、副使，南面官翰林医院有翰林医官。

翰林院 翰林之名始于唐代，其初凡以文学技艺供奉宫廷者，称为翰林待诏或翰林供奉，其职务与政治不甚有关，亦非正式职官。由于宫廷关系，习惯上已不限于文学的范围，故宋代仍有翰林茶酒司之名。与后来之翰林学士尊卑轻重相去悬远。因此，《新唐书·百官志》述其缘起云：“翰林院者，待诏之所也。唐制，乘舆所在，必有文词经学之士，下至卜医技术之流，皆直别院，以备燕见。玄宗初，置翰林待诏，掌四方表疏批答，应和文章，既而又以中书务剧，文书多壅滞，乃选文学之士，号翰林供奉，与集贤学士分掌制诏书敕。开元二十六年，又改为学士，别置学士院，专掌内命，凡拜免将相，号令征伐，皆用白麻。其后选用益重，而礼遇益亲，至号为内相。”翰林学士与一般的翰林待诏、翰林供奉性质大不相同，后二者是不预闻政治的，前者则是皇帝的机要秘书，在行政系统上处于非常奇特的地位，无官署，无官属，亦无俸给。故只称其在宫中所居之处为学士院，并无翰林院之称。直至辽代始于南面官中置翰林院，其时翰林学士已渐非唐、宋之旧。元代则称翰林兼国史院。至明代始以翰林院为正三品衙门，兼掌制诰史册文翰之事，乃唐、宋学士院及馆阁官，与魏、晋以后秘书监著作郎等职之合并。其官属自学士以下有侍读、侍讲、编修、检讨。皆作为文学侍从之臣。称之曰翰林官。清代沿之，翰林院遂为清华之极选，享有极高之荣誉。

明、清翰林院之所以较他官地位尤为优异者，因明初入内阁预机务者多为翰林官，当时内阁大学士尚止五品，以翰林入阁者权位虽重而官秩不高。及后来大学士之品秩虽未提升，而阁臣多已历尚书，兼师保，为百僚之长，无形中翰林院之地位渐已增高。实际上，唐、宋之学士院变为翰林院，而内阁反又似唐、宋之学士院，内阁在内廷，无官署，而翰林院在外朝，有官署，故内阁大学士以翰林为其本官，而内阁反为寄衔。内阁大学士初次到任必在翰林院，非翰林出身者亦不得拜大学士，其故即由于此。

清代之翰林院本身职务实极闲散，而翰林官在仕途中视之有如在天上之感，盖因其体制不同于他官而升迁较易。例如翰林官虽七品得挂朝珠，著貂褂，而他官则五品始得挂珠，三品始得著貂褂。翰林官（编修、检讨）经过京察后，得以七品外放为四品之道府。内升虽稍迟，然开坊后（升詹事府官称为开坊）即可按资转至尚书、侍郎，此则尤非其他出身者所敢望。翰林官所能担任之差使，主要为会试乡试之考官，及各省学政，此种衡文主试之任，衣钵相传，造成科甲出身者互相标榜，提高身价之机会。又清代之南书房为内廷掌文词翰墨之处，上书房为皇子及近支王公课读之处，充此二差者谓之南书房行走，上书房行走，皆照例以翰林官为之。由于接近皇帝，多得优遇。唯翰林官本身俸禄微薄，如不得主考、学政等差，则收入不丰。

翰林院侍读侍讲　清制均满洲、汉人各三人，自明代之正六品提升为从五品。自侍读学士、侍讲学士至侍读、侍讲，在宋代均为兼职。明、清之翰林院既专以位置文学侍从之臣，则院内之侍讲以上各官皆仅存空名，并不实任讲书之职，其实任讲书者，仍须别加选派，加以经筵官之衔。而经筵亦仍是虚文。故翰林院侍讲以上各官皆仅备资深翰林官之迁转而已。又清制，翰林院侍讲以上之满洲缺，得由各部郎中升补，不限于翰林院出身者，名为外班翰林。此因清初满人翰林出身者不多不敷补授之故。

翰林院庶吉士　明初有六科庶吉士，以位置新进之人使之历练职事。后乃专设于翰林院，在新进士择其文章书法较优者为之，以学士、侍郎等官充教习，以督其课业。清制同。庶吉士介于官与非官之间，等于候补之翰林官。每届会试之年，殿试传胪（唱名）后，再于保和殿举行朝考，然后综合覆试、殿试、朝考三项名次等第，取其年龄未甚老而名次较高者，不授他职而改为翰林院庶吉士。（若不入选则以六部主事、内阁中书、知县、教官分用。）名义上令其肄习学问，特简大臣为庶常馆总教习，以侍读、侍讲学士分教，（俗称总教习为大教习，分教为小教习。）三年期满，（若遇次年有恩科会试，则不待三年。）再行考试（名为散馆）。引见后，如准留职，则分别授以翰林院编修、检讨，（原系二甲进士则授编修，三甲则授检讨。）唯一甲三人则先已授修撰、编修，不经庶吉士阶段，但亦须应散馆考试。

凡改庶吉士者俗即称为翰林，然散馆之后亦有不留馆而改任主事或知县者，如改知县，则吏部必尽先选用，遇有缺出，即补授某缺出京赴任，故凡急于求禄赡家者皆情愿就此一途。在馆学习期间，毫无禄入，家境寒苦者无法生活，故常有请措资假出京者，学习实等于具文。即学习亦无非以试帖诗、律赋、白折小楷为功课，不切实用。

翰林院五经博士　明制翰林院有世袭五经博士，为正八品官，自孔子至朱子子孙各若干人。清因之，均只奉祀其先人，实际不任职务。又有圣裔太常寺博士，为世袭正七品官，以衍圣公之第三子承袭。其他国子监学录、学正亦有孔氏世袭官。

翰林院掌院学士　清制于翰林院不置学士，亦无长官，仅于大学士、尚书中简充翰林院掌院学士，在名义上为侍读学士以下各官之长而已，实无文学撰述之责。与唐、宋之翰林学士迥不相同。

行军司马　自汉以来，将军之开府者多有司马一官，以为其副职，总理所部之事务，作战时亦负参谋之责。或称军司马，或称军司。至唐代则于出征之将帅及节度使下皆置行军司马。前者如裴度总淮西时，韩愈以右庶子本官充其行军司马。后者如董晋为宣武节度使，陆长源为其行军司马，晋死，长源即代其任。唐代后期军事繁兴，行军司马多以手握军事实权之人充之。如郑畋为都统，其行军司马为前朔方节度使唐宏夫，其为凤翔节度使，其行军司马为李昌言，昌言遂逼畋而代其位，故行军司马在唐代为军中之要职，几等于副帅。若韩愈以文人当此任，纯为魏晋时军谘祭酒之比，则为例外也。行军司马人即称之为行军。

行中书省丞相平章　元代创设行中书省，作为分设于地区之中央政务机构，与北朝之大行台略同，唯大行台、行台只设于某一地区，而行中书省则普遍分设全国，实等于新设之大行政区。故明、清虽不采用其行中书省之制度而行省之名已在习惯上即代表大行政区，不能更废。《元史·百官志》略云：行中书省统郡县、镇边鄙。国初有征伐之役，分任军民之事，皆称行省，未有定制。中统至元间，始分立行中书省，设事设官，官不必备。皆以省官出领其事。其丞相皆以宰执行某处省事系衔，其后改为某处行中书省。凡钱粮兵甲，屯种漕运，军国重事，无不领之。每省丞相一员，从一品，平章二员，从一品，右丞左丞各一员，正二品，参知政事二员，从二品。而丞相或置或不置。

合门祇候　宋制以合门通事舍人（宣赞舍人）与合门祇候均掌殿廷传宣之事。合门祇候职位稍次，然皆为武臣之清选，比于文臣之馆职。后又选武臣子弟六人在前后殿祇应，称为合门看班祇候，过五年熟习仪节后乃除合门祇候。

和声署　清代乐部所属二署之一。置署正、署丞，均满洲、汉人各一人。掌朝会乐律及诸队舞仪节。清初尚沿明制，设教坊司以掌朝廷所用大乐。官有奉銮一人，左右韶舞各一人，左右司乐各一人，协同官十五人。技术员有俳长二十人，色长十七人，歌工九十八人。雍正元年始除乐户籍，更选精通音乐之人充教坊乐工，改教坊司为和声署，除奉銮、韶舞等官名。乾隆初，定设署正、署丞、供奉、供用官，均以礼部、内务府、太常寺、鸿胪寺官兼摄。按神乐、和声二署来源本不同，神乐专用于祭祀，仍未脱离太常寺系统，故官均为汉缺。

和声署用于朝廷大典。明代以教坊司掌之。唐代之教坊所奏乃供娱乐之音乐，非用于典礼者。

河标副将　清制，河道总督直属之官兵，由河标中军副将统率。

河泊所大使　《明史·职官志》云：洪武十五年，定天下河泊所凡二百五十二，岁课粮五千石至万石者设官二人，千石以上设二人，三百石以上设一人。清沿设河泊所大使，官品为未入流。然事实上仅存广东一处。

河道　明代布政司参政，按察司副使有以管河为职者，清代凡与河务有关地方均设河道。如江南淮徐河道驻徐州，淮扬河道驻淮安，山东运河道驻济宁，直隶永定河道驻固安，以上皆专理河务。

河道总督　明正德中设总督河道都御史，隆庆中加提督军务。亦间以工部尚书侍郎总理河道，或兼漕务。清代定制设江南河道总督一人，驻淮安之清江浦，山东河南河道总督一人，驻济宁州。前者简称南河，后者简称东河。直隶河道总督则以直隶总督兼任，为正二品官。河道总督虽非地方行政官，而所属各官，仍与地方军政系统相同，文职有道员、同知、通判及州县官，武职有河标副将以下等。

河堤使者　汉代有河堤使者，与护都水使者，河堤都尉、河堤谒者皆同一职掌而因事异名。《通典》云：武帝以都水官多，乃置左右使者以领之。

河库道　清制，河库道属于江南河道总督，同驻清江浦，掌河工款项之出纳。为道员中之优缺，经手款项，得以从中分肥。

河营参将　清制，河道总督所属有河营参将以下至把总各级武职，掌河工调遣及守汛防险之事。

弘文馆　唐初置修文馆，属中书省，是北齐文林馆，北周麟趾殿之遗制，以位置文学之士，于史馆秘书监以外，典司书籍。后改弘文馆，又改昭文馆。以他官兼充学士，以给事中一人判馆事。并以宰相一人充昭文馆大学士，自设集贤院以后，昭文馆之任渐轻，然其制至宋不废。

鸿胪寺　汉以秦之典客为大行令，又改大行令为大鸿胪。北齐以后置鸿胪寺，其所掌实兼有汉之谒者、南北朝之典仪等职。唐制鸿胪寺领司仪署，而谒者则改为通事舍人，隶中书省。宋则别有东西上合门使。金、元不置鸿胪寺，金仍以阁门使当之。元则称侍仪司。明之鸿胪寺领司仪司宾二署，各有署丞。清省二署。

鸿胪之名，取大声传赞之意，胪，传也。殿廷典礼，须以大声指导进退拜起之仪节。其实鸿胪之本职为引导外宾。后世礼部有主客一司，鸿胪寺始专掌行礼之仪节。久之，以鸿胪寺为外廷官署，不能直达宫廷，于是合门使之类，以近侍任传宣引导之事，鸿胪寺所掌遂只限于外朝之大朝会。唐代之鸿胪寺尤与前后各朝均不同。所领典客、司仪二署，典客既与礼部之主客司难以区别，而司仪则又仅掌凶礼丧葬之具。反不如明、清之专掌朝会仪节，较为明确有范围。

鸿胪寺卿　明之鸿胪寺卿少卿品秩与清代同，卿正四品，少卿从五品。少卿为卿列中最卑之一人。唯明制置左右两少卿，左右两丞。清皆省之。又卿及少卿皆满洲汉人各一人，而满洲礼部尚书则兼管鸿胪寺事。

侯　古代之五等爵，侯居公之下，伯之上。汉代封爵仅限王侯二级。晋以后始恢复五等。清代侯爵有一二三等各级，仍加美名作为侯号，与晋以后用县名为侯号者不同。

候部郎　魏、晋时属太史令，与望候郎均为观测天象之官。

胡骑校尉　汉制，长水校尉本掌一部分之胡骑，又别有胡骑校尉。《汉书·百官公卿表》云，掌池阳胡骑，不常置。胡骑校尉亦为武帝所置京师屯兵八校之一，因不常置，故有时亦称七校。

虎贲亲军都指挥使司　元制，设虎贲亲军都指挥使司，管领上都路原籍军人。主官为都指挥使、副都指挥使、佥事等。

虎贲氏　《周礼》夏官之属有虎贲氏，为王之近卫官，领虎士八百人。后世多取其名，置虎贲中郎将，以统宿卫兵。

虎贲校尉　汉制，虎贲校尉为武帝所置京师屯兵八校之一。《汉书·百官公卿表》云：掌轻车。

虎贲中郎将　中郎本为汉代之宿卫官，其长则曰中郎将。东汉多以中郎将代将军，其上再加称号。其领近卫兵者则为虎贲中郎将。南北朝将军之称已滥，中郎将更不足重，唐代府兵之中郎将不过中级军官而已。

虎步军都指挥使　金代特选之侍卫亲军，步兵曰虎步军，置都指挥使。

虎枪营总统　清康熙中始于上三旗设虎枪营，专为搜狩时猎虎之用。三旗虎枪营总统一人，以公侯、领侍卫内大臣简任，三旗总领各二人，以内大臣、都统、前锋副军统领、副都统、侍卫等简任。虎枪长及副长每旗各七人。

虎翼军指挥使　宋初特选习水之兵，立虎翼军，置指挥使。

户部　户部之名源出汉代尚书中之民曹，但汉制民曹所管的职务与后世的户部职务并不完全相当。至魏、晋以后，设度支尚书及左民、右民尚书，度支掌国家财政，左民掌户籍，右民掌公私田宅等事，逐渐演变到隋代才定名民部，统管度支、金部、仓部。唐高宗时避太宗讳，改称户部。自此以后，相承不改，确定为六部之第二部，所辖四司，户部为本司或头司，度支、金部、仓部为子司。因此，实际上是国家财务行政的最高机构。又户部通称农部。

唐代的户部虽然是国家财政的总机构，但是由于税收、钱币、运输种种都随时代而发生不同的变化，固定的机构职掌往往不能相适应。因此才有必要于正规官制以外另设专管的机构。特别在军事时期，支应浩繁，非户部原有的职官所能负责，所以唐代中期以后，往往特派大臣专判户部和度支，并且另设盐铁转运使，以行政监督的人员兼充业务监督。至于户部本身逐渐变成空名。到了宋代，就直接以盐铁、户部、度支三司成为一个经常机构。只有明、清时代，户部才又恢复其应有的职权。按明代所列的职掌，有土地、户口、农垦、钞币、租税、漕运、救荒，以及官俸兵饷等项，清制略同。一方面是财务行政的监督机构，一方面兼任国库的收支，还带有关于民政的职务，并且直接负责造币、运输、仓储等业务。

明代的户部辖浙江、江西、湖广、陕西、广东、山东、福建、河南、山西、四川、广西、贵州、云南十三清吏司，清代则添江南，为十四清吏司。明代十三司各掌其分省之事，兼领所分两京直隶贡赋，及诸司卫所禄俸，边镇粮饷，并各仓场盐课钞关（税关）。清代原则上相同，但每司所掌不一定是专属本省的事，又按各司的事务繁简，分配其他职务，例如广西清吏司除掌稽广西省民赋收支奏册外，兼核京省钱局运铜鼓铸及内仓支放供刍豆等事。这在明代已开其端。

户部郎中　唐、宋户部之第一司即称户部。《新唐书·百官志》云："户部郎中、员外郎掌户口、土田、赋役、贡献、蠲免、优复、姻婚、继嗣之事，以男女之黄、小、丁、中、老为之帐籍，以永业口分园宅均其土田，以租庸调敛其物，以九等定天下之户，以为尚书、侍郎之贰。"但中期以后，往往调派其他郎官判户部案（办户部公事），户部郎中并不能执行本身职务。员外郎同。

户部尚书　户部尚书是户部的最高长官。在唐代一度改称地官尚书及司元太常伯，不久复旧。一般以汉代的大司农为户部尚书的通称，其他五部都与周礼六官相配，独户部尚书不称大司徒。唐中期后，常特派大臣专管户部职务，以代户部尚书、侍郎，称为判户部，若本身是户部官则称判本司，如单独的户部尚书、侍郎则并不实任本职。

据《旧唐书·职官志》，唐代掌财赋之专官，在户部尚书以外的，有转运使、盐铁使、度支盐铁转运使、常平铸钱盐铁使、租庸青苗使、水陆运盐铁租庸使、两税使。而度支使、盐铁使与判户部更成为经常共同负责财政的最高长官，五代至北宋初期，更合而为一，称三司使。

户部侍郎 唐制户部与吏部兵部同，皆额置二人，清代以满、汉右侍郎兼管钱法堂事务。

户部左右曹 户部分左右曹是宋代特殊制度，左右曹各置郎中、员外郎二人。据《宋史·职官志》，建炎后，左曹分案三，曰户口，曰农田，曰检法，设科有三，曰二税，曰房地，曰课利，右曹分案六，曰常平，曰免役，曰坊场，曰平准，曰检法，曰知杂。左右曹职责之划分大略如此。这是由于户部头司事务特繁之故。户、度、金、仓之分，直至明代分十三司，才有所改变，而清代各司书吏尚按民科、支科、金科、仓科四科，分案管理，犹沿唐、宋旧名。

护军将军 汉有护军将军，初意在出征时置以为协调诸将领之用。后渐变为与领军并置之官，皆为掌握中央军权之要职。亦有守护宫城之意。隋以后以守护之职归于左右监门卫，遂不再有护军将军之名。清代之护军统领专掌守护宫殿，较南北朝之护军将军职位为轻。更与汉代之护军将军为截然两事。

护军统领 清初设巴牙喇营为亲兵营，统以巴牙喇纛章京，入关后，定汉字名称为护军统领。每旗各一人。下有护军参领、内司钥长、副司钥长、副护军参领、护军校等。均满洲、蒙古参用。掌守卫宫殿门户，传筹巡警。

护羌校尉 汉代负责西羌事务之专官，秩比二千石，所属有长史司马等，统兵镇守其地。

护卫 清制，亲郡王公主府设一、二、三等护卫，自从三品至从五品。

护乌桓校尉 东汉时专置负责有关乌桓事务之长官，秩比二千石，下设长史、司马。

护匈奴中郎将 汉代专置负责南单于辖境事务之专官，其职务以军事为主，故多有威望之大将为之。

花木局 《金史·百官志》载上林署提点下有花木局都监、同监。而元代则上林署已专掌宫苑栽植花卉供进蔬果，较唐代之上林署职掌为狭隘。又元代有花园管勾，掌花卉果木。

怀远将军 明代武阶官之制，怀远将军为从三品初授之阶。元代称大将军。

皇城司 五代动乱之际，君主为自保安全，不得不以亲信拱卫皇城，遂特设皇城使一官。宋代因之置皇城司干当官，以武功大夫以上及内侍都知押班充。掌宫城出入之禁令。徽宗时，又置亲从第五指挥，以七百人为额。南渡后初为行营禁卫所，后改称行在皇城司。设提举提点及干当官。《续资治通鉴长编》载仁宗时皇城司逻卒吴清奏富人张文政杀人，有司鞫问无状。是皇城司拥有任意干涉行政，直达君主之权。司马光论其事云："切详祖宗开基之始，人心未安，恐有大奸阴谋无状，所以躬自选择左右亲信之人，使之周流民间，密行伺察……因循旧贯，更成大弊……今乃妄执平民，加之死罪，使人幽絷囹圄，横罹楚毒。"则皇城司之为害，正与三国时之校事，明代之东厂相似。

皇木厂监督 清制于工部司员中差满洲一人，管理张家湾水次所运到之木材，任期二年。

黄沙治书侍御史 《晋书·职官志》云："晋置治书侍御史四人，泰始四年又置黄沙狱治书侍御史一人，秩与中丞同。掌诏狱及廷尉不当者皆治之。后并江南，遂省黄沙治书侍御史。"

会同四译馆 清置，初制会同四译为两馆，会同馆由礼部主客司官提督馆事，四译馆初隶翰林院，以太常寺汉少卿一人提督馆事。乾隆十三年并为会同四译馆，以礼部郎中一人兼鸿胪寺少卿衔，提督馆事。于满汉郎中内选派，任期三年。总司外国使节之食宿招待及传习语文翻译。

火器营总统 清康熙中始置火器营，设鸟枪护军，每人给鸟枪一，八旗各置子母炮五，专司练习火器。主官为火器营总统六人，以王公或领侍卫内大臣、都统、前锋护军统领兼任。下有翼长参领等。

J

积射将军 晋立射营弩营，置积射强弩将军以主之。

稽勋清吏司 明、清时代吏部四司之一。清制，掌更名改籍、终养、服制，兼稽在京文员俸廪。

集贤殿侍读学士 唐玄宗初年有丽正修书院，掌搜集整理图书，盖因秘书省是外朝官署，故别设于宫内，以应皇帝顾问。后改集贤殿书院（简称集贤院），选六品以下官为直学士，五品以上官为学士，又有侍读侍讲学士等，而以宰相一人领其事，或称大学士。入选者多为有学之人，在当时颇为负责机构，而秘书省、著作局等反仅存空名。

宋代宫内之文学机构凡四，曰弘文馆（后改昭文馆），曰史馆，曰集贤院，曰秘阁。以宰相之资历在前者领昭文馆大学士，次监修国史，次领集贤院大学士，秘阁则以他官兼判。以宰相兼领文学著作之任，即明、清两代以内阁大学士当宰相之名也。

集贤殿书院 唐开元中于乾元殿写四部书，置乾元院使。

后改丽正修书院，又改集贤殿书院，选五品以上官充学士，六品以下官充直学士，宰相一人为学士或大学士，下设校书、正字等官，属中书省。职掌为撰集文章，校理经籍。宋代相沿，以弘文馆、集贤院、史馆为三馆，后又别设秘阁，均为儒臣之职。宋以后皆废，明、清归入翰林院，故习惯上称翰林院为馆阁。

给事郎　唐、宋文阶官之制，正八品上曰给事郎，金元以后无。又隋代曾改给事中为给事郎。

给事中　给事中三字即是在内廷服务之意，汉制，无论何官，加上给事中的衔称，就可以出入宫内，接近皇帝，所以与中常侍、侍中、给事黄门、奉朝请等都称为加官。既非正规官，自然无员额，也无一定职掌。据《汉书》所载，有给事中加官的人，本官的高卑颇相悬殊，有的是御史大夫、将军、九卿，有的不过是博士、谒者。魏、晋以后才渐变为正官，在南北朝属集书省。《隋书·百官志》称其职务为掌侍从左右，献纳得失，驳正文书。而后魏给事中之名号特多，给事中以外又有中给事中，而给事中又加以职务分别，如选部给事中，主客给事中，南北部给事中等。

至唐而给事中为门下省之要职，秩正五品，员四人。据白居易称其职掌云：“凡制敕不便于时者得封奏之，刑狱有未合于理者得驳正之，天下冤滞无告者得与御史纠理之，有司选补不当者得与侍中裁退之。”其言较之六典、职官志尤为明切。《新唐书·百官志》复补之云：“凡百司奏钞，侍中既审，则给事中驳正违失，诏敕不便者涂窜而奏还，谓之涂归。”李藩为给事中，制有不便，就敕尾批却之，吏惊，请联它纸，藩曰：联纸是牒，岂得云批敕邪？唐代给事中是能行封驳之职的。封是封还诏书不行下，驳是驳正诏书之所失。其所以能如此，因为唐制，关于处理政务的诏敕，是中书拟就，通过门下发交尚书省执行的，在发下以前，门下省自然还可以发表意见。所以唐代诏书开头就是门下二字，意思是交给门下，再去发表。若清代的上谕，直接用皇帝的名义发出，就无所谓封驳，即使科道可以建言，也只能在事后补救了。宋代给事中已成虚名，而别在银台司设封驳司以代给事中之任，元丰新官制始恢复给事中本职。

又关于给事中之职务，是不能与门下省各官分开的。在唐、宋三省制度中，门下省除侍中及门下侍郎为主官外，其主要成员有左散骑常侍、左谏议大夫、给事中、左补阙、左拾遗、起居郎，中书省除中书令及中书侍郎为主官外，其主要成员为中书舍人、右散骑常侍、右谏议大夫、右补阙、右拾遗、起居舍人。自谏议大夫以下至补阙、拾遗（宋改正言司谏）皆掌侍从规谏，在宋代别称谏院，其人称为谏官，而御史台之侍御史、殿中侍御、监察御史则专主纠劾官吏，称为台官，二者性质完全不同，而常人往往不解。宋以后三省制废，谏官尽罢，无所附丽，故《历代职官表》不列此种古代重要官名，仅在第十九卷中略述其变革，今附载于此。

又散骑常侍在唐以前本为参与机要的内廷要职，唐代已成位置罢退大臣之空名。宋代并此名亦废，故门下省官名存于明清者仅余给事中一种，而给事中之性质愈变愈失其原意。俗称给事中为给谏，殊不知古之给谏为给事中与谏议大夫之合称，意义亦不同。

给事中在隋代因避讳改名给事郎，唐高宗时改东台舍人，旋复旧。至明、清之给事中另详六科给事中条。

祭酒　祭酒本为首席之意，非官名。大约古代宴飨之时推年高有德之人先举酒以祭，故有此称。汉代博士之长称祭酒，正如谒者之长称仆射。后世缘此，遂以国学之长为祭酒。唐、宋至明、清皆不改。清制国子监祭酒为从四品官。其体制与九卿同。

又古以师氏为大司成，见《礼记·文王世子》篇，故唐高宗曾改祭酒为大司成，司业为少司成。又《后汉书·刘宽传》有学官祭酒之名，汉碑中又有文学祭酒、校官祭酒。似郡中掌教化之官不止一人，其中之长即称为祭酒。

嘉议大夫 金代文阶官之制，正四品下曰嘉议大夫，元升为正三品，明为正三品初授之阶。

驾部郎中 唐、宋制，驾部郎中、员外郎居兵部之第三司，掌车舆、驿传、马政。监牧亦统于此。但事实上马政及驿传皆非驾部所能过问，仅存此虚文而已。

架阁库管勾 即唐代中央机构中的掌固一官，金、元时代设此，为正八品官，掌管档案。

监察御史 隋、唐始置监察御史，为御史台各种御史之一。据《唐六典》，掌分察百僚，巡按郡县，纠视刑狱，肃整朝仪。在各种御史之中品秩最低，仅居正八品。当唐代，监察御史多以新进为之，因此，比较风厉不畏事，易于显露头角。在朝列中为人所严惮，本身亦自视颇高。至明代，其他御史皆已裁废，只留监察御史一种，监察御史遂为都察院之唯一成员，久之，并监察二字亦常省去不称。此是明、清与古代不同之点。

又唐、宋监察御史人数少，后世增多，而明代尤多。宋代监察御史分六察，是按性质而分，明、清分若干道，则是按地区而分。明代监察御史分十三道，每道多者至十人，清代分十五道，多者满、汉各三人，少者各一人。明代之十三道以河南道为首，无南北两直隶，原因是分道本为出巡而设，直隶中央的地区不在出巡之列，所以不设。然久之已失去原意，某道御史既不一定出巡某道，也不一定专管某道的监察。及至清代，遂添设京畿、江南两道。但仍保留明代习惯，以河南道居京畿道之次。

清制，关于御史分道之职掌如下：京畿道（等于首席道）分理院事及直隶盛京刑名，稽察内阁、顺天府、大兴宛平县。河南道分理河南刑名，照刷诸司卷宗（刷卷是明代关于查核档案的制度），稽察吏部、詹事府、步军统领、五城。江南南道分理江南刑名，稽察户部宝泉局、左右翼监督、在京十二仓及总漕、三库之奏销。浙江道分理浙江刑名，稽察礼部、都察院。山西道分理山西刑名，稽察兵部、翰林院、六科、中书科、仓场等。山东道分理山东刑名，稽察刑部、太医院、总河及五城缉捕。陕西道分理陕西刑名，稽察工部、宝源局，核勘在京工程。湖广道分理湖广刑名，稽察通政使司、国子监。江西道分理江西刑名，稽察光禄寺。福建道分理福建刑名，稽察太常寺。四川道分理四川刑名，稽察銮仪卫。广东道分理广东刑名，稽察大理寺。广西道分理广西刑名，稽察太仆寺。云南道分理云南刑名，稽察理藩院、钦天监。贵州道分理贵州刑名，稽察鸿胪寺。又八旗事务每年以满洲科道四员稽察，宗人府以宗室御史稽察，内务府以陕西贵州道满洲御史兼管。然实际上御史在纠弹或建言时是不分区域亦不分职务性质的。又十五道各有掌印一人，以资深者递转，官衔称掌某某道监察御史。又明代之监察御史秩正七品，已较唐、宋为高，清代更升为从五品。多由各部保送正途出身之司员考补，或由翰林院编修、检讨升授。若受处分，则往往饬回原衙门行走。御史的升途，在内为给事中，在外为知府。

监掣同知 清制，监掣同知属两淮盐政，专掌掣验盐斤之事。

监冶谒者 古代掌冶金之官，见《三国志·韩暨传》，暨首创利用水力之法以资鼓铸，比用人力之效率提高三倍。因此加号司金都尉。

检察斛面官 宋设此官，以抽查漕运交仓谷米的质量。

检讨 宋制编修官之次有检讨官。明、清设于翰林院。进士之改翰林院庶吉士者，经过散馆考试后，留馆任职，如系三甲进士多授为翰林院检讨待遇，则与编修不殊。一经授为编修、检讨，即为翰林官，非再经大考降等，不改他官（御史除外）。但遇京察一等记名亦得外任道府。编修、检讨均无一定员额。

检正 宋代设于中书门下省的事务官。按唐制，中书门下省内分五房，曰吏、枢机、兵、户、刑礼，办理文书事务，由主书、主事等官任其职，等于宰相的僚属，职事虽重要而位分甚低，谓之堂吏。宋代为要提高堂吏的身份，防止贪污把持之弊，改用士人，增设检正官名目以资监督。宋之五房为孔目房（总房）、吏房、户房、刑房、礼房，每房各二员，而以都检正总领之。检正以下之堂后官亦间以士人为之。

建昌宫使 五代朱全忠建国时，以所辖境内的财赋收入设专管机构，名为建昌院，后改名建昌宫，以宰相为使。其后废此名，改称国计使。

建威将军 清代初沿明制，武职正从一品之阶官与文职相同，乾隆中始定以建威将军为正一品武阶官。若文臣兼武职者，除本身之文阶官外，仍兼授武阶官。

凡清代之武阶官二品以上称将军，四品以上称都尉，七品以上称骑尉，余称校尉。

健锐营总统 清乾隆中，特设健锐云梯营，以习攻坚之战。在北京香山实胜寺旁建营房以居营兵。主官为健锐营总统无定员，以王公大臣兼任，下有翼长参领等。凡各营官兵皆满洲人，唯健锐营兼在昆明湖习水师，有水师教习汉人侍卫十人，把总十人。

将仕郎 唐、宋文阶官之制，从九品下为将仕郎，金升为正九品，元升为正八品，明为正九品初授之阶。将仕郎之次一级为将仕佐郎。

将作监 将作大匠本名将作少府，汉沿秦制设，景帝时改名，此后多因之。《续后汉书·百官志》载其职掌云："将作大匠一人，二千石。掌修作宗庙、路寝（正殿）、宫室、陵园土木之工，并树桐梓之类。"而《汉书·百官公卿表》则载其属官云，有两丞、左右中候，石库、东园主章（大木）、左右前后中校七令、丞。南朝梁、陈置大匠卿，与其他卿寺齐列。唐则以其机构为将作监，长官称大匠及少匠，与卿寺稍不同。《旧唐书·职官志》载其职掌为供邦国修建土木工匠之政令。下设四署，一左校署，掌供营构梓匠，包括宫室、乐悬、器械及丧葬所需。二右校署，掌供版筑泥涂丹雘之事。三中校署，掌供舟车、兵仗、厩牧、杂作器用之事。四甄官署，掌供砖石陶土之事。各置令及丞，下设府史、监作、典事。宋制，元丰改制之前，将作监仅存空名而实职归于三司使所属之修造案，改制后置监、少监，下设丞、主簿。由元佑中将作监编撰《营造法式》一事观之，知当时之将作监确有实际职务。直至南宋中叶，始又以将作监官为虚衔，居其官者不任其事。元、明遂废不复置。

郊社署 唐制，太常寺所属有两京郊社署，设令及丞，为从七从八品官。掌五郊、社稷、明堂之位。除府史、典事、掌固等外，有斋郎百一十人，多以公卿子弟及三馆学生充之。元分郊祀、社稷为两署，明、清则分于各坛庙设署，改署令为奉祀。

教坊司奉銮　明制，教坊司有奉銮一员，左右韶舞各一人，左右司乐各一人，掌乐舞承应，以乐户充，隶礼部。清代改和声署，为正式机构。

教坊提点　金代置教坊提点，使、副使，判官，掌殿廷音乐。其下有谐音郎，无员额。

校理　唐代秘书省官本有校书正字，而弘文馆、集贤院复有校理一职。清代文渊阁校理即沿此。

校书郎　东汉始有校书郎之语，《通考》云："以郎居其任则谓之校书郎，以郎中居其任则谓之校书郎中。"有校书之任而未为正官。北朝末期始有此官，属秘书省。唐代为文士起家之美官，由此进身，往往得居清要，其地位颇似明、清之翰林院庶吉士，秩为正九品。

节度使　唐代总辖军民两政之地方长官本属于都督刺史，以刺史名义管民政，而以都督名义管军事。后以都督名义尚轻，沿边重镇与内地不同，所辖既广，不能不赋予以更大之权力。于是开元中就沿边及沿海之要区设八节度使，曰朔方、河东、幽州、河西、陇右、剑南、碛西、岭南。史皆称睿宗景云二年以凉州都督贺拔延嗣充河西节度使，为节度使之始见者。殆初时不过偶然加此名号，开元中乃立为定制。安史乱后，军事纷起，则内地亦相继设置。其或分或合或存或废殊无一定，大致可作如下之说明。由安史残余势力保存之节度则有幽州、成德、魏博之河北三镇，并淄青平卢为四。其叛服不常，不纯属中央控制者则如义成、天平、武宁、昭义、彰义、宣武诸镇。其为中央恃以保障关中不受东方侵轶者，则如河东、河中、忠武。其为关中巩固后路者则如凤翔、邠宁、泾原、朔方。其中央所恃为财赋之源者则如山南东西道、荆南、淮南、武昌、浙江东西道，剑南东西川，岭南东西道。此皆其较为重要者，至末期则愈设愈多，甚至一州亦设一节度使。五代十国各于其境析置节镇则尤不可胜计矣。

节度使之称号有数种，其一为某某道节度大使。此为皇子亲王遥领之号，并不履任，而以副大使知节度事实行其职务，其实副大使即等于节度使。其二为某某道节度观察支度处置使。节度使管军，观察使管民，兼此两号，始为完全。支度则有财政支配之权，处置则赋以便宜从事之权。又节度使例兼所驻在之州刺史，而节度使所辖之地亦往往赐有军号，故其全衔必兼具此数者。举《旧唐书·宪宗纪》一例：以荆南节度使袁滋为唐州刺史彰义军节度使，申、光、唐、蔡、随、邓州观察使，权以唐州为理所。因其驻在唐州，故以唐州刺史为所兼之职，彰义乃淮西本道之军号，有军号者必系于节度使上，申、光等六州则其所辖本道之各州，系于观察使上，则兼管此六州之民事也。其三则未为正式节度使之时暂以某某军留后名义行节度使职权，每遇正任节度使缺位时，往往军中即推本使之子弟或部将为留后，然后朝廷不得已即正式授以节度使之名义。

凡节度使必带中央官衔，最高一级带同平章事，原为罢政之宰相出为方镇而设，其后虽非旧相，亦往往加以同章事作为荣称，名为使相。其次则加检校三公，检校尚书仆射、检校御史大夫、检校六部尚书等，检校是代理或寄衔之意，表示并非正任之官。资历最浅者亦多带散骑常侍之衔。此是唐代一般习惯，外任之官必由中央官中选派，故必带中央官称，如观察使及大州刺史多带御史中丞。后来明、清两代之总督、巡抚必带兵部尚书侍郎、副都御史等衔，亦是由唐制承袭而来。

节度使下之直接僚属，据《新唐书·百官志》所载，有行军司马、副使、判官、支使、掌书记、巡官、衙推各一人，同节度副使十人，馆驿巡官四人，府院法直官、要籍、逐要、亲事各一人，随军四人。节度使封郡王，则有奏记一人。此是法定的官名员额，实际上亦不定与此相符。例如参谋即无定额。

其中比较重要而必不可少的是行军司马、节度副使，二者之中必有一人为本使之助手，能总揽全军之政令，一旦本使有事故，即代行其职权。掌书记则一般为有名之文士，门第科甲具有资格者，日后往往入为朝官，渐至将相高位。如李德裕、令狐楚等皆是。判官与掌书记亦略相同，裴度、柳公绰等皆是。至其他则但备节度使差遣而已，略同清代督抚之巡捕官。然按之史籍所载，唐代藩镇皆有自设之文武要职，不在编制之内，例如孔目官等于使府之总务处长，行官等于差遣员，押衙等于军部之执法稽察长，其他不能悉数。

节度州于州城之内，又筑牙（衙）城一重，为节度使之治所，其前为节堂，以安置所赐之旌节，为设厅，以张设宴席。因节度使兼观察使及本州刺史三职，故有节度厅、观察厅、刺史厅，分别治事，等于后世所谓合署办公。牙城之最后为节度使之私第，号为使宅。总称使府或都府、会府。保护牙城者为自募之亲兵，号为牙兵，最亲近之卫兵属于衙内指挥使，多以子弟为之，故五代至宋犹俗称大官之子为衙内。其他则有兵马使、散将、子将等名目，而以都虞候当总务副官执法之任。出征时临时又设置指挥使，排阵使等分别其任务。唐代之节度州在河南北者规模皆极宏壮，如太原、开封、正定、大名等处，五代及宋往往就其城郭宫室建为都城。财力兵力皆足以助长藩镇之野心。此外淮南、剑南两镇在唐代已雄视一方，故至五代始终成为有力的地方割据政权。

至唐末节度使已多而且滥，名器渐轻，故强藩如朱温等以一身兼领数镇，渐至称王称帝。赵匡胤建宋，力图矫正此弊。始改以朝官出知军州事，不假以节度使之名。专留节度使之称号以尊宠亲王将相大臣。自诸州团练使而防御使而观察使而承宣使递次推升，至节度使而极。如韩琦之官衔为淮南节度观察处置等使、开府仪同三司守司徒检校太师兼侍中、判相州军州事。淮南节度等使仍是沿唐代旧称，加司徒太师侍中即使相，然而并不在淮南任职，却在相州任知州。因为他是使相，位已极高，故不称知而称判。因为兼地区的军事，故称判军事，（相州即唐代魏博军）又如文彦博罢平章军国重事之后，则为开府仪同三司守太师，充护国军山南西道节度使致仕。命为节度使却实际是致仕。辽、金亦多于其本境设节度使，元以后节度使之称即不再见。

节慎库　明嘉靖中始设，清因之，附属工部，掌工部支用财物之出纳。原设大使一人，清代改设郎中、员外郎、司库、库使，均以满人充任，任期一年。

金部郎中　《新唐书·百官志》云：“金部郎中、员外郎各一人，掌天下库藏出纳、权衡度量之数，两京市、互市、和市、宫市交易之事，百官军镇蕃客之赐及给官人、王妃、官奴婢衣服。”《宋史·职官志》云：“金部郎中、员外郎参掌天下给纳之泉币，计其岁之所输，归于受藏之府，以待邦国之用。分案六，曰左藏，曰右藏，曰钱帛，曰榷易，曰请给，曰知杂。”金部为户部的第三司。

金紫光禄大夫 魏、晋以后有金紫光禄大夫之号，谓光禄大夫之加金印紫绶者。唐、宋均以金紫光禄大夫为正三品文阶官。金升为正二品，元升为从一品，明、清废。

津令 唐制，津令各一人，正九品上，丞二人，从九品下，掌津济舟梁。

津主 南朝于重要水口置津主，以检查出入行旅及所携货物，收其税课。

锦衣卫 明代之锦衣卫本掌卤簿仪仗。其他各卫皆统军士，而锦衣卫则统校尉力士，皇帝临座则夹陛而立，乘辇则扶辇而行。接触既近，信任遂亲。始则传宣谕旨，继乃擅作威福，兼为皇帝之耳目与爪牙。中叶以后，勋戚子弟多寄禄于其中，占名至数千人，略无限制。初制，锦衣卫设镇抚司，原掌本卫刑名，永乐时增置北镇抚司，则指定之特殊事件皆得由北镇抚司任意处理，不经法司。欺压良善，草菅人命，暗无天日，为有明一代弊政之大者。锦衣卫校尉著白皮靴，京城居民见白靴之来，畏之如虎。

进奏院 唐代藩镇均于京师置进奏院，以进奏官任呈递公文，探报消息之责，有似明、清督抚所派驻京之提塘官，但进奏院初名留后院，以大将主之，得以入见皇帝陈述事件，非提塘官之为低级武弁可比。宋乃以进奏院与检院、鼓院、官诰院、审计院、粮料院合称六院。据《宋史·职官志》，“进奏院隶给事中，掌受诏敕及三省枢密院宣札，六曹，寺监，百司符牒，颁于诸路。”

禁防御史 禁防御史、检校御史皆魏晋所置，其后无闻，当是御史中之任特殊职务者。

京畿大都督 北齐有京畿大都督一官，为京畿兵之统帅。盖临时创设。魏晋之中领军、中护军已为专职，京畿大都督之名则不过因人而施。

京畿都漕运使司 元代总管漕运事务机构，与明、清之仓场总督约略相当，其主官为使及同知、副使，下设判官、经历、知事等。

京通各仓监督 清制，京仓十四，城内曰禄米仓、南新仓、旧太仓、富新仓、兴平仓、海运仓、北新仓、恩丰仓，城外曰太平仓、本裕仓、万安仓、储济仓、裕丰仓、丰益仓，以贮八旗三营兵食马豆。通州仓二，曰西仓、中仓，以贮王公百官俸米。唯丰益、恩丰二仓由内务府派官主管。其十四仓监督均由内阁中书及部院寺监之属官中选派记名，遇缺由户部掣签以授。

京卫指挥 明初之军制有与唐初之制略同者，唐以府兵，明以卫军轮番入卫京师。但中叶以后，亦成空名，而不得不另立三大营以为禁旅。据《明史·职官志》，京卫指挥使司指挥使一人，正三品，指挥同知二人，从三品，指挥佥事四人，正四品，镇抚司镇抚一人，从三品，其属官则有经历司经历、知事、吏目、仓大使、副使。京卫各有掌印，有佥书，其以恩荫寄禄，无定员。凡上直卫亲军指挥使司二十有六：曰锦衣卫、旗手卫、金吾前后卫、羽林左右卫、府军卫、府军左右卫、府军前后卫、虎贲左卫、金吾左右卫、羽林前卫、燕山左右卫、燕山前卫、大兴左卫、济阳卫、济州卫、通州卫、腾骧左右卫、武骧左右卫，皆不隶都督府。

京兆虎牙都尉 东汉时驻防关中之官。

京兆尹 西汉之京兆尹秩二千石，与郡守同，属官有长安市厨两令丞，又都水、铁官两长丞。所辖有长安以下十二县。又有京辅都尉以分治外县。

唐代初于关中置雍州牧，以亲王为之，下有长史，后乃改长史为尹，其机构称府，京兆府尹为从三品官，少尹二人为从四品官，其所属之长安、万年两县为京县，县令正五品。京兆尹及京县令皆重任，往往出为节镇，或内迁尚书侍郎。

经略使 唐初于沿边诸军有置经略使者。肃宗时贺兰进明除岭南五府经略兼节度使。此后虽有置观察使者仍兼经略使，已为节度府者，亦仍兼观察经略使。宋代则自仁宗时对西夏用兵，始命陕西沿边大将皆兼经略，此后多以经略安抚使为总辖军民之方面重臣。明代略仿宋制，沿边帅臣多称经略，而不称经略使。其职分视总督略高。清又因之，以经营所征服之地属经略大臣负责。初期如洪承畴之于江南，中期如傅恒之于金川。权力在封疆将帅诸臣中占第一位。末期即不复置。至元代虽亦曾用经略使之名，然只是临时宣慰性质，与唐、宋、明、清之制皆不同。

经筵讲官 唐以前无陪侍君主讲论经史之专官，唐代有之，只称侍读，侍讲，尚无专职。宋代始以每年春秋，差侍从官充讲读官，以时入迩英阁轮班讲读。元始有经筵之名，明遂定经筵为内廷之经常典礼，以大臣知经筵事，以翰林官充经筵官。然名为讲书，实不过循行故事，甚至掷金钱地上，令讲官拾之，其视为游戏如此。清沿明制，仍存其名，而不举其实，但就左都御史以上简派满、汉各八人，以为近侍大臣之荣宠而已。明代举行经筵于文华殿。其仪制极为繁缛。清代皇帝如高宗则藉经筵发表言论以自抒政见，非明代诸帝视同儿戏者可比。至末叶已不举行。如同治、光绪两朝临御时，受学则分别在弘德殿与毓庆宫，由特简之师傅授课，一如民间书塾，亦不恃经筵之进讲。但师傅非官名，只在其本官之上加弘德殿或毓庆宫行走。

精膳清吏司　明、清为礼部的第四司，唐、宋称膳部，列第三，掌宴飨之礼。清制郎中满洲、汉人各一人，员外郎满洲二人，主事满洲、蒙古、汉人各一人。

警巡院　金始置五京警巡院，设警巡使及副使。又别有五京都虞候司，元置大都左右警巡院，各有达鲁花赤及使、副使等。为都城之治安机构。

九译令　据《汉书·百官公卿表》，典属国之属官有九译令。

军器监　唐制，军器监设监一人，正四品，丞一人，正七品，掌兵器甲胄之制造，总署二，曰弩坊、甲坊，各置署令丞及工匠监作。后以宦官为军器使，关于军器之制造、储藏皆归宦官掌握，而军器监亦成空名。宋初亦沿唐末五代之旧，军器既不属兵部，亦无专官，只由三司使之胄曹案司其政令。元丰变法，始设军器监，实行军器之改良制造，统一规格，并置衣甲器械库以储藏之。后又别设军器所，隶工部，则为南渡后之制。

军巡使 《宋史·职官志》除左右巡使外，复载开封府左右军巡使判官各二人，分掌京城争斗及推鞫之事。又左右厢公事干当官四人，掌检覆推问，凡斗讼事轻者听论决。又临安府依东京例，城内外分南北左右厢各置厢官以听诉讼，名四厢使。

军主 南北朝时凡统率一军者往往称为军主，犹镇守一城者为城主。其高级者称都军主。

均输令 汉制，水衡都尉属官有均输令及丞。大司农属官也有均输令及丞。《汉书》注："孟康曰：均输谓当所有输于官者，皆令输其土地所饶，平其所在时贾（价），官（政府）更于他处卖之，输者既便而官有利也。"又外郡有均输官，乃执行均输业务者。大司农为全国物资货币之管理机构，而水衡都尉专主京畿之税收货币，两处都设均输令，其原因在此。

郡丞 汉制，郡守下有丞及长史，郡丞为太守之佐官，亦即官署中之事务长。历代皆有之。据《隋书·百官志》，郡置太守、丞、尉、正、光初功曹、光初主簿等，（光初亦称光迎，南北朝习惯地方长官特聘本地有名人士为之，因有此称。）置员一百四十六人之多。至炀帝时，专置赞务一人（后仍称丞）以为郡守之佐，其下置东西曹掾、主簿、司功、仓、户、兵、法、士曹等书佐，较为精简。至唐代一般不称郡守而称州刺史，则仍沿南北朝刺史加将军都督之制，设别驾、长史、司马等官，实等于具文，绝无职务。宋代之知府下亦不设丞，明、清皆因之。此官遂废。清代唯顺天府尹下尚有一丞。清代公文中以丞为同知之简称，则比附汉代之郡丞而称之。

郡公 唐、宋封爵之制，大约均为王、郡王、国公、郡公、县公、侯、伯、子、男等九级。

郡守 秦制，地方官职与中央官职相为表里，中央以丞相、太尉、御史大夫分掌最高政务、军事、监察三权。地方则郡守、郡尉、郡监与之相应。汉代之初，亦仍本此精神，唯郡监变为刺史。《汉书·百官公卿表》云："郡守秩二千石，有丞，边郡又有长史，掌兵马。秩皆六百石。"《通考》云："守治民，丞佐之，尉典兵。汉景帝中元二年，更名郡守为太守。凡在郡国，（此兼国相而言，因国相亦等于郡守。）皆掌治民，进贤劝功，决讼检奸，常以春行所主县，秋冬遣无害吏按讯诸囚，平其罪法，论课殿最，并举孝廉。汉制岁计遣上计掾史各一人，条上郡内众事，谓之计偕簿。"汉代郡守一般即称为二千石，非独为地方最高行政官，亦为全部官职中最要之部分。因中央高级官往往出为郡守，而郡守之有声望者亦能入为九卿，且有入为丞相者。据《晋书·职官志》，郡府之组织有主簿、主记室、门下贼曹、议生、门下史、记室史、录事史、书佐、循行、干小史，五官掾、功曹史、功曹书佐、循行小史五官掾等员。未必全置，但组织之庞大远非后世州刺史知府等官署所可比。盖因汉代郡县之事皆由本地人任之，不需官俸，自文书事务以至奔走伺应之役皆本地人之义务。若服务成绩优异，则由县吏而升郡吏，由郡吏而入为中央官。郡县吏之出路与后世之科举相似，故人员不嫌其多。而郡守巡历属县，守卫边境，察举人才，责任颇重，既不似宋代之知府可容闲退之人，亦不似明、清之知府，安坐府中，但司公文之承转。

郡守之被轻视，自南北朝末期开始。其时新增之州日多，郡守之职权已为州刺史所夺。而北魏于每郡置太守三人，一人为皇族，二人为庶姓。较之元代地方正官之外必添达鲁花赤一员者尤为弊政。（清代中央官职一般以满汉人平均同用，少数则专用满人，唯地方官自督抚至知县均以满汉人参用，不置满汉两缺。）故隋代统一以后，径将郡守之名废去，此后即以州刺史代郡太守。唯隋炀帝及唐玄宗时一度仍用郡太守之名，不久皆复旧。至宋代改设知府，流俗仍以太守称之，则不过借用古官名而已。

又秦制郡有守有尉。汉代改称都尉，似已变为郡守之佐贰，然仍为与守并置之要职。盖以郡境太广，沿边或繁剧之区不能不置官分任，故京畿有三辅都尉，边境有属国都尉，屯垦区有农都尉，关隘有关都尉，各有其专责，亦有其所辖之县，有时郡或不置守而以都尉行太守之职。因此，由郡守分出之都尉治所往往即为日后新设之行政区，例如今日之福建，在东汉即会稽郡南部都尉所治。

郡王　自东汉始有以郡名为王号之制，如长沙王、彭城王是。至隋、唐以后遂多以郡王为次亲王一等之爵名。清代之郡王亦并不取郡名，与亲王皆但取美名以冠之，如顺承郡王、端郡王是。

郡文学　汉代名人多有为郡文学者，其职务禄秩史无明文。盖武帝时令天下郡国皆立学校官，郡文学即司学校之行政。汉碑中有称郡文学史者，有称郡文学掾者，似名称亦不一。又《汉书·儒林传》谓元帝时郡国置五经百石卒史。则似以行政之职而兼经学教授。魏、晋时仍有文学从事、文学掾等，以掌郡县之学校。皆必以学者为之。

K

卡伦侍卫　清制驻新疆之边防官有卡伦侍卫，卡伦即边戍之意。

开府仪同三司　汉魏之间始有开府仪同三司之号。三司即太尉、司徒、司空。三司皆有官属，开府仪同三司者谓与三司体制待遇相同，亦有官属，乃大臣之加衔，其本身必另有其他职务。唐、宋至元乃以开府仪同三司为最高级之阶官。明始废去。又历代开府仪同三司之外，有但称仪同三司者，为次一级。

考工令 据《续汉书·百官志》载，太仆官属有考工令，主作兵器弓弩刀铠之属，及主织绶诸杂工。

考功郎中 唐制考功郎中一人，掌内、外文武官吏之考课。考分上上、上中、上下、中上、中中、中下、下上、下中、下下九等，进等有赏，退等有罚。除考功郎中、员外郎专管外，每年仍以给事中、中书舍人各一人为监中外官考使，而以考功郎中判京官考，员外郎判外官考。宋制则掌文武选叙、磨勘资任、考课之政令。磨勘即审核资格之意，合格即予以升迁。考功为吏部的第四司。

考功清吏司 清沿明制，为吏部的第二司。掌官吏考课、黜陟之事。明初于六部各司均加清吏二字，为古代所无。清因而不改。

客馆令 魏有客馆令，后或称典客监，或称主客令。隋以后正式成立典客署。

客省使 宋设客省使、副使，掌外国使节之招待供应。实即前此鸿胪寺卿之职务。

孔目 唐代州镇中有孔目官，略等于文书事务长。如严庄为安禄山之孔目官，孔谦以魏州孔目官为度支副使。胡三省谓孔目者，如一孔一目无不经其手。宋以后渐不用此名，独翰林之属有孔目尚相沿不改。清代翰林院孔目满洲汉人各一人，从九品。

库部郎中 唐、宋兵部第四司库部郎中、员外郎掌戎器及仪仗，明、清之武库司则不掌仪仗。

会计司 清代内务府七司之第二司，掌核理内府帑项出纳之数，及庄园、地亩、户口、徭役之籍。在明代为内官监之职。顺治中改宣徽院，康熙中改今名。会计司本身之职掌只以政令为主，实际负责业务者有所谓内管领、副内管领，所管有官三仓、酒醋房、青菜库、外饽饽房、车辆库、家伙仓、蜡备仓、冰窖、蜡票、苏拉处等。由各司郎中、员外郎中选充掌关防及协理关防事务以司监督。此外又有管理三旗纳银庄衙门，掌三旗各庄之粮税征收等事，以郎中一人，员外郎六人管理。（三旗是镶黄、正黄、正白，号内务府三旗，为八旗编制之最接近皇帝者。）

奎章阁大学士 元文宗时设奎章阁学士院，有大学士、侍书学士、承制学士、供奉学士等，其下有参书、典签二职，规模颇为宏大，兼司文词、翰墨、考古之事。

L

郎中　原是汉代郎官之一种，在侍郎之下。至隋代，侍郎升为各部尚书之副，即以郎中为部内各司的主官。自唐至明、清相沿不改。

唐、宋制度，每部均为四司，第一司即用本部之名，称本司或头司，吏部四司为吏部、司封、司勋、考功，户部四司为户部、度支、金部、仓部，礼部四司为礼部、祠部、膳部、主客，兵部四司为兵部、职方、驾部、库部，刑部四司为刑部、都官、比部、司门，工部四司为工部、屯田、虞部、水部。至明代稍变，吏部为文选、验封、稽勋、考功四清吏司，户部为浙江等十三清吏司，礼部为仪制、祠祭、主客、精膳四清吏司，兵部为武选、职方、车驾、武库四清吏司，刑部为浙江等十三清吏司。（从浙江开始，是因为南北两京直隶于中央，不为行政区。）清代仍沿明制，唯户部扩充为十四司，刑部扩充为十八司。自郎中以下，有员外郎，明、清又有主事，都是有员额的正规官，清代后期，又添设七品小京官，为最低一级。统名为司官，对堂官而言，堂官是长官，司官是属员。

但是自汉以来，郎官是皇帝的近臣，相当尊贵。在各部中郎中、员外郎虽只是五品官，地位却号称清要。在唐、宋时代，在内往往兼充翰林学士知制诰，经过一两次转官就可能做到宰相。在外则必做大州刺史，宋代则为知州，当时的知州地位是远在明、清知州之上的。在明、清时代，六部郎中须经过一定年限，得到京察记名，方能外放道府。清代的京官俸薄，郎中都希望放道府，不然，则倚靠资格也可以升转京卿。

本来六部郎中以下各官都有定额，但事务日繁，需人日多，于是分发到部候补的，在清代就有捐纳、保举、荫叙各种来源，甚至人数多到没有坐处，与长官也永远不能见面。而且所任职务的繁简并不系乎是否补过实缺，有职务重要而本人还是候补人员的，也有实缺某司郎中而并不懂某司职务的。此种奇特现象的产生，首先还是由于唐、宋时代部司的组织区划与后来的实际情况不相应，而千余年的陈旧规模既不能改，就不得不作些临时的措置，以适应事实需要，因此，某某司的郎中、员外不过是一种名目而已。即以某某司而论，在清代，并不是即以该司的郎中掌该司的事，而是由堂官指派一人充该司掌印或主稿，掌印例为满人，主稿例为汉人。这种指派的差使，满洲语称为乌布，不是每个司员都得有乌布的。清代司官对堂官不像外官属员对上司那样卑躬屈节。只作揖而不跪拜，在呈阅公事的时候，堂官必须立起来画稿。

牢城遏后指挥使　《五代史》中有此名，盖当时州城中之监狱为牢城，为防监狱之变乱，置此军职。

乐部　清代特设之机构，专司宫内及朝廷音乐之供应。下设神乐及和声二署。

乐府令　汉代之乐府本为搜集乐歌的机构，主官为乐府令及丞，属少府。（据《汉书·百官公卿表》）至哀帝时废。（据《汉书·礼乐志》）

礼部　隋、唐以后，礼部为六部中之第三部。相当于《周礼》之春官宗伯，在秦、汉则其职务归于太常。汉代的尚书分曹治事，客曹尚书亦相当于礼部之一部分职务。魏、晋以后，尚书有祠部及仪曹。至隋代始确定以礼部统礼部、祠部、主客、膳部四曹，唐、宋至明、清均大致相承，唯明、清将第一司之名改为仪制，与祠祭、主客、精膳合为四司。然自唐、宋以后，礼部并非专掌礼仪之事，所有贡举、学校、考试、风俗教化、宗教及接待外使等事，有非古代职掌所能包括者，亦归礼部。后世的礼部颇似《周礼》中司徒及宗伯二职合并。

又唐代已于礼部以外设太常礼院以讨论典礼，宋亦设太常礼院及礼仪院，礼部遂并非专掌典礼的机构。宋神宗元丰改制，各部始复旧，然礼部职务始终极为清简。

礼部郎中　唐代礼部郎中虽为后行（礼工二部为后行）郎

官，而地望最清贵。旧说礼部郎中掌尚书省文章之事，号为南宫舍人。因为非有文名的人不居此官，居此官的大都按次迁为知制诰。明代以礼部尚书侍郎兼掌内阁诰敕，清代内阁学士兼礼部侍郎衔，其源如此。

礼部尚书　礼部尚书的品级与吏部尚书同。自唐、宋至明、清均规定为掌礼仪、祭祀、宴飨、贡举之政令。唐代一度改称司礼太常伯或春官尚书，旋复旧。清制，满礼部尚书兼管乐部、太常寺、鸿胪寺，汉尚书不兼。又明代礼部尚书侍郎多由翰林出身者任之，并兼翰林官衔，在六部中尤为华贵，往往由此入阁预机务。唯亦有在正员以外添差之礼部尚书，故同时为尚书者可不止一人。清代无此事，唯礼部长官仍多用正途出身者。

礼部左右侍郎　自元、明始，礼部侍郎皆置二员，明代左右侍郎皆兼翰林学士或侍读侍讲学士。清初亦沿此制，左右侍郎俱兼翰林学士衔，唯非翰林出身者不兼，满人亦不兼。这说明礼部原则上与翰林院一体。又内阁是掌诰敕的机构，也是以翰林出身的人担任为原则，故内阁学士亦兼礼部侍郎衔。

理藩院　清代特设在六部以外的部级机构。掌蒙藏等族疆域、爵秩、黜陟、征发之政令。主官有尚书侍郎，所属有旗籍、王会、典属、柔远、徕远、理刑六司。即清室入关以前之蒙古衙门，入关以后，定设尚书侍郎员缺，并以王公大学士兼理院事，与六部略同。此外堂主事及司务厅司务等均如六部之制。又附设银库郎中员外郎，蒙古翻译房员外郎主事，唐古忒学司业助教，稽察内馆外馆监督（内馆外馆为在京招待蒙古人之馆舍）。其驻扎于外者，则有乌兰哈达等处司官，察哈尔游牧处理事员外郎，张家口等处管理驿站员外郎。其较为特殊者则为围场总管以下各官。木兰（满洲语谓哨鹿为木兰），每年皇帝于此行秋狝（猎）之礼，始置官兵。后加详备，定围场一人，秩三品，左右翼长各一人，四品，章京八人，五品，骁骑校八人，六品。

理藩院尚书 清制，理藩院设尚书一人，左右侍郎各一人，均以满洲、蒙古补授，又有额外侍郎一人，于蒙古之贝子、贝勒中特简。其中六清吏司之郎中、员外郎、主事均为满蒙缺，唯笔帖式中有汉军缺。

理事官 清初各部设理事官及副理事官，入关以后改称郎中、员外郎，唯宗人府仍用此名。

吏部 汉代的尚书是分曹办事的（曹相当于后世的科），其中有吏部曹，后改称选部。初期并不专掌官吏的任免考选，至三国魏时始定名吏部，以后逐渐成为重要机构。总名为吏部，而分吏部、删定、三公、比部四曹。至隋、唐而为六部的首位，其他五部的组织都依照吏部的成式。

唐代吏部的职掌是内外官吏选授、勋封、考课之政令。以后大致相同。尤其重要的是选授，因为唐代科举取士，只是给予出身资格，必须再经吏部考试，才能授官。除五品以上要职是宰相与皇帝亲自商定以外，一般官员都经吏部按期召集合格的人，以某人补某缺，征求本人的意见加以任命，这是一种很烦琐的手续。又吏部唐高宗时曾改称天官，玄宗时曾改称文部，不久复旧。

宋代吏部并不行使吏部的职权，另设审官院掌铨选，其职务分为四部分，文官的铨选归审官东院及流内铨，武官的铨选归审官西院及三班院。审官东西院称为尚书左右选，由吏部尚书主持，管较高级的文武官，流内铨及三班院称为侍郎左右选，由吏部侍郎主持，管较低级的文武官。这是与以前的唐制以后的明、清制略有不同的，唐制及明、清制，则文官归吏部，武官归兵部。

六部的组织，自隋、唐至明、清大体相同，以吏部为例，长官为尚书及侍郎，其下分司。唐、宋制度，其第一司即名吏部，称为头司，以下三司称为子司。每司以郎中为主官，员外郎佐之。至明、清则各部的司皆称某某清吏司，而事繁的部，如户部、刑部，则不以职务为司名，而以地区为司名，如江南清吏司，贵州清吏司之类。

六部的序列是吏、户、礼、兵、刑、工。也是隋、唐以后相承不改的，唯唐、宋按左右司分为左右各三部，再分前后，因此吏兵二部为前行，户刑二部为中行，礼工二部为后行。六部尚书侍郎及郎官的迁转是按这个顺序的，例如工部一迁为礼部，再迁为刑部等。这种制度演变到后来，便以六部官为官资的表示，而不表示专门的职事，甚至连六部的机构也成为空的。

吏部郎中　唐制，吏部郎中二人，一人掌文官阶品朝集禄赐告身，一人掌选补流外官。（流外官不在正规文官之内，多属吏员性质。）宋略同。余见刑部郎中条下。

吏部尚书　自魏、晋至明、清皆设此官，不过在隋、唐始确定以六部为尚书省之组成部分，而尚书为每部的最高长官。吏部尚书尤居六部之首，在明代特别重视，非但因顺序的关系，也是由于吏部操用人之权，常能把持朝局。至清代，皇帝加强独裁，吏部尚书亦不过与各部尚书相等了。吏部尚书因居六部之首，类似《周礼》的天官冢宰，所以通称为天官、为冢宰、为太宰。

尚书的官阶在唐、宋是三品，明代升二品，清代又升为从一品。从这一点可以知道尚书在清代已经正式成为国务大臣的性质。清代六部尚书是轮流定期进见皇帝的，除陈奏本部事务外，亦得参论国政。而且军机大臣总是兼任六部尚书或侍郎的。大学士虽不能兼任尚书，但可用管理某部事务的名义，与尚书共同负责。清代初期，六部的人员配备与后来显有不同，每部的首长是贝勒（皇室贵族），其下设承政三员，一满洲、一蒙古、一汉人，再其下是参政八员，再其下是满、汉启心郎若干员。入关以后，才改承政为尚书，参政为侍郎，而裁启心郎。但尚书及左右侍郎都是满、汉各一员，再加上管部的大学士（有时是亲王），一部往往有七个号称“堂官”的。

尚书之名虽隋、唐以后都沿袭汉制未改，而唐高宗时却曾以为名不正言不顺，改称太常伯，吏部尚书称司列太常伯，侍郎称少常伯，不久仍复旧称。其他各部仿此。

吏部左右侍郎　侍郎之名始于汉代，本是郎官之一种，郎即后来的廊字，因为在殿廊中侍立，所以有此名。议郎、中郎、侍郎、郎中都是侍从而兼顾问官的性质，因为古代文武不分，即使是文学之士，也能充武装侍卫。侍郎的官秩比郎中略高。由于东汉以后有尚书郎承办文书事务，而尚书逐渐变为国务机构，郎就成为尚书中之办事员，隋初始定制，每部尚书之下设侍郎分主四司之事，而隋炀帝又升侍郎为尚书的副职，将四司的主官改称某某郎。唐代根据这种精神，将主管司务的分别定为郎中、员外郎，而侍郎则确定为尚书之副，直至清代不改。

各部侍郎员额是因事务繁简而定的，如吏、户、兵三部侍郎在唐代是二人，余为一人，明、清则固定为每部皆设左右侍郎。清代又定左右侍郎满、汉各一人，共有四人。但清代习惯，汉侍郎往往是进士翰林出身的，经常出差充任主考或学政，此外也有派出执行临时任务的，遇此等情况，即以他官兼署。侍郎的官阶与尚书都是从唐、宋的四品，升到明代的三品，而清代更升至正二品，与从一品的尚书只差一级。

清代另有一特殊制度，在留都盛京（奉天府）仍设有五部，唯吏部除外，各以侍郎一人掌之，均为满洲籍。官衔称盛京某部侍郎。

吏目 元、明、清之制，知州之直接属官为吏目，明、清为从九品官。直隶州及散州均同。主要职务为刑狱及官署内部事务。

良酝署署正 清沿明制，为光禄寺四署之一，掌祭祀燕飨之酒醴。官员品级俱同大官署。

料估所 清制附设于工部，掌丈量及估价计直，工竣则覆核之。司员满汉各三人，于工部司员中选派，任期一年。

林衡川衡 《周礼》地官之属有林衡及川衡，掌山林川泽所生及其禁令。原意似为管理森林沼泽，至明、清之虞衡司则司山泽采捕陶冶之事。

林庙守卫司百户 清沿明制，于孔子墓地设林庙守卫司百户，品秩相当于卫守备。

凌人 周礼天官之属有凌人，掌藏冰颁冰之事。古代对于冰的供应是相当注重的，在唐、宋为礼部所掌，明、清则属工部。

陵寝内务府总管 清制，每帝陵寝各有内务府总管一人，又别置承办事务衙门，以贝勒以下至侍卫等员管理之。其警卫之责，则以马兰（东陵）泰宁（西陵）二镇总兵任之。至关于典礼之事，则以礼部郎中、员外郎、主事等任之，关于祭物洒扫之事则以内务府郎中、员外郎、主事等任之，皆为宗室及满洲缺。但关外与关内各陵制度不尽同。仅举其大略如此。

陵台令 唐制，诸帝陵皆置陵署，后改称陵台，各有令一人，从五品，丞一人，从七品，其下有录事、府史、典事、掌固等。先后隶属宗正及太常，屡有改易。宋代虽亦有陵台令之名，但以宗正寺官掌诸陵，多别以内侍司其祀事。金、元仍称陵署，明称祠祭署，置奉祀官。然守陵之事实以神宫监太监总之。

陵园令 汉代各陵园有陵令、园令及丞，属太常。如魏相为茂陵令，司马相如为文园令，朱博为安陵丞。由于汉代有徙郡国民以起陵邑之制，陵之左右前后即成县邑，故陵园之长官即略同于地方长官，与后世制度不同。

领侍卫内大臣 清制，武职之正一品官与文职之大学士相当者，为领侍卫内大臣，其次为内大臣，皆六人。掌统领侍卫亲军。满洲建国之初，以镶黄、正黄、正白三旗为君主亲自统率之兵，故此三旗特为贵近，选其子弟为侍卫，而以内大臣统之。侍卫凡分六班，班分两翼，宿卫与扈从皆同。领侍卫内大臣于古代唯汉之光禄勋（郎中令）稍相近，唯职位尤高。明代有掌领侍卫侯伯驸马等亦略同。

领运守备 明制，漕粮北运，由沿途各卫所军人任领运之责。卫军以此为业，遂盘踞其中，结帮把持，欺压民丁，霸占运道，种种弊窦由此而生。清代裁卫，改归州县，而领运之卫所依然如旧。故有领运守备、卫守备、守御所千总等。

令史 令史一官在汉代仅比尚书郎次一等，尚书令史经一定年限可为尚书郎。隋、唐的三省有令史、书令史、甲库令史等，始以流外人员为之，是为吏职，不在职官之内。明、清则各部无令史之名，只有俗称书办之胥吏，无员额，无俸给，自相授受，常以衙署为窟穴，舞弄文墨，营私枉法，弊端百出，清末改设新部，另用雇员，方才革除多年积习。

留守 唐制东都（洛阳）及北京（太原）皆有宫阙，故置留守一官。东都留守兼东都畿汝防御使。（洛阳附近地区称都畿，汝者汝州。）往往以将相大臣为之。按时巡视宫殿，训兵守境。中央各官多有分司东都者，虽为闲曹，亦俨然有陪都规模。北京为唐室建国之基地，例以河东节度使兼太原尹充留守。此则与东都留守之外仍有河南尹者不同。盖东都留守尤为威重，位在河南尹之上之故。自此以后，五代或都开封或都洛阳，都洛阳则以开封为东京，都开封则以洛阳为西京，君主不在则置留守。宋亦因之，以洛阳为西京，大名为北京，应天（归德）为南京。而以西京留守为最威重，犹有唐之旧规。金、元皆于各京设留守司。

琉璃窑监督 清制附设于工部，掌琉璃器具之制以供宫廷工程之用，满汉各一人，于工部司员中差委，任期一年。

六部监门官 宋之六部同建于尚书都省之内，故设监门官，掌六部之内部事务。官秩相当于寺监或丞。又有六部架阁官总领档案。

六科给事中 明制，按六部分为六科，各设都给事中一人，左右给事中各一人，给事中吏科、工科四人，礼科六人，户科、刑科八人，兵科十人。均为正、从七品官，其职务部分仍沿唐、宋之旧，而稽察六部百司之事则又与御史互为出入。

给事中衙署即在午门外东、西朝房，章奏均必经其手，故权势尤重。与御史合称科道，或称台垣。台指御史，垣指给事中。清制六科各设掌印给事中满汉各一人，给事中满汉各一人，秩为正五品。不再为独立机构，改属都察院，实际上与御史职务亦无区别，名义上则仍大体沿明之旧，例如外官领凭后仍须赴科画字。

龙虎将军　明代武阶官之制，龙虎将军为正二品加授之阶。其名乃沿金、元之龙虎卫上将军而来，金、元盖略采唐代之十六卫名称以为武散官号。

龙卫神卫左右厢　宋制，侍卫马军司有龙卫左右厢，步军司有神卫左右厢。略同唐制，有都指挥使、都虞候，每都有军使、副兵马使。

龙翔军都指挥使　金代特选之侍卫亲军，骑兵曰龙翔军，置都指挥使。

楼烦将　楼烦为胡族之名，以善射著。汉初之射击兵将领称楼烦将。

卤簿使　卤簿者，据蔡邕《独断》云，天子出，车驾次第谓之卤簿，有大驾、法驾、小驾，大驾则公卿奉引，大将军参乘，太仆御属车八十一乘，备千乘万骑。其次则用法驾，又其次则用小驾。故分别言之，则卤簿与仪仗为二事，统言之则卤簿亦包括仪仗。唐、宋时凡遇大典礼，必以大臣分充卤簿使及仪仗使。

銮仪卫　清代所设，专掌皇帝卤簿（仪仗）之序列及承应。以掌卫事大臣一人总其事，为正一品官，王公及满洲、蒙古文武大臣为之。銮仪卫使三人，正二品，二人以满洲、蒙古兼授，一人以汉人、汉军兼授。所属沿明代锦衣卫之制，有左、右、中、前、后五所，分銮舆、驯马、擎盖、弓矢、旌节、幡幢、扇手、斧钺、戈戟、班剑十司。别有驯象一所分东西司，旗手一卫分左右二司。每所各设冠军使、云麾使、治仪正、整仪卫等官，用军尉、旗尉、民尉分隶各所。凡警卫之事以军尉任之，舆驾以旗尉任之，擎执仪仗则以民尉任之。

律例馆　清代附设于刑部，相当于宋代之敕令所，掌修纂审订法令条式，每五年小修一次，十年大修一次，颁行各处。设官有总裁及提调纂修，总裁以刑部尚书侍郎兼任，提调纂修以刑部司员充。

M

门下督　三国时有门下督、帐下督之称，即将帅手下直属之部队将领。当时统兵之官多以督为名，如前部督即先锋指挥，左右督即左右翼指挥等。

门下省 本为东汉之侍中寺，以伺应皇帝为其主要职务，晋以后始名门下省，凡侍中、给事黄门侍郎等皆属之。北齐之门下省辖左右局、尚食、尚药、尚衣、殿中等六局。其为皇室服务机构可知。隋、唐以给事中、散骑常侍、谏议大夫等隶于门下省，而以侍中、门下侍郎为其主官，始由宫廷性质变为政务性质。唐代曾迭次改称东台、鸾台、黄门省，不久复旧。与中书省同为最高国务机构。然侍中掌赞导礼仪，犹是汉代侍中为皇帝亲幸之遗意。

猛安 金制，部族之长曰孛堇，行军则称猛安（清改译作明安），谋克（清改译作穆昆）等，三百户为穆昆，十穆昆为明安。猛安谋克为首领之称，亦即组织之称。建国以后，猛安谋克散处各地，授田立业，有事则应征作战。满洲语谋克为百夫长之意，猛安为千夫长之意。

秘阁 宋初，分三馆（见集贤殿书院条）之书别为书库，名曰秘阁，有直秘阁、秘阁校理等官。宋制，昭文馆、集贤院、史馆为三馆，总名崇文院，加秘阁共为四所，合称馆阁。此外每一帝所制文集亦各立一阁藏之，如龙图阁等，其职官谓之馆职。他官兼充，则谓之贴职。但其后但以馆职作为朝臣出任外官之称号，并不任其职事。洪迈《容斋随笔》云：“国朝馆阁之选皆天下英俊，然必试而后命，一经此职，遂为名流。其高者曰集贤殿修撰，史馆修撰，直龙图阁，直昭文馆、史馆、集贤院、秘阁，次曰集贤、秘阁校理，官卑者曰馆阁校勘，史馆检讨，均谓之馆职。”自元丰行新官制，厘正职司，裁省空名，凡图书著作之事皆仍归秘书省，但馆阁之名独存，名目既多，贴职遂滥，非儒臣亦得入选，故以龙图、端明为官称者不计其数，宋之馆职不尽为儒臣，亦犹南北朝之将军不尽为武人。

元丰新官制所改者，图籍之司改隶秘书监，而昭文馆集贤院废，史馆则隶著作局。唯直秘阁仍为贴职。宋之阁职本有集贤殿修撰、直龙图阁、直秘阁三等，后增置修撰为集英、右文、秘阁三等，直阁为龙图、天章、宝文、显谟、徽猷、秘阁六等，又自龙图至宝章凡十阁，各置学士、直学士、待制等官，以为省部长贰、给舍、谏议补外之职名，庶僚在外领使者皆带之。此宋制之最特殊者。

秘书监　东汉桓帝时初置秘书监，秩六百石。又《后汉书·马融传》有典校秘书之语。盖古代图书集中帝室，西汉则藏于天禄阁，东汉则东观，故谓之秘书。亦以东汉崇尚谶纬，故取秘密之意。唯魏武帝时之秘书令，实已改为机要之职，后乃改称中书令，而以秘书令仍为监，掌艺文图籍之事。自此相沿不改。唐、宋以后，虽掌艺文图籍之官迭有增设，而秘书监之名不废。直至明初始罢不设，其职全并入翰林院。故明代之翰林院既非唐宋之翰林院，亦不全属秘书省之性质。清代以文渊阁官当古之秘书监，则略有相近者。

秘书郎　晋以后秘书郎一职属秘书省。南朝贵族子弟初仕多以此为美官，故当时有“上车不落则著作，体中何如则秘书”之语。可见徒有其名而不任其事。唐制以秘书郎分掌四部书（经、史、子、集），分判校写。秩从六品。

秘书省　魏晋以后秘书监之官名亦即其机构之名，故所领有著作局。梁始专设秘书省，置监及丞各一人，秘书郎四人。此后遂别为一省。然不能与中书、门下、尚书三省相比。唐代曾改称兰台及麟台，均不久复旧。秘书省号称为掌文艺图籍，其实唐以后实职皆归各馆阁，秘书监以下之官仅备其名而已。元代犹置秘书监为专署，其主官为卿及大监、少监，事务官为监丞。秘书监与国子监皆以监为官署之名者。至明初始完全废去。清代方以文渊阁官当古代之秘书省，但已非正官，且为内廷文学侍从之官所居，与古代秘书省之为独立机构仍不能并论。

晋代之秘书监兼统著作局，隋代则领著作、太史二曹，著作当修史之任，太史当天文历法之任。唐以后此二者皆分出，再加以文艺图籍别有馆阁诸职，秘书省确为赘疣矣。

庙令 汉代高帝及光武帝庙有庙令及丞，又有高寝令及郎。寝是陵庙。后世则多以太庙令统之。唯唐则诸陵皆有陵台令。

明法掾 据《隋书·百官志》，后齐大理寺于正、监、评之外有律博士及明法掾。盖当时以刑法需用专人，南北朝皆置之以为法官之顾问。

明堂令 南朝有明堂令丞，隋以后多以郊社署令及丞当之。

明威将军 明沿元代武阶官之制，明威将军为正四品初授之阶。金之明威将军为正五品下阶。

鸣赞 清沿明制，于鸿胪寺置鸣赞，额定满洲十四人，汉人二人。掌行礼时之唱赞。

命中督 晋置武贲、羽林、上骑、异力、命中五督，以统各种特选之兵。

谋克 金代部族组织之称。清改译作穆昆。

木仓监督 清制，各省岁运木材自张家湾到京，存贮于天安门右千步廊外，以工部司员满、汉各一人为监督，任期二年。

牧场统辖总管 清制，统辖两翼牧场总管一人以察哈尔副都统兼，两翼总管各一人，翼长各一人，护军校各四人，皆蒙古员额。

N

纳言　即侍中，隋代改称，唐亦一度称之，参见侍中条。

男　古代五等爵之最低一级，在子之下。南北朝至唐、宋有开国县男之称。清代原称阿思哈尼哈番，后改用汉名为一二三等男。叙为二品。子、男与公、侯、伯不同，均不加美名。

南北护卫府　辽制，南北院各置护卫府，有护卫太师、护卫太保等官。又设左右护卫司，有左右护卫太保，护军司有护军司徒。凡此皆为御帐官，御帐各官以出于贵戚者为侍卫，出于北南部族者为护卫。辽代汉官名多取自五代及宋初流俗之称，其时武将多加三公衔，习称太师，太保等，因滥用为名。其实非正名也。

南京各部　明永乐时，南京官署均移往北京，仅留礼、刑、工三部各一侍郎，仁宗以后，补设各官。吏、户、礼、兵、刑、工部均尚书一人，右侍郎一人，都察院右都御史，右副都御史，右佥都御史各一人，御史每道二三人不等。唯兵部尚书兼参赞机务，户部右侍郎兼总督粮储。其余各官署亦皆备员。大抵官员之被排摈者，即任以南京官，然亦有借以鸣高，并与北京诸部院相攻讦者。

南京守备 明永乐十九年迁都北京，命中府掌府事官守备南京，节制南京诸卫所。洪熙元年始以内臣同守备，景泰三年增设协同守备一人。南京卫指挥使凡四十九，分隶五都督府者三十二，又亲军卫指挥使司十七，与左府所属十卫，右府所属五卫，前府所属七卫，后府所属五卫并听中府节制，各卫领所一百十八。此外又有参赞机务一人，以南京兵部尚书领之。然实权皆在守备太监之手。

南院枢密使 辽代的南面官多参用唐、宋名称。南院枢密使或知枢密院事与宋制都不同，与吏部比较相近。

内阁侍读 清代独有之官名，在内阁中掌勘对本章，检校签票。内阁之职务本从明代沿袭而来，中外奏章均由内阁票拟进呈皇帝，发下后缮批颁发。清代虽仍存此形式，其实重要奏章均由皇帝亲自处理。军机处成立以后，一切奏章均直达宫廷，对于臣下的指示，或明发谕旨，或用军机大臣字寄名义传达旨意，或就奏折上批示，不再经由内阁。仅明发通行的谕旨冠以内阁奉上谕字样而已。内阁中之职官，名为华贵，实即闲曹。号称侍读，而其职掌仅列为勘对本章，检校签票，竟与低级事务官无异。又清代在道光以前，皇帝仍按期举行御门听政之仪式，内阁官员均尚有呈递本章、宣读批答的临时职务。其后停止御门，商决政务均由军机大臣承旨，各部主官亦按期轮班面奏取旨，并此形式上的职务亦所余无几。

内阁侍读学士　清代独有之官名，在内阁中掌收发本章、总稽翻译。定额满洲四人，蒙古二人，汉人二人。初制兼太常寺卿衔，后裁。初制为三品官，后改五品，定制从四品。表面上似与翰林院侍读学士相近，实际上既不侍读，亦不由文学之士任此职，故不甚被人重视，仅为内阁侍读、中书递升之阶序而已。

内阁学士　此为清代独有之官名，在内阁大学士之下，掌传达正式诏命及章奏。定额满洲六员，汉人四员，例兼礼部侍郎衔，为从二品官。汉人例以翰林出身者补授，通过此一阶，即升六部侍郎。是一种职务轻简而地位高华的官职。通称为阁学。

内阁中书　清代于内阁中设置中书一官，掌撰拟、记载、翻译、缮写之事。定额满洲七十人，蒙古十六人，汉军八人，汉人三十人。官阶为从七品。明代虽亦有内阁中书之名，但名分颇低。清代则因进士朝考后，除改翰林院庶吉士者外，其次一等者除分部外即以内阁中书用，经过一定年限，亦可外补同知、直隶州知州。若保送充军机章京，尤易腾达，故汉人中书仍在清选之列，与翰林官同，以到阁年份为次序，互称前后辈。章服与翰林同，特许挂朝珠。又康熙、乾隆时南巡，举人生员献文求试者亦多予以内阁中书任用。又进士出身之中书补缺后可充乡试试差。

内史　《周礼》春官之内史，掌书王命，故隋以中书令为内史令，实即宰相之任。至于秦、汉之内史虽同一名，实即京师之地方行政长官，毫不相涉，故汉武帝以后改为京兆尹。与左冯翊、右扶风分治关中之地，号为三辅，各有属县。唯三长官皆驻在长安城内。汉时京兆地方五方杂处，最为难治，京兆尹一官非有吏才者不能任。

又汉初王国之制，有太傅辅王，内史治国民，中尉掌武职，丞相统众官，后省内史，改丞相为相。魏晋南北朝仍采汉代郡县与封建并行之制，唯改相之名为内史，在王国中即以内史当太守之任。其职位、体制、组织皆与郡守同。

内务府　前代宫廷事务往往与行政系统之界限不甚分明，时或互相交错，甚至以宫内之官侵夺行政职权，如汉代少府之尚书，即其一例。唯清代以宫廷事务完全划出行政系统以外，以内务府为总辖之机关。在顺治初犹沿明代旧规，以阉宦所掌之诸司并省为十三衙门：曰司礼监、尚方司、御用监、御马监、内官监、尚衣监、尚膳监、尚宝监、司设监、兵仗局、惜薪司、钟鼓司、织染局。顺治十八年裁去，仍依未入关前之制，设内务府，简派总管大臣，掌理内府之政令。凡职员之迁除、财用出入、宴飨祭祀、膳馐服御、赏赉赐予、刑罚工作、教习训导之事，皆综理而受其成。府内所属七司，曰广储司、会计司、掌仪司、都虞司、慎刑司、营造司、庆丰司。皆有郎中、员外郎、主事等。其独立于府外者为三院，曰上驷院、奉宸苑、武备院，而其他典禁卫，管关榷之差遣犹在外。皆以满洲人任之。与外廷之职官各不相涉。

农仓长　汉制，水衡都尉所属有农仓长及丞。《汉书·张敞传》载为甘泉仓长。盖每仓均有仓长。

弩手军详稳司　辽设弩手军详稳司，掌强弩之事。详稳清改译作详衮。

P

判东都尚书省事　唐高宗武后时，常驻洛阳，百官皆备。玄宗以后，定居长安，乃设东都留守，以维持原设东都之官署。官员之退闲或废黜者往往令其分司东都，仅食其禄而无所事。故复以东都留守判东都尚书省事，为其统率。

判度支 度支本是户部所属一司，唐代中期以后往往特派大臣专判度支，可能本是户部的官，也可能是户部以外的官，名称或为度支使，或为知度支事，或为勾当度支使。与判户部及盐铁使合称三司，成为非常重要的职务。《容斋续笔》云："唐自贞观定制，以省、台、寺、监理天下之务，官修其方，未之或改。明皇时，宇文坚、韦坚、杨慎矜、王铁皆以聚敛进，然其职不出户部也。杨国忠得志，乃以御史大夫判度支，权知太府卿及两京司农太府出纳，是时犹未立判使之名也。肃宗以后，兵兴费广，第五琦、刘晏始以户部侍郎判诸使，因之拜相。于是盐铁有使，度支有判，元琇、班宏、裴延龄、李巽之徒踵相蹑，遂骎骎以他官主之，权任益重。宪宗季年，皇甫镈由判度支，程异由卫尉卿盐铁使并命为相。逮于宣宗，率由此涂大用。马植、裴休、夏侯孜以盐铁，卢商、崔元式、周墀、崔龟从、萧邺、刘瑑以度支，魏扶、魏謩、蒋慎田、蒋伸以户部，自是计相不可胜书矣。"这是唐代不守定制，特派亲信大臣掌财权之由来。

判户部 唐代中期以后，往往特派户部以外的大臣管理户部的事，官衔称判户部，如果本身就是户部的官，则称判本司。如无判本司的官衔，即等于并不担任户部的实职。因此，判户部与判度支及盐铁转运使三人合称三司，三司反成一个独立的掌握财政实权的机构。五代以后，径称三司使。唐德宗时曾一度改正这种畸形的制度，恢复户部各司的本职，但规模已经成立，户部官员久已放弃职务，无从措手，不久仍作罢。

炮首军详稳司　辽设炮首军详稳司，掌飞炮之事。

捧日天武四厢　宋制，殿前司有捧日、天武左右四厢。略同唐制各置都指挥使、都虞候，每都有军使、副兵马使。

皮室军详稳司　辽太宗时选精兵为皮室军，有左右南北皮室详稳司。详稳清改译作详衮。

骠骑大将军　汉代骠骑大将军为次于大将军之最高将帅。唐、宋则以骠骑大将军为从一品之武散官，金、元以后废。

骠骑府　隋、唐府兵之制，以骠骑、车骑二府为统率之组织。骠骑府之主官后改为鹰扬郎将，车骑曰副郎将，诸府皆称鹰扬府。唐初又改骠骑曰统军，车骑曰别将，最后又改统军为折冲都尉，别将为果毅都尉。诸府皆称折冲府。

仆射　仆射是主任或领班的意思，汉代在军官中，在宫人中，在尚书中，在博士中，都有仆射。被指定为仆射的，就负责本部门的事。以后其他仆射名称逐渐不用，只存尚书仆射，变为专官。南北朝在尚书省置令一人以外，置左右仆射各一人，仆射虽为副职，也与令的地位不相上下，官居仆射的，也就是执政的人，所以当时总是令、仆并称的。令、仆都称为“朝端”或“端右”，唐、宋相沿，称为“端揆”。左仆射称左揆，右仆射称右揆。

唐代因太宗在未即位前曾任尚书令，所以此官不轻授人，经常以左右仆射代居尚书令之位。固然事实上左右仆射如不带同平章事之名，仍然不是真宰相，但唐代初期确是以仆射与中书令、侍中同为宰相的。因此习惯上还以仆射为“师长百僚”，上任时的礼节非常隆重。宋代的元丰官制，虽然仍承三省的旧规模，但以尚书省为中心，因此以左仆射兼门下侍郎，代侍中之制，以右仆射兼中书侍郎，代中书令之职，而左右仆射成为事实上的左右丞相。至徽宗时，就又改左右仆射为太宰、少宰，而至南宋孝宗时，径改为左右丞相。此后仆射之名不复存在。

暴室丞 汉代以暴室为宫人之监狱，暴室即染坊之意，宫中工场之一，因而附设监狱。

Q

七兵尚书 北魏有七兵尚书，大约即由五兵尚书扩充。详见五兵尚书。

骐骥院 宋制太仆寺有骐骥院，监官二员，以武臣充，掌养马。

骑都尉 骑都尉为唐以后勋官之一级。清代之他喇布勒哈番改汉名为骑都尉，为世爵之一，在轻车都尉之下，云骑尉之上。

起居郎 《新唐书·百官志》："门下省起居郎二人，从六品上，掌录天子起居法度。天子御正殿，则郎居左，舍人居右，有命，俯陛以听，退而书之，季终，以授史馆。贞观初，以给事中、谏议大夫兼知起居注，或知起居事，每仗下议政事，起居郎一人执笔记录于前，史官随之。其后复置起居舍人，分侍左右，秉笔随宰相入殿。"然其职亦渐废弛。

起居令史 据《魏书·官氏志》有起居令史从第七品上。《通典》云："后魏始置起居令史，每行幸宴会，则在御左右，记录帝言及宴宾客酬答。又别置修起居注二人，以他官领之。"

起居舍人 《新唐书·百官志》云："中书省起居舍人二人，从六品上，掌修记言之史，录制诰德音，如记事之制，季终，以授国史。"起居郎与起居舍人分当古代左史记动右史记言之职，故一度改名左右史，后虽复旧，而习惯上仍以左右史呼之。余详起居郎条。

起居省 北齐所置，据《隋书·百官志》云，集书省又领起居省，散骑常侍，通直散骑常侍，散骑侍郎，通直散骑侍郎各一人，校书郎二人。

器物局 元制，凡宫廷用物皆归大都留守司管辖。所属器物局，有使及副使。下设鞍局、刀子局、轿子局等。又别设尚乘寺，亦掌鞍辔之造作，则不知其职务如何划分。

千牛备身 千牛是刀名，千牛备身即执千牛刀侍立左右之近卫。南北朝后期有此名，隋唐因之。

千总 千总之名起于明代，清制，千总为正六品武官。

钤辖司 宋代武将之统一路或一州之兵者为钤辖，其机构为钤辖司。知州亦有兼兵马钤辖者。钤辖与总管、都监实参错设置，总为武人之任。

前锋统领 清制，以巴牙喇营为亲兵营，其前哨兵为噶布什贤超哈。统前哨兵者为前锋统领，左右翼各一人，左翼为镶黄、正白、镶白、正蓝四旗，右翼为正黄、正红、镶红、镶蓝四旗。其下有前锋参领、前锋侍卫、前锋校等，亦分左右。掌督率前锋，于御营一二里外安设卡伦（守望处），立前锋旗，列帐守卫。均满洲、蒙古参用。

前驱司马 晋制三部司马之一，各置督史。

钱帛都提点 辽南面财赋官有此名，盖在转运使之下。

钱法堂 清制，户部附设钱法堂，其主官称督理京省钱法右侍郎，户部、工部满汉右侍郎各一人兼任。在京铸币机构有二，隶户部者曰宝泉局，岁铸钱六十一卯（以一万二千四百八十缗为一卯），隶工部者曰宝源局，岁铸钱七十一卯（以六千二百四十九缗二百七十文为一卯），遇闰则皆加铸四卯，其局之政令各以其部之右侍郎主之。明代本以宝钞属户部，铸钱属工部之宝源局，而各省则设宝泉局，至明末始于户部增设宝泉局，且设督理钱法侍郎，至清代制始备。

强弩将军　晋立射营弩营，置积射强弩将军以主之。

强弩司马　晋制三部司马之一，各置督史。

挈壶氏　《周礼·夏官》之属有挈壶氏。即掌时刻者，唐以后有挈壶正一官，源出于此。

钦天监　明代改元之司天监为钦天监，清沿之。掌天文历数占候推步之事。在古代为太史令之职，本属太常，唐代改属秘书省。其名称屡有更改，高宗时一度称秘书阁，武则天时称浑天监及浑仪监，肃宗以后为司天台。元代以太史院为官署之名，而别设司天监一官。明、清均以监正、监副为主官。清制较整齐，分时宪、天文、漏刻三科，分掌历法、天象、时日之事。时宪科设五官正（五官为春夏中秋冬），天文科设五官灵台郎，漏刻科设五官挈壶正。而特简王大臣以总理监务。自监正以下均为专业之官，不改他职。明代且特定钦天监阶官之名号，以别于其他文官。监令（后改令为正）为正仪大夫，少监为分朔大夫，五官正为司元大夫，监丞为灵台郎，五官保章正为平秩郎，五官灵台郎为司正郎，五官挈壶正为挈壶郎。又明初尚沿元制别设回回司天监。后改设回回科，清初省。

钦天监监正　清沿明置，掌测候推步之法，观察星辰，稽定节序，占天象以授人时。定制满洲一人，西洋一人，为正五品官。监副则满洲、汉人各一人，左右监副各西洋一人，为正六品官。

亲军校　清制侍卫所属有亲军，镶黄、正黄、正白三旗均各二百余人，以亲军校各二十余人领之。

亲王　皇帝近支亲属封王者为亲王，至于以亲王为封号则自清始。清制亲王之号别加美名，如豫亲王、成亲王之类。

寝令　汉制诸帝陵园各有寝，为每日献祭之所，寝令即管理陵园内部之官。

轻车都尉　轻车都尉本为汉代特别兵种将领之称。唐、宋承北朝末期之制，置勋官以赏战士，凡十二转，其八转为上轻车都尉，七转为轻车都尉。清代则于公、侯、伯、子、男之下再加四级。其原名阿达哈哈番者改汉名作一二三等轻车都尉。叙三品。轻车都尉之下则为骑都尉、云骑尉、恩骑尉。

清商署　南北朝时有清商署，与太乐、鼓吹等署均隶太常，掌清商乐，有令及丞，后不常置。

庆丰司 清代内务府七司之末一司。掌蕃息牛羊之事，初归掌仪司，康熙二十三年始分设一司。

劝学从事 蜀汉有劝学从事，或称典学从事，盖以宣扬教化，奖励学术为其职掌。

榷货务 宋制于京师及重要商货集中之地置榷货务，以通贸易，差官监当（监督管理）。若两国交界处所置榷货务尤为重要。《金史·百官志》有榷货务使及副使，掌发卖给随路香茶盐钞引，又有提举南京榷货司提举、同提举等官。

群牧司制置使 宋置群牧司制置使，或群牧司使，及副使，其实际负责者为都监及判官，都监以武臣，判官以文臣充。

R

日讲起居注官 日讲官与起居注官本为两事，清顺治中始设日讲官十人。康熙中置起居注馆，设记注官，即以日讲官兼摄，雍正以后，遂以日讲起居注官系衔为定制，由翰林院、詹事府官充任。凡皇帝御门听政、朝会宴飨、大典礼、大祭祀及每年勾决重囚，皆以日讲起居注官在左右侍班，谒陵、校猎均随扈侍从。按年编次起居注，送内阁藏庋。凡带日讲起居注官者均视为近臣，遇出差时，地方长官迎候时行所谓“跪请圣安”之礼，答以皇上安，回京时“寄请圣安”，则答以回京代奏。

自汉以来，皇帝皆有起居注，即古代所谓动则左史书之（见《礼记·玉藻》），南北朝多以著作郎任其事。北魏置起居令史，是为设专官之始。唐制以门下省之起居郎与中书省之起居舍人分掌起居注。然国史所据仍在各朝实录，起居注亦非所重。

荣禄大夫 元、明至清均为从一品之阶官。明制正一品初授曰特进荣禄大夫。清制无此。

宂从仆射 南北朝有此官名，以位置有功之武官，作为近卫。

儒林参军 南朝有儒林参军之名，盖将军刺史之僚属，以有学术者为之，为所立学校之师表。

儒林郎 唐、宋文阶官之制，正九品上曰儒林郎，金制从七品下曰儒林郎，元升为从六品，明为从六品升授之阶。清制从六品概为儒林郎，唯吏员出身者称宣德郎。

儒学教授 清制各府、厅、州、县均设儒学，文人入仕必先入学，儒学设各级教官，其最高一级为教授，设于府及直隶厅，为正七品官，除由次级升任者外，一般由进士出身者任之。教授以下各官通谓之教职，教职之直属长官为学政，仍须受地方长官之指导考核。唯体制上长官不纯以属员相待。一般称为老师。凡文官皆回避本籍，唯教职以用本省人为主，但避本府或直隶州。教职负责本府州县学生员之课业品行，协助学政举行生童之考试，以及孔庙之奉祀等。凡教职之制度多始创于明代。唯明之教职品秩较低。且考核教职以所属之生员中举多少为准，清代无此例。

教授之名，始于宋代。《宋史·职官志》云："景佑四年，诏藩镇始立学，他州勿听。庆历四年，诏诸路州军监各令立学。学者二百人以上许更置县学，自是州郡无不有学，始置教授，以经术行义训导诸生，掌其课试之事，而纠正不如规者，委运司及长吏于幕职州县内荐，或本处举人有德艺者充。熙宁六年，诏诸路学官委中书门下选差，至是始命于朝廷。元丰元年，州府学官共五十三员，诸路唯大郡有之，军监未尽置。元佑元年，诏齐、庐、宿、常等州各置教授一员，自是列郡各置教官。建炎三年，教授并罢，绍兴三年复置四十二州。十二年诏，无教授官州军，令吏部申尚书省选差。二十六年诏，并不许兼他职，令提举司常切遵守。若试教官则始于元丰，添差教授则始于政和。"金用宋制，诸府州均置教授一员。

元制地方所立之学校，与公立之书院并存，皆有教职。《元史·选举志》云："至元二十八年，令江南诸路学及各县学内设立小学，选老成之士教之。其他先儒过化之地，名贤经行之所，与好事之家出钱粟赡学者，并立为书院。凡师儒之命于朝廷者曰教授，路、府、上中州置之。命于礼部及行省及宣慰司者曰学正、山长、学录、教谕，路州县及书院置之。路设教授、学正、学录各一员，散府、上中州设教授一员，下州设学正一员，县设教谕一员。书院设山长一员。凡路、府、州书院设直学以掌钱谷。"

儒学教谕 明、清以教谕为各县教职之称，与训导同负责县学之管理及课业。为正八品官。

儒学提举司 《元史·百官志》云：儒学提举司秩从五品，统诸路府州县学校祭祀教养钱粮之事，及考校进呈著述文字。每司提举一员，副提举一员，吏目一员，司吏二人。

儒学学正 明、清以学正为各州教职之称，与训导同负责州学之管理及课业。为正八品官。

儒学训导 明清制于府、州、县学教授、学正、教谕之次均设训导一员，共同负责学校之管理。

S

三班使臣　宋制，低级之供奉武官称为三班使臣，三班盖即左右班与横班之意（横班指合门使以下）。

三公曹　东汉以太尉、司徒、司空为三公。尚书分曹治事，关于三公职掌的文书归三公曹尚书掌管。见《续汉书·百官志》注。

三司使　唐代以判户部、判度支及盐铁使为三司，但各由一人担任，至后唐明宗时始合为一职。宋沿此制，以三司使为最高国家财政主管官。宋代的三司使虽已成为常设之官，但仍是差遣，不是实官。据《宋史·职官志》："三司使一人，以两省五品以上及知制诰杂学士、学士充，总盐铁、度支、户部之事，以经天下财赋而均其出入。副使以员外郎以上，历三路转运及六路发运使充。（这是说副使是实际负责的，所以必须是在外曾任转运使或发运使的，才有实际经验。）判官（判官是本机构的总务长）以朝官以上历诸路转运使，提点刑狱充。"

散官　唐代以散官定其班位，而以职事官定其职守。职事官与散官可恰相当，如本品为正三品而所任之职事官亦为正三品是。但散官系按资而叙，而职事官则由君主量才任使。故往往职事官已至较高之品，而散官未至，则其任务虽重要，而班位仍较低。在当时不无慎重名器之意。但至唐末已极贱滥，高级之散官常为低级武人所得，与原意迥不相符。

宋代承唐末之弊，不以阶官或散官为重，但以定制之省、部、台、监、寺各官为官吏叙阶之称，而职事则别立官名，例如吏部尚书仅表示其身份，并不管吏部之事，吏部尚书之职务则由知审官院者掌之。故唐之职事官在宋则为寄禄官，而宋之职事官别名差遣。至原有之阶官或散官又仍存而不改。其紊乱重复，殊令人难于捉摸。元丰改官制，始重新规定。仍依唐制，以阶官定其品秩之高卑。阶官按资序迁，章服俸禄皆依阶官而定。故宋人之官衔，必首列其为某某大夫，或某某郎，然后为知某县事或充某某差事。

明代之阶官亦按资叙进，如从九品初授将仕佐郎，升授登仕佐郎。阶官与职事官已逐渐接近。至清代，则凡居某品之官，即授某品之阶，阶官遂成为照例虚文。唐、宋有低级阶官而任高级职务者，而清代则只有低级职务而带有高级阶官者。例如七品之知县，若加有五品衔即授以五品阶官之奉政大夫。无职之人，亦可得虚衔封典。例如五品空衔，即可得奉政大夫之阶官，其章服即可按五品之制，人乃视为一种虚荣。

凡五品以上之阶官用诰，以下则用敕，文官五品以上称大夫，以下则称郎。故凡官吏之全衔，必首书诰授某某大夫或敕授某某郎。如因子孙而得者则曰诰封敕封，已故者则曰诰赠敕赠。

散骑郎　清制亲郡王府设散骑郎，掌佐长史理府事。

山虞泽虞　《周礼》地官之属有山虞及泽虞，掌山泽所生之物及其禁令。实即管狩猎之官。魏、晋尚书有虞曹，隋、唐于工部四司中设虞部，皆源于此。

膳部郎中　唐、宋之膳部即明、清礼部之精膳清吏司。名为掌酒膳之事，其实职已归光禄寺。礼部所掌之政令久成空名。至宫廷之宴享食饮供应，更非外朝所能预闻。

上京路兵马都总管　金以会宁为上京，置上京留守司，以留守兼本路兵马都总管。

上军校尉　东汉末设西园八校尉，参用宦官及士人，为特置统率中央兵之官。与中下军、典军、助军、佐军及左右校尉共为八校尉。

上林令　据《汉书·张释之传》：文帝时上林苑之主官即是上林令，其次则为上林尉。及武帝置水衡都尉，职权扩大，虽以掌上林苑为名，而农田、水利、造船、造币各事业均包括在内，汉以后各朝之苑囿虽已非汉之上林，而掌苑囿之官仍沿称上林令。

唐代司农寺有上林署令及丞，掌苑囿园池之果蔬及藏冰。辽、金、元、明仍皆有此名。

上林苑监　明制上林苑监为机构名称，主官为左右监正、左右监副及左右监丞。所属初有良牧、蕃育、嘉蔬、林衡、川衡、冰鉴及典察左右前后十署，后仅存良牧、蕃育、林衡、嘉蔬四署，掌苑囿、园池、牧畜、树种之事。明代在北京附近所置之苑地，东至白河，西至西山，南至武清，北至居庸关，西南至浑河。此四署皆有提督内臣，大为民害。

上驷院　清代内务府所属三院之一，掌宫内所用马匹。初沿明代命名御马监，后又改为阿敦衙门，康熙十六年定今名。设兼管事务大臣，无定员，卿二人，正三品，其一由侍卫补授，其一由内务府司员补授。

内务府官自成系统，故司员得升院卿，院卿得升内务府大臣。其外放或任他职者为例外。然清代满人升迁之途甚宽，亦不乏以宫内伺应之人参与要政者。

尚方令　汉代少府所属有尚方令，为制备宫廷器用之机构。后复分为中、左、右三尚方，直至唐代，少府监犹统辖中尚、左尚、右尚及织染、掌冶五署。唯三尚方之职务如何划分，史无明文。《汉书·朱云传》："臣愿赐尚方斩马剑断佞臣一人头。”可见尚方亦掌御府兵器之制造。后世遂有尚方宝剑之口头语，但兵器亦不过所掌工作之一而已。

尚膳正尚茶正 清代内务府御茶膳房总管大臣之下有尚膳正、尚茶正头等侍卫，尚膳副，尚茶副三等侍卫，尚膳、尚茶三等及蓝翎侍卫。管宫廷筵宴及赐茶，故员额甚繁。

尚书大行台 魏、晋以后，掌握政权之人于出征时随其所驻之地设立政务机构，谓之行台。行台乃对内台或中台而言。内台、中台即固定之中央政府，行台即临时在外之中央政府也。至北朝后期，则行台亦几于成为固定的机构，号称尚书大行台，实际上与中央对抗，自成行政系统，设置官属与中央无异。

尚书令 尚书二字是主管文书的意思。汉代在宫廷中主管文书的官称为尚书。从光武帝起，为了加强独裁，防止臣下专权，于是将政务中枢从三公府移入宫廷，由尚书协助皇帝处理，此种制度名为“政归台阁”。此后尚书的权势特重，但官阶还远在三公之下。魏、晋以后，尚书分曹益趋繁密，其主官尚书令权位渐高，遂形成隋、唐以尚书令为尚书省长官的制度。尚书令就完全不是主管文书的官，而是中央行政监督各部门的最高首长，实际上是负责国务的要职了。因此，唐、宋都将尚书令一官看得很重，不轻易以此官授人。

又在南北朝时代，尚书是一切文书的总汇。当时既无专任的宰相，又无正式宰相的名称，于是实际担任宰相的人往往加上录尚书事的头衔。录是总领的意思。虽然只是一种头衔，并非实官，但因为一切政令必经其手，所以权力在其他公卿大臣之上。又尚书令与中书省之中书令，门下省之侍中在唐、宋并称三省长官，应分别参看各条。

尚药局 隋沿北齐之制，于门下省置尚药局，有典御二人，侍御医、直长各四人，医师四十人。《旧唐书·职官志》载，殿中省有尚药局，奉御二人，正五品，直长二人，正七品，侍御医四人，从六品，司医四人，正八品上，医佐八人，正八品下。隋志有按摩博士、祝（即咒字）禁博士各二人，唐志则云按摩师、咒禁师各四人。宋制翰林院仍有尚药奉御之名。

少保 历代相沿，列于少傅之下。余详少师条。

少府 秦、汉之制，少府掌山海池泽之税，以供宫廷之用，与大司农掌国用者判为两途。凡属宫廷服务之性质皆总于少府一官，故少府员额较其他为多。据《汉书·百官公卿表》云："少府有六丞，属官有尚书、符节、太医、太官、汤官、導官、乐府、若卢、考工室、左弋居室、甘泉居室、左右司空、东织、西织、东园匠十二官丞。又胞人、都水、均官三长丞。又上林中十池监，中书谒者、黄门、钩盾、尚方、御府、永巷、内者、宦者七官令丞，诸仆射署长、中黄门皆属焉。武帝太初元年，更名考工室为考工，左弋为佽飞，居室为保宫，甘泉居室为昆台，永巷为掖庭，佽飞掌弋射，有九丞两尉，太官七丞，昆台五丞，乐府三丞，掖庭八丞，宦者七丞，钩盾五丞两尉。”其中名义易于解释者，尚书管文书，符节管印玺及符节，太医管医药，太官、汤官、導官管膳饮，乐府管乐歌，若卢管兵器，东织西织管丝织，东园匠管丧葬之具，胞人管庖宰，都水管池沼，均官管市价，中书谒者管内廷传宣，黄门管阉宦，钩盾管苑囿，尚方管制造，御府管衣服，永巷、内者、宦者皆管内廷事务。唯考工室、左弋居室、甘泉居室、左右司空不能详知。

魏、晋以后设殿中监，与少府并立，凡宫廷事务皆统于殿中监，而少府则专掌工艺制造及钱币之事，于是汉少府之职分而为二。唐制殿中成一省，内侍又成一省，少府仅掌百工技巧之事。少府监一人，从三品，少监二人，从四品，所属有中尚、左尚、右尚、织染、掌冶五署及诸冶、铸钱、互市等监。其职务亦不专属于宫廷。宋制则尤为殊异。据《文献通考》云：“少府监判监事一人，以朝官充。凡天子器玩、后妃服饰、雕文错彩工巧之事，分隶于文思院、后苑造作所，本监但掌造门戟神衣旌节、祭玉法物、牌印朱记、百官拜表案褥之事。诸州铸钱监并属少府，监官各一人，以京朝官及三班使臣充。”所属则有文思院、绫锦院、染院、裁造院、文绣院，凡五院。辽、金、元则属于宫廷之事多统于宣徽院。而少府在若有若无之间。至明始废少府一职，而分其事于宦官所领之二十四衙门，其中以司礼监为阉官操持政柄之所，又远非前代少府一职所能包括。

少傅　历代相沿列于少师之下，少保之上。余详少师条。

少师　少师、少傅、少保古称三孤或三少。明、清皆列为从一品。但作为荣衔，无职事，亦无员额。

少尹　唐制州之升为府者，其刺史称府尹，下设少尹二人，掌贰府州之事。府尹从三品，少尹从四品。少尹不甚有权。宋犹存此名，然等于虚设。

绍圣侯　隋沿周制，封孔子后裔为邹国公，炀帝改为绍圣侯。

射声校尉　汉制，射声校尉为武帝所置京师屯兵八校尉之一。《汉书·百官公卿表》云：掌待诏射声士。服虔注：“工射者也，冥冥中闻声则中之，因以名也。”应劭曰：“须诏而射，故曰待诏射也。”

神机营坐营官　明初得西洋枪炮法，特置神机营肄习之，设中军，左右哨，左右掖，以勋臣二人提督，哨官、掖官曰坐营官，坐司官，亦多以勋臣为之。其领兵者有副将、参将、游击将军、佐击将军、备兵佐营官，大号头官等名目。

神劲军指挥　南宋置御前万弩营，后名神劲军。

神乐署　清代乐部所属二署之一。置署正、署丞、协律郎、司乐，均用汉人。掌祠祭之乐章乐舞。明代祭祀之乐由道士掌之。清初犹沿明制，设神乐观提点一人，左右知观各一人。乾隆中始改名。

慎刑司　清代内务府七司之第五司，掌府属刑名审谳定拟之事。凡审拟罪案，皆依刑部律例。其情罪重大者仍移咨三法司会审题结。但关于太监之刑罚，以由慎刑司处理为主。初名尚方院，康熙中改今名。

盛京将军　清代以盛京（奉天府）为留都。当入关之初，以内大臣一员、副都统二员及每旗驻防章京，留守盛京。后改驻防大臣为昂邦章京，康熙元年改为镇守辽东等处将军，乾隆以后定称盛京将军。将军之下，设副都统三人，一驻盛京，一驻锦州府，一驻熊岳城。

其他吉林、黑龙江两处略同。吉林将军驻吉林城，副都统五人，一驻吉林，一驻宁古塔，一驻伯都讷，一驻三姓，一驻阿勒楚喀。黑龙江将军驻齐齐哈尔城，副都统三人，一驻齐齐哈尔，一驻墨尔根，一驻黑龙江。各处驻防官有城守尉、协领、参领、佐领、防御、骁骑校等。吉林又有理事同知一人，狱官一人，掌旗民狱讼之事。将军衙门各有主事以掌案牍。黑龙江将军衙门则另有理刑主事、银库主事。

盛京五部侍郎　满洲入关以后，其原设于盛京之六部均移至北京，仅以内大臣司留守之任。其后逐渐恢复各部，唯吏部不设。原设尚书后亦裁省，只设侍郎一人，而编制亦稍不同。户部设三司，曰经会司、粮储司、农田司，一库曰银库。各有郎中、员外郎、主事等官。礼部设左右二司。有赞礼郎、读祝官等。附设牧务总管一人。兵部设左右司，附设驿站监督。刑部设肃纪司，分左右前后为四。工部设左右二司及银库。凡盛京各部官皆以在京旗员与本地旗员参用。

时宪科五官正　清制，钦天监所属：时宪科五官正，满洲二人，蒙古二人。春、夏、中、秋、冬五官正汉人各一人，秋官正汉军一人，（均从六品）五官司书汉人一人，（正九品）博士满洲一人，汉军二人，蒙古二人，汉人十六人（从九品）掌推天行之度，验岁差以均节气。凡时宪书（俗称黄历）之以满、蒙文译布者，满洲、蒙古五官正司之。推算日月交食，七政相距等事，汉人五官正司之。推验日月五星相距等事，汉军秋官正司之。校刊时宪书以颁四方，五官司书司之。博士则每年以汉人二人直谯楼视更鼓之节，余各从其所长以掌其事。旧时历书皆由钦天监编制印发各省。监官均列名。历书之名历代各异，清代则名时宪书。

使匈奴中郎将　东汉时专置驻匈奴南单于辖境之高级专员，秩比二千石，下设从事及安集掾。

世子　清沿明制，亲王之嫡长子得封世子，其体制待遇在亲王之下，郡王之上。

市舶使　唐代始于广州置市舶使，宋制，提举市舶司掌海舶征榷贸易之事。

市令　汉制，长安洛阳有市令及丞，属京兆、河南尹，其职掌以市场管理为主。

侍读侍讲学士　唐中叶以后，有翰林侍读学士，以备皇帝顾问古书中之疑义。虽冠以翰林之名，亦称学士，但不及翰林学士之重要。宋始以朝官兼充翰林侍读学士、侍讲学士，有为皇帝进讲之责。其稍卑者称侍读、侍讲。更卑者为说书。唯说书不冠翰林院衔，只称崇政殿说书。皆非正官。金、元以后始作为翰林院之正官。清制更较明制为提高，在翰林院之额定实官中侍读学士、侍讲学士为最高一级，自明代之从五品升至从四品。员额满洲汉人各三人。学士迁官多为詹事府詹事，再迁即为内阁学士兼礼部侍郎衔，由此而侍郎、尚书，几于操券可得。若外放则为布政、按察两使。

侍卫 清代侍卫等级甚多，御前侍卫最高，乾清门侍卫次之，俱无定员。一等侍卫三旗（镶黄、正黄、正白）六十人，宗室九人，正三品。二等侍卫三旗一百五十人，宗室十八人，正四品，三等侍卫三旗二百七十人，宗室六十三人，正五品，蓝翎侍卫三旗九十人，正六品。汉人侍卫无定员，亦分一、二、三等及蓝翎侍卫，品秩均同。多由武进士之一、二、三甲中选授。

侍卫亲军马步军各都指挥使 五代时帝王多由藩镇出身，习见藩镇制度，以衙兵为其所恃之基本武力。故唐明宗遂创侍卫亲军之名，而以其亲信为侍卫亲军都指挥使。又分设马军、步军都指挥使。至殿前司之置，在周世宗时，侍卫司与殿前司实皆掌禁兵之机构。而殿前司都指挥使之外，侍卫司又有马军步军两都指挥使。宋时习惯遂以殿前司与侍卫马军司、侍卫步军司为三衙。宋时兵力皆集中于京城，而三衙遂为实际统兵之总机构。又侍卫马步军二都指挥使在宋时称马帅步帅。

侍医 侍医即古代御医之通称。荆轲刺秦王时，侍医夏无且适携药囊在殿上。刘向校七略时，医书部分属侍医李柱国，知即后世之御医。

侍仪奉御 《元史·百官志》云："至元六年，始置起居注左右补阙，掌随朝省台院诸司，凡奏闻之事悉纪录之。十五年，左右补阙改为左右侍仪奉御兼修起居注。”

侍仪司 元制，无鸿胪寺而置侍仪司掌朝会典礼。其中官名前后多有改置。最后定制：侍仪使四员，正三品，引进使知侍仪事二员，正四品，属官则承奉班都知一员，正七品，通事舍人十六员，从七品，侍仪舍人十四员，从九品。

侍御史 侍御史之名始见于《汉书·百官公卿表》，然一般只称为御史。《魏书·百官志》始以侍御史、殿中侍御史分别言之，唐制，侍御史所居之台院为御史台三院之首，侍御史官阶为从六品，亦较殿中侍御史、监察御史为高。《通典》云：“侍御史之职有四，谓推、弹、公廨、杂事。”推是审讯案件，弹是纠劾百官，公廨是关于衙署的事，杂事是御史台内部的事。至宋则侍御史更提高为御史中丞之副。唐制有侍御史里行、侍御史内供奉之名，三院皆同。是在御史定额以外添派的意思。侍御史与其他二院御史皆通称侍御。

唐自中叶以后，节度观察使之幕僚如支使、参谋、掌书记之类多带侍御史等衔，称为宪衔，不为正官。如由幕职入朝，转为朝官，始正授。不独侍御史，他官亦如此。但使下幕职甚多，入朝授正官者实居极少数。

侍中 侍中本是汉代宫内的近侍官，在皇帝左右伺应杂事。但由于接近皇帝，无形中变为亲信贵重的职位。往往由此特被任使，与闻朝政。其中也有文学之士，也有武将，也有皇室亲戚，总之都必是皇帝所倚任的人。侍中并不是正式职官，也无定额，只是在其本身官职以外所加的称号。汉代名为加官。其他如左右曹、诸吏、散骑、中常侍等都是加官。总起来都是所谓中朝官，或内朝臣。与丞相以下的正规官职是两个不同的系统。由于侍中为皇帝亲信，南北朝以后，实际担任宰相的往往即用侍中的名义。隋立三省制度，即以侍中为门下省长官。因避讳改称纳言，后又改侍内。其副职则为黄门侍郎。此制沿至宋代，形式上一直未变。

三省之中，门下省本是承上启下的机构，中书决策后，由门下发出，付尚书执行。但是唐代门下省的长官侍中，实际上也只在大典担任赞导礼仪，本身并不参与政务。门下省的实际职务皆由门下侍郎执行。凡身任要职的大臣，若兼任侍中，则只是一种荣典而已。元以后不置门下省，则并名称亦不存在。

守备　守备之名起于明代，清制为正五品武官。

守道　清沿明制，凡布政使司参政、参议所任之道员称为守道。初制参政道从三品，参议道从四品。乾隆十八年省去兼衔，俱改为正四品。

道之名，或以区域，或以职掌，或兼以区域及职掌，举例而言，如山东之济东泰武临道，指其所辖区域为济南、东昌、泰安、武定四府及临清一直隶州，如四川盐茶道，指其所掌为全省之盐务及茶之贸易，如湖南之长宝盐法道，指既掌盐务，又辖长沙宝庆二府。凡以区域为名之道，有时不能仅举府州之名，则概括言之，如广西之左江右江道，云南之迤东迤西道是。凡以职掌名者，多称督粮道及盐法道。而明代则尚有协堂道、水利道、管河道、抚治道、监军道、招练道，名目繁多，分属布按两司。清代多废去。并守道巡道之分别，亦不过仅存形式。明代中期又有兵备道之名，以文官协理总兵之军务，其后直至清代，凡重要区域多加此名，例如陕西有延榆绥兵备道，江苏有苏松太兵备道等。

凡道员本由布按两司之同僚分任，故品级虽稍卑而实为平行。然清代州县官遇有申详上司之文件，除本管之府厅州外，又必由本道而后司，由司而督抚。

事实上既以道为司以下府以上之一级，于是道员二字成为非正式官称。而公文上即径以区域之名为官名，如山东济东泰武临道之类，习惯遂变为定制。清代末期，捐例大开，报捐外官以道员为最高一级。热衷仕宦的人遂争以报捐道员为取得外省差委地步。此种道员分发到省，即通称候补道。但实缺道员多由内简，非特别工于营谋，取得特保记名，亦无补缺之望。

清末外省所设局所日多，则人皆争谋差而不谋缺，但以候补为名而已。

道员缺除由知府升补者外，亦有由京察一等之郎中、御史、编修而得者。实缺道员多升盐运使或径升按察使，亦间有内用者。道员虽在司以下府以上，但亦常联称司道，或联称道府。

受给库 元制，工部所属有受给库，掌京城内外营造木石等事，设提领、大使、副使。

戍主 南北朝至隋、唐，镇守一军事据点者称戍主。唐制，上戍主一人，正八品下，戍副一人，从八品下，佐一人，史一人。中下戍主类推。

庶常馆教习 翰林院庶吉士简称庶常，进士改庶吉士未授职以前，特派大臣督其课业，名为庶常馆教习，详见翰林院庶吉士条。

庶子 《周礼》夏官有诸子，《仪礼·燕礼》有庶子，诸子、庶子都是众子之意。众子是服属于太子的，因此秦汉以后都以庶子为太子宫官之一。其性质与皇帝宫中的侍中相近。《隋书·百官志》云，太子官属有门下、典书二坊，各有庶子，门下坊称左庶子，典书坊称右庶子。至唐则称左春坊左庶子，右春坊右庶子。左春坊比朝廷的门下省，右春坊比朝廷的中书省。春坊即取春宫之意。以后相沿，直至明、清，无此官署而有此官名。并隶于詹事府，左右庶子均满洲、汉人各一人，正五品。在清代，庶子虽无职事，且在詹事之下，但因隋、唐旧制左右春坊各有所属之局署，庶子为坊局之长，习惯相沿，遂为京堂之一，得专折谢恩。体制与詹事、少詹事相亚。唐高宗时改称左右庶子为左右中护，旋复旧。

水部郎中 唐制，工部第四司水部郎中、员外郎掌津济、船舻、渠梁、堤堰、沟洫、渔捕、运漕、碾硙之事。然《唐六典》又称都水监掌川泽津梁之政令，凡渔捕之禁、衡虞之守，皆由其属而总制之，则与水部职掌甚难区别，且与虞部亦似重复，盖当时于水利、林政既不重视，而漕运又别有临时专设之官司，遂颟顸成习而无人纠正。

水衡都尉 汉武帝始置，本以掌上林苑为主。水衡二字有两说，一说古山林之官曰衡，掌诸池苑，故称水衡。一说主都水及上林苑，故曰水衡。据《汉书·百官公卿表》，属官有上林、均输、御羞、禁圃、辑濯、钟官、技巧、六厩、辩铜九官令、丞，又衡官、水司空、都水、农仓，又甘泉上林都水七官长丞。今细核表所列诸官，多有参错不易辨析者，盖因西汉之上林苑占地甚广，且苑囿不止一处，故置官甚多，虽不属于皇室私用者亦即掌于水衡一官。例如均输主调运物资，辑濯主造船，钟官主造币，辩铜主鉴别铜质，水司空主治水，皆是。魏、晋间虽设置，然其职务与汉世不同。唯明代之上林苑，清代之奉宸苑，性质有相似处，然范围远不如汉代水衡都尉之广。

税课司大使 清沿明制，设于各府，以征收屠宰验契，牙侩等杂税，为从九品官。

顺天府府尹 明初改元大都为北平布政使司，永乐迁都，改为顺天府，以主官为府尹，体制与南京之应天府尹同。清代因之。置府尹一人，正三品，府丞一人，正四品，治中一人，正五品，通判一人，正六品。皆汉人。所属本只有附郭之大兴、宛平等县。自康熙十五年以后，始以昌平、良乡等州县改隶顺天府，分设东西南北四路同知以领之，而又兼统于直隶总督。与古代之京兆尹制度略同。

清以奉天府为留都，故奉天府长官亦称尹。但顺天府府尹地位颇为崇重，往往迁为巡抚、布政使。顺天府府丞亦与京堂同待遇。又清制在府尹之上仍特派部院大臣兼管顺天府事务，称为兼尹。又明代之顺天府所属大兴宛平两县，除管民事以外，主要职责皆在承应宫廷需索，任此官者无不以为苦。清代之顺天府辖州县较多，而府尹府丞皆为汉人，与宫廷无多关涉，除皇帝出行办差外，其他负担较轻。

顺天府经历　清沿明制，顺天府置经历司经历、照磨所照磨、司狱司司狱各一人，皆汉缺。经历掌出纳文书，照磨掌乡试缮册弥封之事，司狱掌刑部所送军流徒罪人之收系发遣。

顺天府通判　明制顺天府通判不止一人，清定设一人，正六品，汉缺，专掌京城各市牙侩名册而征其税。

司封郎中　唐制司封郎中一人，掌封爵。宋则掌官封、叙赠、承袭之事。司封为吏部的第四司。

司金中郎将　司金中郎将与司金都尉均见于三国，都是掌冶金事务之官。

司隶　《周礼》秋官之属有司隶，掌捕盗。其下禁暴氏、野庐氏、司寤氏、修闾氏，或掌巡缉，或掌道路，或掌宵禁，或掌交通规则，皆与治安有关。汉代之司隶校尉一官盖由此得名。

司隶校尉　汉武帝时始置，本为纠察缉捕特别重大案件而设，后乃察举京城官民及附近各郡一切犯法者，其职权颇为庞大。自东汉始，渐变为郡以上之督察官，统河南、河内、右扶风、左冯翊、京兆、河东、弘农七郡。魏、晋且以司隶校尉所统为一州，称司州，后称司州牧。隋、唐都长安，始不置司隶校尉及司州。汉代司隶校尉威权特重，专道而行，专席而坐，除三公以外，皆得纠弹，与尚书令、御史中丞号三独坐。

司律中郎将　晋代有司律中郎将，相当于汉之协律都尉，亦是临时所设掌乐律的官，非常设。

司门郎中　唐制司门郎中、员外郎掌门关出入之籍及阑遗之物（犯禁没收及无主之物）。司门为刑部的第四司。

司务　明、清之制，各部置司务厅司务，为正八品官，掌衙署内部杂务。凡专掌衙署内部事务者均称首领官，司务为各部之首领官。

司勋郎中　唐制有勋官，为计算文武官员资历之根据，故以此为司勋郎中专责。宋代已不甚重，至明、清之稽勋司与此更全不同。司勋为吏部的第三司。

司盐都尉　先是汉代郡国产盐处设盐官，魏、晋时以司盐都尉总领关于盐之政令。

司业　自唐始以司业为国子监祭酒之副，后世因之。其名取于《礼记》文王世子篇“乐正司业”一语。清制司业为正六品官，额设满洲、蒙古、汉人各一人，体制与翰林院詹事府官略同，一般均以翰林出身者为之。

司仪　《周礼》秋官之属有司仪，掌摈相之礼。唐之鸿胪寺所属司仪署名同而实异，唯门下省所属之典仪乃真为掌赞导仪节者。元代置侍仪司，径以代鸿胪寺，其官有侍仪使、侍仪舍人等。明、清之鸿胪寺序班亦由此而来。

四方馆 隋始置四方馆，以为四方各国使节之招待所，唐、宋沿置。元设会同馆，明、清因之，四方馆即废。唯金代之四方馆使属兵部，掌提控诸路驿舍驿马。其下有承发司管勾，掌受发省部及外路文字。性质不同。

四氏学教授 清沿明制，设四氏学教授及学录，为正七八品官，以教孔、孟、颜、曾四氏子弟。从孔子后裔中选用。

四园苑提举官 《通考》云："宋园苑提举官以三司判官、内侍都知、诸司使以上充。监官各二人，以诸司副或内侍、三班使臣充。"四园苑者，即玉津、瑞圣、宜春、琼林。此外又有西京宫苑司勾当官、后苑勾当官。

騪粟都尉 汉武帝时军官之一，为军事时期的财务官，但不常置。騪即搜索之意。

肃政廉访使 元初立提刑按察司，至元六年兼劝农事，二十八年改为肃政廉访司，后遂定为二十二道，每道廉访使副使各二员。据《元史·百官志》载其分布区域云：内道八，隶御史台：山东东西道，济南路置司；河东山西道，冀宁路置司；燕南河北道，真定路置司；江北河南路，汴梁路置司；山南江北道，中兴路置司；淮西江北道，庐州路置司；江北淮东道，扬州路置司；山北辽东道，大宁路置司。江南十道隶江南行台：江东建康道，宁国路置司；江西湖东道，龙兴路置司；

江南浙西道，杭州路置司；浙东海右道，婺州路置司；江南湖北道，武昌路置司；岭北湖南道，天临路置司；岭南广西道，静江府置司；海北广东道，广州路置司；海北海南道，雷州路置司；福建闽海道，福州路置司。陕西四道，隶陕西行台：陕西汉中道，凤翔府置司；河西陇北道，甘州路置司；西蜀四川道，成都路置司；云南诸路道，中庆路置司。王圻《续通考》云："廉访之职与台察相表里，按治帅府漕司军民司属，照刷诸司文卷，责违慢官吏。"则元之肃政廉访使与明之巡按御史意义尤相近，而与明之按察使实居行政长官者反略有不同。然清代之按察使公服用獬豸补，示不属行政系统而属监察系统，亦犹是元之遗意。唯明代于按察使之外又加巡按，不免叠床架屋。

随朝伴官　清沿明制，于衍圣公府中设随朝伴官一人，以陪同衍圣公入朝，为之料理一切。为正七品官。

T

踏白将　五代时有踏白之名，为兵种之一，统率踏白兵者为踏白将，其副职为踏白副。

太保　历代相沿，太保居太傅之下，与太师、太傅合称三师。余详太师条。太傅、太保在西晋初期犹为实官，共当宰相之任，此后多作为荣衔而已。

太仓令 汉制，大司农所属有太仓令及丞，隋、唐为太仓署，置令、丞、监事、典事等。太仓为中央控制的粮食总仓库。

太仓使 金代主管中央谷仓的官，属太府监。

太仓银库 据《明史·食货志》，正统七年，设户部太仓库，各直省派剩麦米，十库中绵丝、绢布及马草、盐课、关税凡折银者皆入太仓库，籍没家财、变卖田产、追收店钱、援例上纳者，亦皆入焉。专以贮银，故又谓之银库。初太仓中库积银八百余万两，续收者贮之两庑，以便支发，而中库不动，遂以中库为老库，两庑为外库。太仓库员外郎、主事领之，而以给事中巡视。

太常博士 两汉太常所属之五经博士为学术官，与后世之太常博士不同。魏、晋以后置太常博士，始为专掌议礼之官。唐制太常寺置博士四人，必以有学识之人为之，主要职务为讨论谥法。有应予谥者由博士献议，若发生异议，则博士亦得表示同意与否，故唐人为太常博士者，常有谥议传于后。明、清予谥之事掌于内阁，太常不与闻。若其他大典礼之兴革修订，皆由廷臣集议，礼部亦不能专断，更无论太常。故清代之太常寺博士仅设三缺，一满洲、一汉军、一汉人，虽为正七品官，比唐制尚高一级，而仅掌缮写文牍。与唐代之太常博士位望相去远甚。古代之太常博士尚有于行礼时引导皇帝之职务，至清代，则因博士地位太低，特派赞引对引官充任。

太常丞 汉制各主官之下皆有丞，既为主官之佐贰，亦为内部事务官性质。北朝末期立太常寺，置卿及少卿，仍置寺丞，与少卿遂无甚分别。直至清初，太常寺丞犹为寺之正官，乾隆以后方改为属官。寺丞满洲一人，汉人二人，正六品。各寺丞略同。

太常寺 古代太常为官名亦即其机构之名。北齐始称寺，隋、唐以后，因而相承，为卿寺之一。掌宗庙祭祀之事。唐制太常寺所属甚繁，有郊社、太乐、鼓吹、太医、太卜、廪牺六署，各祠庙亦置令。寺中设官有丞二人，博士四人，太祝六人，奉礼郎协律郎各二人，皆为士人所授之官，至明、清乃不为清要，亦无出路。宋代颇重视太常寺官，太常卿列于六尚书之下，资望与吏部尚书同，其他各卿不得相并。然实际职务乃在太常礼院，本寺只存空名。元则并为一署，名太常礼仪院。明始正太常寺之名。清制初以其职属礼部，后乃归本寺，然仍以满洲礼部尚书兼管寺事。太常寺卿阶为正三品，故在卿寺中地位仅次于大理寺。

太常寺卿 在秦为奉常，汉以后为太常，梁始置太常卿，北齐置寺，以卿及少卿为主官。隋、唐以后皆因之，清制沿而不改。卿为正三品，少卿为正四品。在各卿寺中居前列。

太常寺司库　清制太常寺设司库、库使各一人，均满洲缺，掌祭器仪服及祭祀所用之金钱出纳。在宋代有提点管干郊庙祭器所，提点朝服法物库所等官。

太府监　金不置太府卿，但称太府监，元代于太府监仍置大卿、大监、少监。

太府寺　南朝梁始置，与少府寺相对，均为供应皇室用度之官，而以太府专管库储出纳，少府专管工程制造。但北魏时已有太府卿之名，是否彼此互相沿袭，史所未详。至唐代则太府寺不再以皇室私用为职掌，而变为国家金谷之保管出纳机构。据《新唐书·百官志》："太府寺卿一人，从三品，少卿二人，从四品，掌财货、廪藏、贸易，总京都四市、左右藏、常平七署。凡四方贡赋百官俸秩，谨其出纳。"其所属：一为两京诸市署，令一人，掌财货交易，度量器物辨其真伪轻重。一为左藏署，令三人，掌钱帛杂彩，天下赋调，卿及御史监阅。一为右藏署，令二人，掌金玉珠宝铜铁骨角齿毛彩画。一为常平署，令一人，掌平籴仓储出纳。

宋制又稍不同，太府之职，半属国家行政，又半属宫廷事务。《文献通考》云：太府寺"卿掌财货出纳贸易之事。凡贡赋之输于京师者，至则别而受之。供君之用及待边费，则归于内藏，供国之用及待经费，则归于左藏。”（边费是特别储蓄，经费是经常开支。）所隶官司二十有五，如左藏东西库、南北两库、内藏库等。金、元犹设太府监，明始废。至清代，古少府之职遂半并入户部，而宋代少府所属之重要机构如粮料院者竟不再设置，仅于行军时临时设粮台。

在唐代，以户部司财务之政令，而太府司其储藏出纳，有彼此互相制约之作用，立制之初意如此，而后世皆未能实行。唐高宗时曾改太府寺为外府寺，可见当时犹认为是行政机构，非皇室私有。武则天时又曾改为司府寺。

又《唐六典》云：太府寺管木契七十只，十只与左藏东库合，十只与左藏西库合，十只与右藏内库合，十只与右藏外库合，又十只与东都左藏库合，十只与东都右藏库合，各九雄一雌，九雄太府寺主簿掌，一雌库官掌。又五只与左藏朝堂库合，五只与东都左藏朝堂库合，各四雄一雌，其契以次行用。可知库官是凭寺官的契而发给物资的。

至于太府寺与户部度支的关系如下，太府的出纳，是根据度支所行文书的，度支又凭太府的申报，以核其开支实数，互相制约。另外还有特派御史监临，以防有弊。又唐代太府寺虽以太府卿少卿为主官，事实上往往仍特派大臣行其职权，称为太府出纳使。并委判官担任事务，而太府寺的本官又等于虚名，唐代中期以后，不循定制，而临时差委之人反有实权，如此例者甚多。

太傅 历代相沿，太傅居太师之下，太保之上，合称三师。详见太师条。唯东汉以太傅为重臣之首，亦相当于宰相之任，与太尉、司徒、司空、大将军合称五府，不数大将军则称四府。然多以年高有德者为之，不甚有实权。故蜀汉建国之初以许靖为太傅，而实权属于丞相诸葛亮。

太乐令 汉代奉常（太常）所属有太乐令及丞，东汉改太乐为太予乐，亦置太予乐令及丞，掌祭祀及享宴之乐舞。魏复旧。

太庙令 魏、晋以后有太庙令及丞，唐以太庙之事归宗正卿，故不设太庙署，其实郊社署之职亦兼太庙在内。金、元仍有太庙令，明、清不设。

太仆寺 《周礼》夏官之属有太仆，主要职掌为传王命、侍从出入，而秦汉以后之太仆则专掌舆马，稍有不同。据《汉书·百官公卿表》，太仆有两丞，属官有大厩、未央、家马三令，各五丞一尉。又车府、路軨、骑马、骏马四令、丞，又龙马、闲驹、橐泉、騊駼、承华五监长丞。此后历代设置略同。唐太仆寺掌厩牧舆辇之政。总乘黄、典厩、典牧、车府四署，而各州之监牧在外，有群牧使以领之。其事掌于太仆寺，其政令则掌于尚书驾部。宋代太仆寺之本职又移于群牧司，则以牧政为重。元代于太仆寺外又置尚乘寺，则分马与马具为二。明代亦名目繁多，有行太仆寺，苑马寺，分管各地之牧政。至皇室所用之马，则属于御马监，以内官主之，非太仆寺及兵部所得问。清制以皇室用马别有内务府之上驷院，故明文规定太仆寺专掌两翼牧马场之政令，遇皇帝出行，则以卿、少卿一人随行，司幔城、网城、驮载橐驼。每岁夏季，以卿、少卿一人赴牧场稽数注册。其寺内组织又与他寺不同，设左右二司，左司掌驼只，右司掌察验印烙。左司员外郎、主事，满洲、蒙古各一人，右司员外郎同。主簿、笔帖式亦均不用汉人。唐高宗及武则天时曾改太仆寺为司驭寺及司仆寺，旋复旧。

太仆寺卿　唐制太仆寺卿一人从三品，少卿二人，从四品。清制卿及少卿皆满汉各一人，卿亦从三品，少卿正四品。据《书·冏命》序，周穆王命伯冏为太仆正，作《冏命》，故后世多称太仆寺卿为冏卿。

太社令　南朝太常所属有明堂、太社令及丞，隋以后归入郊社署。为主管祭社之官。

太师　古代所谓三公，有谓为司徒、司马、司空者，亦有谓为太师、太傅、太保者。后世往往兼用二说，而稍加分别，如唐代则以太尉、司徒、司空为三公，而太师、太傅、太保为三师。若少师、少傅、少保，则或称三孤，或称三少。皆仅为优待大臣之荣衔，并无职事。

历代均以太师为最高荣典，唐代本无实任太师者，而末期之藩镇纷纷加官，加至无可再加，则皆称太师。辽人见唐、宋之以太师为贵，遂亦以太师为高官之泛称。宋代三师为宰相、亲王之加官，后以皇子而为师傅，名义不顺，始仅以加给最尊贵之大臣，如赵普、文彦博等少数人。明、清皆相沿，臣子多不敢居太师之位，即身后赠太师者亦极少。三师皆正一品官。

又师、傅、保本古代天子或太子左右最亲近之人，负有辅导之责，据《大戴礼记》说，师是传授知识的，傅是监督其行动的，保是照管其身体的，亦即分别负责君主智育、德育、体育之人。

太史　《周礼》春官之属有太史，为掌天象历法之官。而汉初之太史令一官仍兼有修史之责。至东汉则据《续汉书·百官志》云："太史令一人，六百石。掌天时星历，凡岁将终，奏新年历。凡国祭祀丧娶之事，掌奏良日及时节禁忌，凡国有瑞应灾异，掌记之。丞一人，明堂及灵台丞一人，二百石。二丞掌守明堂、灵台，灵台掌候日月星气，皆属太史。"则已完全与明、清之钦天监职掌相同。《史通》云："自古太史之职虽以著述为宗，而兼掌历象、日月、阴阳、度数。司马迁既殁，后之续史记者褚先生、刘向、冯商、扬雄之徒并以别职来知史务。于是太史之署非复记言之司，故张衡、单扬、王立、高堂隆等，其当官见称唯知占候而已。”太史之名实不相符，其来已久。此后历代皆以称天文历法之官署，或称太史署，或称太史局，或称太史监。至元代犹有太史院之称。修史之职，后世皆先归著作局，继归史馆。宋之史馆始置编修、检讨官，而明、清之翰林院亦置编修、检讨，于是影响附会，亦称翰林官为太史。

太尉　秦以太尉为全国最高军事长官，与掌政务的丞相，掌监察的御史大夫共同负责国务。汉初尚沿此制，后改称大司马，东汉时仍称太尉。

太医令　汉代太常所属有太医令、丞。但汉代医术已渐进步，成为独立学科，此不过沿古代习惯而不改。少府所属亦有太医令及丞，则与太官、汤官等同为伺应宫廷饮食起居而设，职务之意义同，而隶属不一，即缘于此。《续汉书·百官志》谓太医令一人掌诸医，药丞、方丞各一人，属少府。方丞主治疗，而药丞则主药剂。隋、唐之制太医署所属有主药及药园师，则不但掌制剂，且掌药物之培养，较之明、清宫中之御药房专掌收贮及配制药品者尤为周备。

南北朝之太医令亦有隶太常与隶门下省之别。隋沿北朝之制，门下省统尚药局，太常统太医署。皆有医师。炀帝以后，别设殿内省（唐之殿中省），尚药局乃为宫廷之医疗机关，而太常所属之太医署则略似医学、医务之传习及监督机关。故《旧唐书·职官志》云："其属有四，曰医师、针师、按摩师、咒禁师（即祝由科），皆有博士以教之。其考试登用如国子之法。"

宋代关于医务机构最多，太常寺之太医局以外有翰林医官院及御药院（其实际职务不纯关医药），而徽宗时尤注重民间之医务，设惠民局，广传医方及施诊。医官亦比照文武官特加阶官之号。

太医院 自汉以来，太医皆为太常属官，唐、宋设太医署及局，仍属太常。金始称太医院，然亦为宣徽院所属，至元始为独立机构，明、清因之。明制，设院使、院判及御医。所属则有生药库及惠民药局，各设使及副使。清制，院使一人，左右院判各一人，御医十五人，吏目三十人，医士四十人，医员三十人。皆汉缺，无满、蒙人。此外又有治药院使及教习厅教习。

据《清会典》所载太医院之职掌云：掌九科之法以治疾，曰大方脉、小方脉、伤寒科、妇人科、疮疡科、针灸科、眼科、口齿科、正骨科。自院使以至医士皆以所业专科分班侍值。给事宫中者曰宫值，给事外廷者曰六值。明代于上列九科之外又有伤寒、咽喉、金镞、按摩、祝由五科，较清制为完备。

又宋代有御药院一职，《续资治通鉴长编》云，至道三年始置，以入内供奉官三人掌之，或参用士人，掌按验秘方，和剂药品以供奉禁中之用。然事实上御药院之内官仍以传诏及应奉礼仪为职，与设官之原意不同。

太医院院使　清沿明制，太医院院使及院判分别为正五正六品。初沿古制名令及丞，后改今名。凡太医院官皆纯为汉官，不用满蒙人，大概由于满蒙无此人才之故。又供奉内廷虽为太医院官之专职，然有时亦召院外之医士、医官治疗，但必由院参酌。皇帝因病不起，太医院官均照例引咎，再降谕给以革职效力之处分，经过一段时期，仍予开复。

太宰　古官名，即百官之长。至宋徽宗时改尚书左仆射为太宰，右仆射为少宰，旋复旧。一般通称吏部尚书为太宰。

太中大夫　汉代太中大夫为掌论议之官，唐、宋用作从四品上之文阶官，元升为从三品，明为从三品加授之阶。

太子少保　凡师、傅、保之官，历代多仅为加官及赠官，太子少保为最低一级。明、清列正二品。但清制对加衔较为重视，虽一品之大臣，初次加衔亦止加太子少保，以后逐次递升。凡有太子少保衔者，人多尊称为宫保。

太子少傅　太子少傅在太子少师之下，太子少保之上，余见太子太师条。

太子少师　历代以太子少师、太子少傅、太子少保为东宫三少，多仅为虚衔，作为大臣之荣典。

太子太保　隋、唐以后之太子太保居东宫三师之末，皆仅有其名，不任职事。清制，庆典加恩大臣，往往自太子少保晋给太子太保。

太子太傅　汉代以太子太傅、少傅当辅导太子之任，其下仍有官属。隋、唐以后，则太子之师傅皆以他官任之，如皇太子侍读等，而所谓东宫三师三少皆与太子毫无关涉，仅为闲官。

太子太师　太子太师、太子太傅、太子太保、太子少师、太子少傅、太子少保，隋、唐以后多仅为加官赠官，统称东宫三师三少，或称东宫六傅。清制太子太师至太保均列从一品，大臣多以庆典得之。清自中叶后已以不立太子为其家法，而太子太师以下各官，仍视为荣典，保留其名不废。

堂郎中　清制，内务府于堂主事外兼设堂郎中，掌府属文职升补（武职则隶都虞司）及章奏文移，即内务府之总务部门。

特进 两汉魏晋皆以特进为加官之号，意谓体制待遇之特别隆重，本身必另有职务。唐代沿用为正二品阶官，元、明因之，升为正一品，唯明代则以特进二字加于光禄大夫，荣禄大夫之上。

特进光禄大夫 明代文阶官之制，正一品自特进荣禄大夫升授特进光禄大夫。清代废。

特进荣禄大夫 明代文阶官之制，正一品初授特进荣禄大夫。

提点刑狱 《通考》略云：宋太宗淳化二年，以司门员外郎董循等十一人分充诸路转运司提点刑狱。后省。真宗时复置诸路提点刑狱公事，以朝臣充，副以武臣，后又改提点刑狱劝农使，其后废而复置，参用武臣之制亦时有时无。至南宋孝宗时始不除武臣。所属有干办公事一员，检法官一员。

提督 明代京营设有提督，文臣武臣与宦官并用。南京设提督操江一职，多以勋戚领之。文臣之巡抚地方者亦或兼提督军务之名，总兵之衔称上亦有加提督字样者，皆非固定官职之称。至万历间李如松为提督陕西军务总兵官，尽统辽东、宣府、大同诸道援军，事权渐重，此后方以提督为总兵以上之武官名。

清代提督为汉人武职中之最高一级，原则上每省一人，唯山东、山西、河南、江西不专设，而以巡抚兼任。巡抚兼提督者，即兼武职封典。依武职体制，冠上加孔雀翎。

提督之职务为统辖绿营本标之官兵及分防之营汛，（驻兵地点大者为营，小者为汛。）节制各镇总兵而听总督指挥。初制，提督犹沿明制分别带左右都督、都督同知、都督佥事及署都督事衔，以示其由中央派出，正如督抚之带尚书侍郎衔，乾隆中省去，提督遂固定为从一品阶。

明代犹承宋代余习，重文轻武，武臣官阶虽贵，若遇文臣为统帅，必须执属员之礼，正如唐代裴度以宰相统兵，节度使李愬戎服带刀谒于道旁。明代武官总兵以下见督抚亦须甲胄堂参。清代并提督亦须受总督节制，总兵以下均须披执。（披是披甲，执是执兵器，正式谒见如此，平常则公服带刀。）及至末期，总兵加提督衔者欲为督抚之差官且不可得，上书时自称沐恩。（此称为文官所无，文官最低之自称为卑职。）官阶与体制相去之悬远如此。

提督九门巡捕五营步军统领　清代特置之官。在清初，九门有步军巡捕三营，领于兵部职方司，以汉人主事一员司其政令。康熙十三年始改设提督九门步军统领一员，特派大臣综理其事。九门者京城前三门东西北各二门也。后以巡捕三营扩为五营，故全称为提督九门巡捕五营步军统领，专以满洲亲信大臣兼任。掌统率巡缉清查京城地面。简称步军统领，俗称九门提督。为京城最高治安机构。

步军统领衙门内部设员外郎、主事、司务、笔帖式等，略同内务府之制而稍简省。其统兵之官则左右翼步军翼尉每翼各一人，八旗步军协尉步军副尉每旗各三人，捕盗步军校每旗满洲三人，蒙古、汉军各一人，步军校每旗满洲二十一人，蒙古、汉军各八人，委署步军校每旗满洲五人，蒙古、汉军各二人。

后改设左右翼总兵各一人，按京城地面分左右翼以治其事。清制，文武大臣在京城内只能随带家丁数名，唯步军统领出外得有武装卫从，声势煊赫，为满人最荣贵之官职。步军统领衙门略存明代锦衣卫镇抚司之余习，其所属番役往往藉缉捕侦查为名，滥用威刑，为害不细。

提督学政 古代无专司教育文化之高级地方行政官，宋代始置提举学事司，然仅管学校，而不管考试。明代始分别差御史为两京之提学御史，以按察使、副使、佥事为各省之提督学道。

清代初亦沿明制，后乃一律定为提督学政，简称学政。顺天（包括直隶）及各省各一人，奉天则以奉天府丞兼，台湾则以台湾道兼。其所掌为学校生徒考课黜陟之事。每三年一任，三年之中两次巡历所属之府及直隶州，名为案临或出棚，集府、州、县所取之童生，覆加考试，合格者即列为府、州、县学之生员，（俗称秀才）是为士人进身之始。岁试与科试是为三年中之两次考试，科试于准备乡试之年份（即子、午、卯、酉年）行之。已入学之生员，必须参加岁试，课业荒疏，仍得黜退。凡参加乡试之士子，必须由学政保送。除负责监察学校师生之学业行动外，兼管所辖地方一切有关教化文物学术之事，小事札饬州县，大事与督抚会衔办理。

明代之提学御史、提督学道一般是从进士出身人员中选用。至清代特加重视，以翰林出身人员为主，京官中之进士出身者偶亦被简。（旧制简用时仍加翰林院编修、检讨衔。）中期以后，每逢乡试之年份八月间发表新任之学政名单，其谕旨中只称某省学政著某人去。大抵重要省份如江苏、江西、广东多以资望官秩较高之人充任，小省则编修、检讨等。在每届发表学政及乡试主考时，先期举行非正式之考试一次，名为考差。自侍郎以下进士出身之人自愿预考者均可参加，以考试成绩作为遴选参考。

学政之本官自侍郎或左副都御史至编修、检讨不等，皆作钦差官待遇，与督抚平行，知府以下皆执属员礼。学政虽不能干预行政，但得根据巡视访查所得，对督抚以下密折纠劾。而督抚亦必于一定期间将学政之声名优劣密折陈报。学政除应领养廉外，得在所巡历之地区收受府县官所送之棚规（棚是考试地点），以补助办公费用。但如过分需索地方官之供应，地方官得拒绝出具并无骚扰情事之甘结，学政必至获罪。学政除由督抚委派巡捕担任衙署事务外，别无直接僚属，故不得不借幕友之襄助，而幕友之薪给须由学政自理。学政皆驻各省省会，唯江苏驻江阴县，陕西驻三原县，安徽驻太平府，广东从前驻肇庆府，后亦仍移驻广州。

提举仓场司使 金代太府监所属有此官，仓贮谷物，场贮草料。官秩在太仓使以上。

提举茶盐司 《通考》云："宋政和改元，诏江淮荆浙六路共置茶盐提举一员，宣和三年，诏河北京东路推行新法钞盐，可添置提举官一员，此提举茶盐之所始也。既而诸路皆置。"但终宋之世，茶盐或设专官，或由转运使兼领，或由提刑司兼领，或以常平并入茶盐司，殊无一定。

提举常平司 《宋史·职官志》云："提举常平司掌常平义仓、免役、市易、坊场、河渡、水利之法，视岁之丰歉而为之敛散，以惠农民，仍专举刺官吏之事。熙宁初，先遣官提举河北陕西路常平，未几，诸路悉置提举官，元佑初罢之，并其职于提点刑狱司。绍圣初复置，元符以后因之。”南宋时安抚使、转运使、提点刑狱与提举常平称为帅、漕、宪、仓四司。仓司虽以常平为名，实亦有监督地方行政之权。

提举三白渠公事　《通考》云：提举三白渠公事，掌潴泄三白渠以给关中灌溉之利。

提举学事司　《宋史·职官志》云：“提举学事司掌一路州县学政，岁巡所部，以察师儒之优劣，生员之勤惰，而专刺举之事。”又州县官皆带提举管勾学事，唯武臣不以入衔。古代无专掌文教之监司官，自宋创此制，元因之设儒学提举司，明设督学御史及学道，唯其职位尚不甚崇，至清代定以侍郎以下部院官出为学政，体制尤高，又非宋、明之比。

提牢主事　汉代在京机关多各自设置监狱，谓之中都官狱。其后唐代在大理寺置狱丞，而他处并无管狱之官。清代在刑部附设南北所监狱，以提牢主事满洲、汉人各一人管之，其下北所南所司狱均满洲二人，汉军、汉人各一人。主事掌稽核罪囚，于额外及试俸主事内选充，任期一年。

廷尉　廷尉秦官，汉沿置，掌刑法。据《续汉书·百官志》，郡国决狱有疑，皆由廷尉审核平决。汉代九卿多以宫廷事务与行政业务相溷，唯廷尉一官，古今皆纯为司法性质。其官名廷尉，其机构亦即名廷尉，直至南北朝末期，始于廷尉等官名之下加一寺字以为其机构之称。汉制，廷尉之下有廷尉正，有左右监、左右平。魏、晋称之为廷尉三官。

廷尉评 汉廷尉所属，初只有正及左右监，宣帝始增置左右平。谏议大夫郑昌以为置官不如删定律令，不正其本而齐其末，恐廷尉平又将持权而乱法。然据《南史·裴子野传》，正、监、平三官于公牍必须联署，则增置左右平之意必为防止正监之有偏私。其后平改为评，唐代复因之置评事以掌出使、推案。遂沿至明、清不改。

廷尉正 汉以后皆于廷尉或大理置正一人或二人。凡寺或署皆有丞，以掌内部事务，为长官之贰。唯大理寺首置正，然后置丞，其丞不属事务官性质。《新唐书·百官志》云：大理寺正二人，掌议狱正科条，凡丞断罪不当，则以法正之。丞六人，掌分判寺事，正刑之轻重，是丞为次级法官而正为高级之法官。至司直则后魏始置而唐宋沿之，与评事皆任覆核及出使推问之责，员额较多，官阶亦卑于大理正。

亭侯 汉、魏封爵中以一乡之亭为侯邑者称亭侯，次于乡侯一级。

通奉大夫 金代文散官之制，从三品中曰通奉大夫，元升为从二品，明为从二品升授之阶。清则从二品概为通奉大夫。

通进银台司 《宋史·职官志》有通进银台司，其主官即称知通进银台司。据《宋会要》，通进司掌受银台司所领天下章奏案牍，进御复颁布之。银台司掌受天下奏状案牍，钞写条目进御发付，纠其违失。实际职务如何划分，恐亦无定，故后来两司合并为一而称通进银台司。就其性质而言，当即明、清通政使司所本，而于古代之公车司马令反不相近也。

通判 通判本与同知二字之意义相近，但同知尚有副职之意，而宋代初设通判之时职权几与知州知府无异，名为佐官，实际是共同负责，甚至还是知州、知府的监视者。《通考》云："宋艺祖（太祖）惩五代藩镇之弊，乾德初，下湖南，始置诸州通判，命刑部郎中贾玭等充。（此说明通判本身的官阶已不小）建隆四年，诏知府公事并须长吏通判签议连书，方许行下。时大郡置两员，余置一员，州不及万户不置。广南小州有试秩充通判兼知州者。正刺史以上及诸司使副知州者，虽小郡亦特置。（此说明刺史或知州权位较高者，尤须以通判分其权。）掌倅贰郡政，与长吏均礼。凡兵民、钱谷、户口、赋役、狱讼听断之事，可否裁决，与守通签。所部官有善否及职事修废，得刺举以闻。"又云："艺祖之设通判本欲惩五季藩镇专擅之弊，而以儒臣临制之，号称监州。盖其官虽郡佐，而其人间有出朝廷之特命，不以官资之崇卑论。"至南宋以后，知州已渐轻，通判更轻。明代于知府以下置通判，定为正六品官，实际上与同知无分别，亦无定员。至清代则定为通判，分掌粮运、督捕、水利、理事诸务，各量地置员，以佐知府之治。其在新设治之地区往往特设直隶厅而以通判为厅之行政长官，与知府及直隶州知州均直属于督抚两司。通判虽仅为正六品官，而因其为知府之佐官，知县仍视为上司。

通事舍人 东晋以后有通事舍人一职，本掌呈递奏章，传达诏命。属中书省。后遂正名中书通事舍人，直接参与政务之处理。齐时中书通事舍人四员各住一省，谓之四户，权重一时。梁以后始为清流之选，当秉笔之任，去通事二字，直称中书舍人。别详中书舍人条下。

至唐代之通事舍人，虽亦属中书省，则在古代为谒者之职。隋炀帝置谒者台，掌受诏劳问，出使慰抚，持节策授，申奏冤枉等事，其主官为谒者台大夫，其成员为通事谒者。唐废谒者台，改通事谒者为通事舍人，掌通奏引纳，承旨宣劳等事，以善词令者为之。唐以后不再有此名，唯明代设行人司，有司正及行人，为七八品官，正与通事舍人之意相合，并中书舍人、评事、博士为京职中之秩卑而职务清简者，合称中行评博。

通事谒者 谒者在古代即等于君主的传达官。秦、汉的谒者，除传达使命外，兼有陪伴引导摈相之职，其中以一人为谒者仆射。隋炀帝时，以谒者与南北朝之通事舍人合并称为通事谒者。唐仍改为通事舍人，明代称行人，皆由古代之谒者相承。余见通事舍人条。

通议大夫 唐、宋文阶官之制，正四品下曰通议大夫，元升为正三品，明为正三品升授之阶。

通政使司 明、清卿寺中之前列。清制其主官通政使居正三品，副使正四品，参议正五品。皆满洲汉人各一人。此职古所无，明始创设。盖包括受事、封驳、引进三项，总为一职。古代受事多掌于公车令，封驳为门下省之职，引进则谒者之职，唯宋有银台司，与明之通政司稍相近。《明史·百官志》载通政使之职掌云："掌受内外章疏、敷奏、封驳之事。凡四方陈情建言，申诉冤滞，或告不法等事，于底簿内誊写诉告缘由，赍状奏闻。凡天下臣民实封入递，即于公厅启视，节写副本，然后奏闻。其五军、六部、都察院等衙门有事关机密重大者，其入奏仍用本司印信。凡诸司公文勘合，辨验允当，编号注写，公文用日照之记，勘合用验正之记关防之。凡在外之题本奏本，在京之奏本并受之，于早朝汇而进之，有径自封进者则参驳。午朝则引奏臣民之言事者，有机密则不时入奏。凡议大政大狱及会推文武大臣，必参与。"此是定制时所规定，有预防壅蔽，沟通下情之意，然不久即归具文，且作用适得其反。通政司之官吏，善者不过形同木偶，不善者则与权奸相表里，以助其欺妄，百弊丛生。

明之通政使设官，于通政使之下参议之上有左右通政各一人及提督誊黄右通政（后裁）一人，左右通政在清代裁改称通政司副使，参议亦不分左右。由于明代对通政司有寄托为朝廷喉舌之意，事务较繁，故定制设官较多。至清代则折奏均由奏事处直达内廷，而都察院又得受理一切陈诉。通政使仅在形式上接受外省之题本。末年废题改奏，则并此形式而不复存在，但以通政使参议为卿员迁转之阶资而已。（所谓题奏的区别，题用大本，由部院用公文呈递，通过内阁处理，奏则用小本折子，直达皇帝亲阅。本来公事用题，关于个人的事用折，后来为加强独裁，无论公私大小事均用折奏，则可由皇帝与军机大臣从中处理，不使外廷与闻。）

通直郎　唐、宋文阶官之制，从六品下曰通直郎，金以后废。

同知　凡主管一事而不授以正官之名，则谓之知某事，如宋代不以枢密院使授人，则称为知枢密院事，副使则称同知。辽、金以后，沿此习惯，如府之主官称知府，则以府之佐官为同知。明、清之制，各府同知为正五品官，与通判分掌清军、巡捕、管粮、治农、水利、屯田、牧马等事，而府之辖境若过于辽廓，亦往往以同知分驻。同知在公文上称丞，尊称司马。与通判及知州、知县品级虽各不同，均在知府以下，共成一班，号为同通州县班。

同中书门下平章事 平章是商量处理的意思。唐初虽在名义上以三省长官为宰相，实际上又在其他职官中特派若干人分担宰相之任，给以参议朝政、参与朝政、参议得失、参知政事等名义，完全是由皇帝临时随意指定的。至高宗时始定同中书门下平章事之称。意思本是与中书门下的长官共同商处国事。但中叶以后，简直就以宰相办公处为中书门下，同中书门下平章事就是宰相的官衔，而原来的三省长官反而退出，成为闲职了。同中书门下平章事简称同平章事。

唐代定制，加同平章事的，必有本官，或是中书侍郎、门下侍郎，或是六部尚书侍郎，或是尚书左右丞，或是中书门下两省的其他高级职官，大约都在五品以上。有时官品较低，还只能用绯衣银鱼的服饰，就必以赐紫金鱼袋入衔。同平章事的官衔可以加给在外的节度使，作为荣典，这是不任职的，名为使相。但也有从宰相出为节度使或其他使职的仍带同平章事衔，也名为使相。同平章事之中权任尤重的，也可能兼充盐铁转运使，一般还兼充昭文馆大学士、集贤殿大学士、监修国史等。由同平章事罢任，则往往仍守本官，或改授他官，或以某官致仕。同平章事是每日入值办事的，人多的时候，则轮流执笔，处理日常事务，用人行政大事则随时同见皇帝当面决定。

宋初大体上仍沿唐制，所不同者，在同平章事之下加设参知政事。及元丰改制，方废去同平章事、参知政事之名，以左右仆射为宰相，门下、中书侍郎及左右丞为执政。唐制遂不存在了。不论为唐为宋，宰相的地位是非常尊贵的。每逢任命宰相，前夜密诏翰林学士草制，次晨用白麻纸的制敕宣布，名为宣麻，是极隆重的典礼。宋制，宰相列班还在亲王之上。

辽、金、元各代多承袭前此的旧名而杂乱设置。既有尚书令或中书令，又有左右丞相，又有同平章事或平章政事，又有参知政事或参政，又有左右丞。应有尽有，名目繁而员额亦多，元代尤甚。这是由于不重视汉人官职之故。元代于各大行政区划并设行中书省，亦有丞相、平章等名，平章之名更低了。

同中书门下三品　唐初宰相之称。按照隋、唐正式制度，三省长官（即中书令、侍中、尚书令及仆射）就是宰相。后来因为不愿以此种崇高的名义给人，于是在其他职官中（主要是尚书省的官）特别选派，充任宰相，因为这些人本官还不高，就给以同中书门下三品的名目，同中书门下三品等于说同中书令、侍中一样待遇。为什么称为三品呢？因为中书令、侍中官阶都是三品。到代宗时，中书令、侍中都已升为二品，于是同三品之名不能适用，只称为同中书门下平章事了。

铜官　汉代郡县有铜官者为产铜之区。设有矿冶工场，凡工场或农场皆称官，盐官、铁官为生产盐铁的工场，服官为生产丝织品的工场，橘官为生产柑橘的农场。

统军　唐代之统军有两种，性质完全不同。在初期之府兵制度中，以隋代之骠骑（即鹰扬郎将）为统军，统军后定名折冲都尉，此其一。中期以后禁军之左右龙武，左右神武，左右神策六军均于大将军之下设统军，为正三品官，此其二。

团主　唐代府兵低级军官之名。

屯骑校尉　汉制，屯骑校尉为武帝所置京师屯兵八校之一。《汉书·百官公卿表》云：掌骑士。

屯田郎中　唐制工部第二司屯田郎中员外郎掌天下屯田及文武官之职田及公廨田。起源于晋以后之屯田尚书，因此隶工部为四司之一。但屯田久已有名无实。其军事区域兴修屯田者皆由各地长官主持。宋制尚兼管学田官庄之政令，明、清二代则所掌更与屯田不相关，详见屯田清吏司条。

屯田清吏司　屯田在唐、宋为工部的第二司，在明、清为第四司。明、清掌陵墓及薪炭，顾名思义，完全不合，足见工部一官之变革尤多，而在明、清尤为名实不符。

W

万亿宝源库 元制，户部所属有万亿宝源库，掌宝钞玉器；万亿广源库，掌香药纸札等物；万亿绮源库，掌诸色段匹；万亿赋源库，掌丝绵布帛诸物。各置都提举、提举、同提举、副提举、知事、提控案牍等官。此外又立富宁库，分掌宝源库出纳金银之事。

望候郎 魏晋时太史令所属，掌候天文，即后世灵台郎之职。

威捷军钤辖 金代特选之弩手名威捷军，置钤辖及都辖。

苇荡营参将 清制，江南河道总督所属有苇荡营参将以下各武职，率兵采芦苇以供修筑堤扫之用。

卫将军 汉文帝以代王入即帝位，故置卫将军一官，以亲信之宋昌为之。总领京城各军。以后与骠骑将军、车骑将军皆开府，置官属，不独掌禁兵，且与闻政务。晋以后改为中卫，又分左右卫，虽亦掌兵，已远不及汉时之重要。

卫尉 汉承秦制以卫尉掌宫门卫屯兵，属官有卫士令丞及八屯卫候司马。宫城四面，每面各有二司马，故为八屯。卫候司马驻于门下，以稽察出入之符籍，故有司马门之称。据《续汉书·百官志》，卫尉卿一人，丞一人，公车司马令一人，丞尉各一人，南北宫卫士令、丞各一人，宫掖门每门司马一人。

唐制则卫尉寺卿一人，从三品，少卿二人，从四品，丞二人，从六品。掌器械文物，总武库、武器、守宫三署。但其所掌实只殿廷之帷幕等琐事。与汉代之卫尉掌卫兵及门禁者迥不相同。即以门禁一事而论，唐有门下省之城门郎掌城门宫门启闭之政令，而实际门禁则属之监门卫。故卫尉一官在唐以后即无所闻。

未央厩令 汉代养马六厩，曰未央、承华、騊駼、骑马、辂軨、大厩，皆有令。至魏为骅骝厩。

文林郎 唐、宋文阶官之制，从九品上曰文林郎，金升为正八品，元升为正七品，明为正七品升授之阶。清制正七品概为文林郎，唯吏员出身者称宣德郎。

文思院 唐代宫廷中之工艺制造作场，除少府监所属之中尚、左尚、右尚各署，另有文思院，以宦官为文思使。宋沿其制，以文思院掌造金银犀玉工巧之物，金采绘素装钿之饰。监官文臣一员，武臣二员。文思二字之取义有人认为取《周礼·考工记》量铭有时文思索一语，但恐仍是用《书经·尧典》钦明文思安安一语为殿名，即在殿旁做工，等于清代之养心殿造办处，武英殿修书处。唐代之文思院，为内诸司之一，宋属少府监，其源出于南北朝之细作令、作堂丞、银局丞等。宋代文思院规模颇大，南宋时反以少府监并入文思院，分为上下界，上界造作金银珠玉，下界造作铜铁竹木杂料。以提辖官总之。明代工部所属仍有文思院，设大使、副使。

文宣公 唐玄宗时追赠孔子为文宣王，以孔子后裔原封褒圣侯者为文宣公，后并兼任曲阜县令。

文选清吏司 明、清时代吏部的第一司，在唐、宋为吏部头司即本司。明代改称文选，以与兵部之武选相对，职掌为官吏班秩、迁升、改调之事。清制略同。（凡明、清职掌略同者，就其简而易明者引述，不再分叙。）

文渊阁检阅 清制以科甲出身之内阁中书兼充文渊阁检阅，掌阁中藏书之排次清厘。凡文渊阁各官均例须以科甲出身之员充任，尤为翰林官之兼职，非翰林官亦仅居少数。

文渊阁领阁事 清乾隆中于宫内建文渊阁，藏四库书，始依宋代故事设阁职，以司典守。领阁事以大学士、协办大学士及翰林院掌院学士兼充，下设提举阁事、直阁事、校理、检阅等官。内阁大学士中本有文渊阁大学士之名，但其名虽沿自明代，既无其地，亦无其职，仅作为大学士之衔号。乾隆新设之文渊阁各官与文渊阁大学士名同而实异。

文渊阁提举阁事 清制设文渊阁以藏四库书，因阁在宫内，故以内务府大臣一人兼提举阁事，为事务长官。

文渊阁校理 清制以翰林院侍读、侍讲、编修、检讨并詹事府所属洗马、中允、赞善及科甲出身之内阁侍读兼充文渊阁校理，掌阁中书籍之注册点验。定额十六人。

文渊阁直阁事 清制文渊阁为宫内藏书之所，由内阁学士、翰林院侍读侍讲学士、詹事府詹事等官兼充直阁事，以司典守整理。定额六人。

乌鲁古 金代置提控乌鲁古及使、副使，掌群牧之事。以代太仆寺。乌鲁古清改译作乌呼济库。

五兵尚书 魏始置五兵尚书，即后世尚书省兵部之起源。五兵是兵的种类，即中兵、外兵、骑兵、别兵、都兵。晋以后中、外兵又各分左右。北齐时，左中兵掌宿卫，右中兵掌畿内丁帐，左外兵掌河南及潼关以东丁帐，右外兵掌河北及潼关以西丁帐，都兵掌鼓吹等。

五城兵马司 元设大都路兵马都指挥使司，掌京城盗贼奸伪鞫捕之事，设都指挥使、副指挥使为主官，知事及提控案牍为事务官。明沿其制，改为中、东、西、南、北城兵马指挥司，设指挥、副指挥，添设吏目。清又承而不改，故其他官职皆有满人参与，而唯此一机构中全为汉人。指挥及副指挥虽为六、七品官，亦被视为卑贱无足齿数，其权任尚远在巡城科道之下，号称兵马司，并无一兵一马。即以治安职责而论，上有步军统领，绝非区区五城兵马司所得过问。

五官灵台郎　唐制司天监所属有五官灵台郎各一人，正七品下，掌候天文之变。五官挈壶正二人，正八品上，五官司晨八人，正九品上，漏刻博士六人，从九品下，掌知漏刻。孔壶为漏，浮箭为刻，以考中星昏明。更以击鼓为节，点以击钟为节。

五官正　唐制，司天台属官有春官、夏官、秋官、冬官、中官正各一人，正五品，副正一人，正六品。掌司四时，各司其方之变异。此后直至清代皆沿其制，设于钦天监。

武备寺　元代改以前之军器监为武备监，隶卫尉院，后改监为寺，与卫尉并立。置卿及少卿各四员，同判六员。

武备院　清代内务府所属三院之一，掌宫廷所用兵器、鞍辔、甲胄、被具等。初名鞍楼，顺治中改用明代旧名兵仗局，后定今名。康熙初，定隶内务府。雍正初设卿职。有兼管事务大臣，无定员，卿二人，正三品，一由侍卫补授，一由内务府司员补授。所属有北鞍库，掌鞍辔、伞盖、幄幕，设掌盖、司幄等官，南鞍库掌皮张、绦带等，甲库掌盔甲、刀仗、旗纛、器械，毡库掌弓箭、靴鞋、毡片等。设司弓、司矢等官。此职在明代亦属太监所管之机构，即兵仗局及盔甲厂。

武德将军　明沿元代武阶官之制，武德将军为正五品初授之阶。金之武德将军为正六品下阶。

武德骑尉　清代武阶官之制，武德骑尉为正五品阶。

武功将军　清代武阶官之制，武功将军为从三品阶。

武节将军　明沿元代武阶官之制，武节将军为正五品升授之阶。金之武节将军为正六品上阶。

武库令　汉制执金吾所属有武库令，魏、晋以后，或属卫尉，或属尚书库部，武库盖掌军器之储藏而不掌制造。唐制，制造军器者，属于国用者为军器监，属于宫廷用者为太府监之三尚方署。虽仍有武库令之名，而储藏军器之职渐亦移于他处。

武库清吏司　明、清兵部的第四司，掌兵籍、戎器、乡会武科及编发戍军之事。清制额设郎中满洲二人、汉人一人，员外郎满洲、蒙古各一人，主事满洲、汉人各一人。

武略将军　明沿元代武阶官之制，武略将军为从五品初授之阶。金之武略将军为从六品下阶。

武略骑尉　清代武阶官之制，武略骑尉为正六品阶，从六品称武略佐骑尉。

武卫将军　三国魏、吴皆有武卫将军。为掌近卫之高级武官。左右武卫为唐代十二卫之一，虽原意亦为近卫，但唐之十二卫只作殿廷仪仗之用，非实际军职。

武卫军都指挥使司　金置武卫军都指挥使司，都指挥使及副使、判官等。掌防卫京城，警捕盗贼。

武显将军　清代武阶官之制，武显将军为正三品阶。

武信骑尉　清代武阶官之制，武信骑尉为正七品阶，从七品称武信佐骑尉。

武选清吏司　明、清兵部的第一司，掌武职的除选封荫。清制额设郎中满洲三人、蒙古一人、汉人一人，员外郎满洲四人、汉人四人，主事满洲、汉人各一人。

武义都尉　清代武阶官之制，武义都尉为正三品阶。

武义将军　明沿元代武阶官之制，武义将军为从五品升授之阶。金之武义将军为从六品上阶。

武翼都尉　清代武阶官之制，武翼都尉为从三品阶。

X

西域都护　据《汉书·百官公卿表》，汉宣帝时始置，以骑都尉、谏大夫使护西域三十六国，其下有副校尉，属官有丞、司马等。

洗马　《汉书·百官公卿表》太子太傅少傅属官有先

马。《汲黯传》作洗马。后世皆用洗字，洗马即前马，亦即先驱之意。为太子之侍从，略同谒者之职掌。至梁始以洗马隶典经局，隋、唐以司经局为春坊六局之一，司经局洗马变为专掌书籍之官。直至清代不改，司经局洗马满洲、汉人各一人，从五品。

翰林院编修、检讨之升迁，第一步为赞善，次为中允，再升则洗马，庶子。因其皆属左右春坊，故升迁者称为开坊。翰林官开坊以后，多数皆能坐致卿贰，故无不以此为盼。

细作令　据《隋书·百官志》南朝梁有细作令，属少府，北齐太府寺统细作、左校、甄官等署令。细作盖指精美之器玩。

下军校尉　东汉末西园八校尉之一，详见上军校尉。

闲厩使　据《旧唐书·职官志》，殿中监之尚乘局掌宫廷所养之马。养马之处名六闲，又名六厩，后专设闲厩使，省尚乘局。

显武将军　明沿元代武阶官之制，显武将军为从四品升授之阶。金之显武将军为从五品中阶。

县丞　唐、宋之制，州郡已不设丞，而县仍有丞。唐之京县丞二人，从七品上，下县亦有丞一人，从九品上。实为县令之佐官。宋初亦不设县丞，后以县事日繁，仍不得不添设，唯南渡后多以主簿兼。清代县丞为正八品，与主簿分掌一县粮马、征税、户籍、巡捕之事。后多省主簿而专置县丞。

县侯 汉、魏封爵中以县为侯邑者称县侯，为侯爵中之最高一级。

县令 秦、汉定制以县为地方行政基层单位，与上级之郡，组织大体相配合。以令为主官，而以丞为佐官，以尉主兵事。《汉书·百官公卿表》云："县令长皆秦官，掌治其县，万户以上为令，秩千石至六百石，减万户为长，秩五百石至三百石。"若县为侯国，则置相以代县令，职权阶秩皆同。县府之组织，据《汉书·百官公卿表》，令、长、丞、尉是为长吏，百石以下有斗食佐史之秩，是为少吏。少吏即在县令以下实际办事之职员。《晋书·职官志》载有主簿、录事史、主记室史、门下书佐干、游徼、议生、循行功曹史小史、廷掾功曹史小史、书佐干、户曹掾史干、法曹门干、金仓贼曹掾史、兵曹史、吏曹史、狱小史、狱门亭长、都亭长、贼捕掾等。户三千以上之县，职吏八十八人，散吏二十六人。职吏盖在额定之内者，散吏盖临时增加者，此皆沿汉制而来。故知汉代县府之组织庞大而严密。

汉代在县以下之民众居住点则有乡官之组织，盖虽受县令之指导，而不在职官之内者。《汉书·百官公卿表》云："大率十里一亭，亭有长，十亭一乡，乡有三老、有秩、啬夫、游徼。三老掌教化，啬夫职听讼，收赋税，游徼徼循禁贼盗。”据此则县治以外之民事皆有乡官任之，且据《汉书·高帝纪》：择乡三老一人为县三老。是乡官亦自有其首脑，与县官各自成一系统，而县令则总其成而已。

南北朝之县府组织，见于《隋书·百官志》者可得其大概。云：“上上县令属官有丞、中正、光迎功曹、光迎主簿、功曹、主簿、录事，及西曹、户曹、金曹、租曹、兵曹等掾，市长（管理市肆者）等员，合属官佐史五十四人。”

唐代之制，据《旧唐书·职官志》载：“诸州上县令一人从六品上，丞一人，从八品下，主簿一人，正九品下，尉二人，从九品上，录事二人，司户、司法、仓督二人，典狱十人，问事四人，白直十人（无给之员），市令一人，博士一人，助教一人。”唐代之县有赤、畿、望、紧，上、中、下之分。京城所在为赤县或称京县，其附近地区为畿县，其余以户口多少及地望重轻为等次。京县令为正五品官，下县令则从七品。京县令非有资望者不居。而县主簿及县尉虽为卑官，进士出身者多先授此官，使之历练民事，方能入为朝官。京畿簿尉尤为清贵。

自汉代已有郎官出宰百里之语，尚书郎之有资历者方出为县令，但事实上历代多以夤缘而得，视为利薮，非士人所乐为。唐代科第中人为簿尉乃进身之阶不得不如此。若县令则皆吏部就选人中注授，科第出身者，皆情愿应节度观察使之聘为幕僚，由幕僚即可入为朝官，补御史及员外郎、郎中，指日贵显，更无人肯为县令矣。县令必待吏部注授，故多缺人，往往即由节度观察在幕僚中差往暂代，此即宋制渐废县令而代以知县之由。关于宋以后之制，另详知县条。

县尉　自汉以来，县有丞有尉，少有更改。而汉之县尉实为一县掌治安之要职，故长安有四尉，大县亦有两尉。隋、唐时皆曾改称正，旋均复旧。唐之县尉，京县六人，从八品下，下县一人，从九品下。品秩虽卑，然科第出身之士人初仕仍须由此而进。唐人诗中称少府者皆指县尉。亦未必遂亲自执行捕盗之事。然高适做封丘尉时之诗云："我本渔樵孟诸野，一生自是悠悠者。乍可狂歌草泽中，宁堪作吏风尘下？只言小邑无所为，公门百事皆有期。拜迎官长心欲碎，鞭挞黎庶令人悲。"则县尉之委琐亦正清代佐杂官之比也。明始不设县尉，而以典史、巡检充其职。

县主簿　地方行政官署之有主簿，始于汉、魏间，凡将军、都督、刺史之开府者必置主簿，以总领文书，为府内职官之长。隋炀帝废刺史置郡守，即有东西曹掾及主簿，在唐代则为录事参军事之职也。但在县令之下仍置主簿，京县之主簿二人，从八品上，下县之主簿一人，从九品上。与县尉均为初任官必试之职，通称簿尉。此制至宋未改，元、明、清皆因之。清制县主簿为正九品，与县丞同为县佐，但后多裁省。

乡侯　汉、魏封爵中以一县中之乡为侯邑者称乡侯，次于县侯一级。

详稳　辽官名，清改译作详衮，蒙古语即理事官之意。

相国　相国在汉以前亦称相邦，实际与丞相相同，汉代设相国时少，而设丞相时多。魏、晋以后，相国比丞相更为隆重，也是不常设的。唐以后则只用作宰相的通称，事实上无此官。

象胥　《周礼》秋官之属有象胥，掌传达异国来使之语言。即汉代译官令、九译令之起源。

骁骑校　清初八旗之制，随固山额真之行营马兵名为阿礼哈超哈，后改称骁骑。每佐领之下有骁骑校一人，为正六品官。

骁雄军指挥使　宋初特选之侍卫亲军，骑兵为骁雄军，置指挥使。

协办大学士　清代自雍正后，于内阁满、汉大学士各二人以外，增设协办大学士满、汉各一人，官阶比大学士仅次一级，为从一品。事实上都用以位置资深望重的尚书及总督，补授协办大学士以后，仍留任本官。如遇大学士缺出，即尽先递补。职务待遇称谓都与大学士相同，与宋代的参知政事名称相似而性质全别。

协领 清代驻防旗兵将领之名，设在副都统之下，佐领之上。

协律都尉 汉武帝立乐府，使司马相如等造为诗赋，以宦者李延年为协律都尉。以制成音乐。但此是临时官名，非常设。晋时改称协律校尉，属太常。

协律郎 自北魏以后有协律郎，至明、清不改。为音律技术官，多属太常寺。

新运粮提举司 元设，为管理站车及开设运粮坝河的机构，主官为都提举、同提举、副提举等。属户部。

信武将军 明沿元代武阶官之制，信武将军为从四品加授之阶。金之信武将军为从五品上阶。

刑部 隋、唐以后皆为六部中的第五部。明制掌天下刑名及徒隶勾覆、关禁之政令。此仍沿唐制。清制但云："折狱审刑，简核法律，受天下奏谳，咸阅实而上其辞。"这是因为唐、宋的刑部还只是最高法律机构，不直接处理刑狱，从明代始，各省大小案件都归刑部审核，事务日繁，采取按地区分司的制度，规模远较唐、宋为庞大，而清制更为详密。唐、宋刑部与其他各部同，只有四司，而明制十三司，清则有十八司。

刑部在汉代本为廷尉之职。张释之对文帝力争廷尉是最公平的执法机关，有“廷尉天下之平也”的话。它是解释法律的，也是执行法律的。至于尚书中之三公、比部、都官等曹只是处理文书的，本无执行之责。唐制，刑部与大理寺共同负刑狱之责。宋则刑部仅存虚名而另设审刑院。至明清始为刑狱之总汇，而大理寺又成虚名。

又唐、宋刑部与明、清刑部不同者尚有两点：一、唐、宋刑部除一般法律以外，仍兼司行政法，故官吏之行政处分亦归刑部，而在明、清则概由吏部及都察院处理。二、唐、宋刑部兼有勾覆——即审计之责，此乃源于魏、晋之比部，至明、清则磨勘注销之责归给事中及御史，亦与刑部无关。唐、宋刑部中之司门一职，在明、清刑部中亦无相当者。又唐制以刑部、御史台、大理寺长官临时审讯重大刑狱，号为三司使，较小之事则以刑部郎中员外郎、侍御史、大理司直、评事会讯，谓之小三司使。明、清则都御史大理卿与刑部尚书、侍郎会讯，名为会三法司。

刑部郎中　唐制，刑部本司之郎中员外郎掌律法及按覆奏谳（判决案）。宋制刑部郎中置左右二人，互相稽核。金元六部皆不分司，郎中仅置一二人，明、清刑部分司甚多，员额大增，则总称刑部郎中，与唐、宋刑部郎中专指刑部本司（即第一司）者不同。各部皆如此，不另赘述。

刑部尚书 魏、晋的尚书中，三公曹、比部曹、都官曹的职掌都涉及法律及刑狱，以后则以都官尚书为主，隋始改名刑部，以刑部尚书为长官，因其略与周礼之秋官司寇相当，后世遂以大司寇为刑部尚书之通称。唐代曾一度改称司刑太常伯或秋官尚书或宪部尚书。

刑部直隶等清吏司 清沿明制，刑部与户部均按省区分司，唯户部无直隶、奉天、安徽三司。刑部凡十八司，每司除掌本省区之刑名外，兼掌在京各机关有关公事。其中江苏司又专管大赦，河南司专管夏季热审，四川司专管秋审，广西司专管朝审（参见下文）。至各司郎中、员外郎、主事之员额多少亦各不同。又督捕清吏司掌八旗及各省驻防逃人之事，初隶兵部督捕衙门，康熙三十八年改隶刑部为一司。

又清制，汇审各省狱囚为秋审，汇审刑部狱囚为朝审，每年八月，由刑部会同九卿、詹事、科道于天安门外共同阅看案册，分别核定。本由四川、广西二司分掌案牍，自雍正十二年始，专设总办秋审处，在司员中选派任职，为刑部中最重要的差事。

刑部左右侍郎 唐、宋刑部侍郎一人二人不等，明、清则定设左右侍郎。

兴文署 元制以国子监属集贤院，别置兴文署以教生徒。署令一员，以翰林修撰兼，署丞一员，以翰林应奉兼。元刊书籍多出于兴文署。

雄武军指挥使 宋初特选之侍卫亲军，步兵为雄武军，置指挥使。

修内司 宋制有修内司，掌宫内之修缮，以朝官及内侍并充监官。此本将作监之职，而宋代以卿寺为寄禄官，故实负宫廷营造之责者为修内司。金、元皆沿而不改。明、清则大工程多另派官员临时经管，而由工部司其政令。

修武校尉 清代武阶官之制，修武校尉为正九品阶，从九品则称修武佐校尉。

修职郎 明代文阶官之制，正八品升授修职郎，从八品升授修职佐郎。清以修职郎、修职佐郎分别为正从八品之阶官。

修撰 唐代朝官兼任修史之职者称史馆修撰，资浅者则称直史馆。非正官而有实职。以后相沿，至明代以翰林院兼前代史馆之任，故于翰林院中置修撰、编修、检讨等官，以位置文臣。清制，殿试后赐进士及第之第一人（俗称状元）例授翰林院修撰。当时以布衣一旦得六品实官，被认为无上荣誉。

绣衣御史 据《汉书·百官公卿表》："侍御史有绣衣直指，出讨奸猾，治大狱，武帝所制，不常置。"《武帝纪》载之尤明晰，云："遣直指使者暴胜之等衣绣衣杖斧，分部逐捕。"绣衣杖斧皆是以特殊的服装表示其威严。清制都察院官及各省按察使皆不按文官品级而特用獬豸补服，亦其遗意。獬豸是传说中触邪的兽。

序班 明、清于鸿胪寺置序班，唯明代额至五十人，而清只置汉人四人。另于顺直生员中考取若干作为学习序班。掌整饬殿廷行礼时百官之班位。序班与鸣赞虽皆从九品，得按侍从体制，补服上挂朝珠。

宣德郎 唐、宋文阶官之制，正七品下曰宣德郎，清沿明制从六品正七品之吏员出身者俱授宣德郎。

宣奉郎 宋代文阶官之制，从七品为宣奉郎。

宣抚使 宋代宣抚使为镇抚一方之军政长官，其资历特高者称宣抚大使，但均非常设。明沿元制，于土司中设宣抚司，次于宣慰司一级，有宣抚使以下各官，清制略同。余详宣慰司条。

宣徽院 唐代后期，宦官用事，始有枢密使、宣徽使之官，以宠任之。五代时枢密使已不为内官，而渐变为与宰相地位相等之实际负责政务者，于是宣徽使一官独成为宫廷中之要职。然宋代宫廷事务多归内侍省，宣徽使亦渐若存若亡。又因唐代有宣徽南北院之名，宣徽院遂成为官署，辽、金、元皆沿置之，兼有唐代殿中、内侍二省性质。唯元代范围甚狭，几于专掌膳饮。故明代遂不复置。

宣课司大使 明制以在京所设官店为宣课司。以大使掌其税收，清初犹有沿置者，为从九品官。

宣威将军 明沿元代武阶官之制，宣威将军为正四品初授之阶。金之宣威将军为正五品中阶。

宣慰司 明沿元制，在世袭之土司中以宣慰司宣慰使为最高官职（从三品），下有同知、副使、佥事各一人，及经历司经历、都司各一人。清制略同。凡土司皆指西南各少数民族之居住区。自宣慰司至长官司，按其大小而定其名，皆为武职，其文职则称土知府、土知州、土知县，皆由吏兵二部核准世袭。若革除世袭之制而归入地方行政系统之内，则名为改土归流。清代中期，改土归流者已渐多。又宣慰使以下各名称本沿自宋制，为高级地方军政专员之职，元代内地边地一例设置，至明、清早已不设于内地，而独存于土司。

宣武都尉 清代武阶官之制，宣武都尉为从四品阶。

宣武将军 明沿元代武阶官之制，宣武将军为从四品初授之阶。金之宣武将军为从五品下阶。

宣议郎 唐、宋文阶官之制，从七品下曰宣议郎，明制正七品吏员出身授宣议郎，清废。

宣赞舍人 即宋代之合门通事舍人，宣和中改名宣赞舍人，掌殿廷之传宣赞谒，隶于东西上合门使。

宣政院 元置，掌释教僧徒及关于吐蕃之事。原为总制院，因唐制吐蕃来使见于宣政殿而改名。置院使、同知、副使、参议及经历、都事、照磨、管勾等。又设通政院，初名诸站都统领使司，管达达及站赤。达达及站赤均相当于清代之驿站。

学正学录 清沿元、明之制，于国子监设学正、学录，均为正八品官，以为助教之佐。

勋卫散骑舍人 明制，择公、侯、伯、都督、指挥之嫡次子充勋卫散骑舍人。其名由唐制三卫中之勋卫而来。三卫者，亲卫、勋卫、翊卫，勋、翊又各分一府二府，故总称三卫五府。每府各置中郎将及左右郎将。在定制之初，本以品官之子孙充宿卫。后渐为人所轻，品官子弟亦不屑为此。

巡捕五营副将等官 清制，步军统领先辖三营，继辖五营，五营为中、南、北、左、右。中营下设汛五，南营汛六，北营汛四、左营汛四、右营汛四。巡捕中营副将、游击、都司各一人，守备四人，千总十人，把总二十人。巡捕南营等则参将一人，以下各有差。

巡漕御史 明制都察院各道监察御史有以巡视漕务为专职者，清亦因之，掌稽察所巡之地，挑浅疏滞，趱程纠弊，并定为四人，分驻淮安、济宁、天津、通州四处。

巡察科道 唐制，以监察御史巡按诸道，以察举不法，周访民隐。其出使专任纠察者多别以职务为使名，如纠察驿传者为馆驿使，纠察祠祭者为祠祭使，纠察仓务者为监太仓使，随事立名，亦无定制。明代御史出使之名尤多，如巡漕、巡盐、巡河、巡江、巡仓，难以悉数，唯巡按一职，纠察州县固定不改，而职权亦特重。《明史·百官志》称为代天子巡狩，大事奏裁，小事立断。其实既有总督、巡抚，巡按本为骈枝，唯督抚不出巡，而巡按周历所属为不同。立法之初，本为取法于汉代之刺史，以位卑之官监察郡县，可收彼此互相制约之效。但明代之巡按虽亦偶能使贪吏有所忌惮，然庸妄者不免所至招摇，与地方行政官动相龃龉，甚至骚扰需索徒为地方之累。清初即停废此制，仅临时随事派出巡察不为定例。至于在京之稽察差使，不可胜举，清代以六科给事中与各道御史共同担任，故统名之为巡察科道。

巡道 清沿明制，凡按察使司副使、佥事所任之道员称为巡道。初制副使道正四品，佥事道正五品，乾隆十八年省去兼衔，俱改为正四品。以后与守道即无分别。据《明史·职官志》载，按察使掌一省刑名按劾之事，副使、佥事分道巡察，其兵备、提学、抚民、巡海、清军、驿传、水利、屯田、招练、监军各有专职。清代提学已另简京官，卫所已裁亦无所谓清军，其他与守道所掌出入交错，巡道、守道之名亦不过形式而已。余参见守道条。

巡抚　明、清之制，巡抚与总督同为封疆大臣，虽品级稍次，仍属平行。明代巡抚之名称亦因管辖之地区与职责之不同而时相参错。大体上兼军务者加提督，有总兵地方加赞理，管粮饷者加总督兼理，其余又有整饬边关、提督边关、抚治流民、总理河道，名目不一，随时随事随人而施。有如：总理粮储提督军务兼巡抚应天等府一员，巡抚浙江等处地方兼提督军务一员，巡抚顺天等府地方兼整饬蓟州等处边备一员，巡抚保定等府提督紫荆等关兼管河道一员等。

清制初尚与明略同，后渐加调整明确。如直隶初设顺天巡抚、正保巡抚、宣府巡抚，后并为直隶巡抚，然后裁撤，仅设总督。江南初设庐凤巡抚，后定为安徽巡抚，江西初设南赣巡抚，湖北初设郧阳巡抚，后俱省，湖南初设偏沅巡抚，后改为湖南巡抚，陕西初设延绥巡抚，后俱省，共定山东、山西、河南、江苏、安徽、江西、福建、浙江、湖北、湖南、陕西、甘肃、广东、广西、云南、贵州各一员，而直隶与四川只设总督，无巡抚。

清代巡抚定制为从二品官，例兼都察院右副都御史衔，其应否兼兵部侍郎衔，由吏部请旨定夺，如兼侍郎衔则为正二品。然事实上兼侍郎衔已成定例，故自称、人称之皆曰部院。巡抚之职掌在名义上以民政为主，事实上则兼理军民与总督并无不同。其无总督之省，巡抚固遇事得以专主，若遇一省有督又有抚，而又督、抚同城，则权限极易冲突，遇事无所秉承。其人若材力有高下之分，则彼此可相侵陵，若无高下之分，则彼此不免掣肘。唯文科乡试，例由本省巡抚任监临官，而总督不与。清代各行政区之最高权力寄于督、抚，因其带兵部衔，故可主持军政。带都察院衔，故可举劾官吏。因其为中央之部院官，故除驻防将军、学政以外，皆执下属之礼。即提督、总兵，虽品级相同，文武分途，对督抚亦不敢抗礼。至末期动乱渐多，尤不得不假督、抚以事权。于是用人、理财、募兵皆几于为所欲为，尤以地方款项之动支，督抚有极大之自由。所不同于唐代藩镇者，任免迁调听命唯谨，不敢稍抗耳。

督抚制度之不同于唐代藩镇及魏、晋州牧者，藩镇州牧皆有幕职，军事有参谋参军，文事有掌书记、记室参军等。其官署组织虽随其府主之去而变更，但幕职官与朝官往往更迭出入。唯清代之督抚衙门中无官而只有吏，所聘之幕友只限于私人关系，不作为职官。衙署中保管及办理文牍者只有书吏，无低级职员担任内部事务。仅能调用候补佐杂官及武弁充任文武巡捕，文巡捕掌文官之传达，武巡捕掌武官之传达，兼理琐事。然巡捕名目亦只习惯相沿，不能形之文字。自藩臬两司以至知府，皆有首领官以掌其官署内部事务，而督抚独无，此乃由于督抚本身本非正式职官，未暇为之划定制度，遂因循成习也。

巡检　巡检之名始于宋代，主要置于沿边或关隘要地，或管数州数县，或管一州一县，以武臣为之，仍属州县指挥，唯海南及归峡荆门等置都巡检使。降及金、元时代，则多限于一县之境，元之巡检司巡检则仅为九品，明、清之巡检，州、县皆有之，多设司于距城稍远之处，以管理该区之次要事件。

巡视五城科道　清制，巡视五城科道满洲汉人各一人，掌弹压地方，厘剔奸弊。分中、东、西、南、北五城，布其禁令而听其狱讼。大事奏闻，小事移刑部。由给事中、监察御史中简派，任期二年。

Y

押牙　唐代藩镇皆置押牙，为衙署内部之亲信武职。其主官则称都押牙。往往与闻军政机密，直接统率军队，其强有力者遂夺主帅之权。王思礼、哥舒翰皆为王忠嗣之押牙，其后皆升为统帅。凡衙（牙）前兵马使、衙内兵马使等，皆统帅之直属亲将，皆得称为牙将。

押运同知通判 清设，掌督运粮艘，管束运军，查禁迟延、侵盗、搀和等弊。由总漕会同各省督抚选派，抵通后，仓场侍郎送部引见，部给限单，管押回空到淮，总漕察核，逾限者参处。

亚中大夫 元代从三品文阶官之亚中大夫，即金代从四品下之少中大夫，明为从三品初授之阶。

延资库使 唐代管理特种库藏的主官。武宗时，在宰相李德裕的主持下，由度支、户部、盐铁三司拨出钱币，特别储存，名为备边库，宣宗时改称延资库，以宰相充使，每年户部交二十万，度支盐铁交三十万，此外诸道进奉的助军钱亦归于此。

盐法道 清制于产盐省份多专设盐法道，其他则多以分守分巡道兼理。

盐课司大使 清制，产盐各地有盐课司大使，掌场地之征课。为正八品官。元、明称盐课司提举。

盐铁使 唐代盐铁使与转运使多联为一职。《新唐书·食货志》云："广德二年废勾当度支使，以刘晏专领东都、河南、淮西、江南东西转运租庸铸钱盐铁转输至上都。度支所领诸道租庸观察使，凡漕事亦皆决于晏，晏即盐利雇佣，分吏督之。"又云："乾元元年，盐铁铸钱使第五琦初变盐法，就山海井灶近利之地置监院，游民业盐者为亭户，免杂徭，盗煮者论以法。……盐铁使刘晏以为因民所急而税之，则国用足，于是上盐法轻重之宜，以盐吏多则州县扰。出盐乡因旧监置吏，亭户粜商人纵其所之，江、岭去盐远者，有常平盐。每商人不至，则减价以粜民，官收厚利而人不知贵。晏又以盐生霖潦则卤薄，暵旱则土溜坟，乃随时为令遣吏晓导倍于劝农。吴、越、扬、楚盐廪至数千，积盐二万余石，有涟水、湖州、越州、杭州四场，嘉兴、海陵、盐城、新亭、临平、兰亭、永嘉、大昌、候官、富都十监，岁得钱百余万缗以当百余州之赋。自淮北置巡院十三，曰扬州、陈许、汴州、庐寿、白沙、淮西、甬桥、浙西、宋州、泗州、岭南、兖郓、郑滑，捕私盐者，奸盗为之衰息。然诸道加榷盐钱，商人舟所过有税，晏奏罢州县率税禁堰埭以邀利者。晏之始至也，盐利岁才四十万缗，至大历末六百余万缗，天下之赋盐利居半。"

又唐代文献中有单称盐铁使者，亦有兼称其他职务者，盖史文所举固随事而异。如李巽、王涯、卢坦、柳公绰、崔珙等为盐铁转运使，包佶为汴东水陆运两税盐铁使，令狐楚为盐铁兼榷茶使，元琇为盐铁兼榷酒等使。

又按盐铁皆因官卖而成为重要之税源，故需置专官以领其事。《史记·平准书》谓汉武帝时以东郭咸阳、孔仅为大农丞，领盐铁事，即其开端。然至清代，盐务与河务、漕务号为三大政，而独盐务只分寄于二三盐政，未设中央直属官。

盐引批验所大使 清制，凡产盐各地置盐引批验所大使，为正八品官，掌批验盐引之出入。其名沿自元、明。

盐运使 清制于产盐省份设盐运使，位次于按察使。详见运使条。

盐政 清初尚沿明制，各省置巡盐御史，后定为盐政，特派京员带原衔充任。长芦、两淮各一人，福建、甘肃、四川、两广以总督兼理，两浙、云南、贵州以巡抚管理，河东盐政以山西巡抚管理。两淮盐政最为要缺，后因改盐法，改归两江总督兼任。盐政并有代宫廷采办贵重物品的义务。

衍圣公 自汉以后历代皆封孔子后裔为侯或公，并以孔氏子孙为世袭曲阜县令。自宋仁宗时始定嫡系子孙世袭衍圣公，至清代不改，并升为正一品，朝会班在尚书之上。唯废世袭曲阜知县之制。

验封清吏司 明、清时代吏部四司之一，职掌为封赠、袭荫等事。

冶令 南北朝有东冶、西冶、南冶等，各置令及丞，属少府，掌工徒鼓铸。梅根冶在南陵，是产铜地区的冶铸工场。

谒者 据《汉书·百官公卿表》，谒者掌宾（傧）赞受事，员七十人。选孝廉中年少有威容能大声者为之，其长名谒者仆射。至南北朝末期，则置谒者台为专署，以仆射为主官，统谒者若干人，与鸿胪并置。盖鸿胪之职以礼仪为主，而谒者则以传宣为主也。隋改谒者为通事舍人，废谒者台，以通事舍人隶中书省。

谒者台 隋炀帝时置谒者台，与御史、司隶并称三台，有大夫一人，通事谒者一人。至唐而废，改谒者为通事舍人，隶四方馆，掌朝见引纳，凡四方通表皆受而进之。然此虽定制，而事实上之上书者皆诣合门投进，以合门使领其事。大约是渐趋简便之故。合门使身居内廷，既受表章，又传宣诏旨，指挥朝见仪节。至宋之知合门事一官尤居权要。据《通考》，有内客省使，引进使，四方馆使，东上合门使，西上合门使，皆唐末五代所遗留的名目，专以位置武人及勋戚，人数众多。于是总其职务者称知阁门事及同知合门事。又与前之通事舍人以及明、清之通政使、鸿胪寺皆不甚相同。

一字王 元制封王爵者有一字王两字王之别，一字王尤尊贵，如阿穆尔克为魏王，是。

仪凤司 元初立玉宸院，置乐长、乐副、乐判等官，不久改名仪凤司。先隶宣徽院，后隶礼部，置大使、副使、判官等。掌乐工供奉祭享之事。所属有云和署、安和署、常和署、天乐署（管河西乐人）、教坊司、兴和署、祥和署、广乐库等。唯太乐署仍属太常寺。

仪鸾司 五代梁始置仪鸾司，本为掌仪仗之官署，宋代属卫尉寺，则仅掌陈设之物，与御酒、御厨、御药等随驾而已。明初以仪鸾司隶亲军都尉府，后改设锦衣卫，仪鸾司之名遂废。

仪制清吏司 明、清礼部的第一司，即唐、宋礼部的本司。掌朝廷典礼及贡举考试各事。清制，礼部四司的司官，自郎中至主事，通常由进士出身的人补授。

夷离毕 辽代初置夷离毕，后置夷离毕院为北面官，设有夷离毕、左右夷离毕、知左右夷离毕等官，职掌刑狱。清改译作伊勒希巴。

异力督 晋置武贲、羽林、上骑、异力、命中五督，以统各种特选之兵。

译官令 据《汉书·百官公卿表》，大鸿胪之属官有译官令及丞，掌通译外国语言。

驿丞 明、清州县皆设驿丞，官秩为未入流。掌驿站车马迎送。

驿盐道 清制以兼管驿传与盐法者为驿盐道，康熙中，改两浙运使为浙江驿盐道，他省则称盐法道。后亦废。

益政院说书官 金正大中置益政院于内廷，每日轮值，讲《尚书》《通鉴》《贞观政要》，亦经筵之意。与宋之崇政殿说书之名相近，而官职较高。

银青光禄大夫 银青光禄大夫谓光禄大夫之加银印青绶者，唐、宋为从三品文阶官，金升为正二品下，元升为正一品之最低一级，明、清废。

引进司 宋制，引进司使、副使掌引导外宾之事。金亦有之，皆即鸿胪寺之职掌。

印房章京 清制伊犁等处将军之属官有印房章京，掌其内部文书事务。

鹰扬郎将 隋代府兵将领之名，即唐代之折冲都尉。详见骠骑府郎将条。

营缮清吏司 明、清工部的第一司。掌缮治坛庙、宫府、城垣、仓库、廨宇、营房。清制郎中满洲四人，蒙古一人，汉人一人，员外郎满洲五人，汉人一人，主事满洲二人，蒙古一人，汉人二人。工部满、蒙缺均较他部为多。

营造司　清代内务府七司之第六司。在宋代为文思院及修内司之职。清代之营造司主要为掌缮修工作及薪炭陶冶，而精细之工艺在古代属文思院者，则别设造办处。营造司所属有六库三作，曰木库、铁库、器皿库、柴库、炭库、房库，曰铁作、花爆作、油漆作，六库各设库掌、库守，三作皆设司匠、领催。初沿明代名曰惜薪司，顺治中改为内工部，康熙中定今名。

营造司所属之业务机关：一曰官房租库，掌内外城官房之租课，按月征收以供营造之用。初由本司管理，乾隆中以内务府大臣值年轮管。一曰御书处，掌御笔裱拓之事，设管理事务大臣，下有监造、库掌等官。一曰武英殿修书处，掌缮刻装潢各馆书籍及宫殿陈设书籍，设管理事务王大臣，下有监造、库掌等官。一曰养心殿造办处，掌造办用品管理储藏之事。初设造办活计处，无定员，乾隆中始定设郎中员外郎主事、库掌、司匠等官。

由基司马　晋制三部司马之一，各置督史。取古代善射者养由基为名。

游击　明制，参将之下有游击将军。清制，游击为从三品武官，次于参将一级。凡游击之为总兵总理营务者，称镇标中军游击。

游徼 汉承秦制，县以下之地区组织，如《汉书·百官公卿表》所云："十里一亭，亭有长，十亭一乡，乡有三老，三老掌教化，啬夫职听讼收赋税，游徼徼巡禁贼盗。"乡官之制，汉以后俱不重视，在若存若亡之间。《历代职官表》专取游徼一职以当明清之兵马司吏目，既属附会，亦偏而不全，只可将汉之乡官均略载于此。

右民尚书 魏晋南北朝有此官，亦称右户，据《隋书·百官志》，掌天下公私田宅、租调等事。分左右是由于职务太繁的缘故。

虞部郎中 唐制，工部第三司虞部郎中员外郎掌京都衢哄（巷）苑囿、山泽、草木及百官等时蔬薪炭供顿畋猎之事。据《旧唐书·职官志》，并掌供应殿中、太仆所管马匹刍料。

虞衡清吏司 源于唐、宋之虞部，明、清为工部的第二司。掌山泽采捕及陶冶器用、修造权衡武备之事，与古制稍有不同。清制，郎中满洲四人，汉人一人，员外郎满洲四人，蒙古一人，汉人一人，主事满洲三人，汉人二人。

虞候大都督 北齐北周均有虞候大都督一官，掌督兵马纠察盗贼。唐代藩镇之衙职以虞候当古代之司马，其名盖由此。虞候盖本为侦察之意。

狱丞 唐承南北朝之制，于大理寺置狱丞二人，官阶为从九品下，掌本寺之监狱。

御茶膳房总管大臣　在明代为太监机构中之尚膳监，清代设御茶膳房隶内务府，管理大臣无定员。

御龙直指挥　宋制殿前司步军有御龙直指挥、骨朵子指挥等，皆执仪仗之军官。

御史大夫　秦始置御史大夫，自此以后，相沿为御史台的主官，在中央官职中居崇高的地位。在古语中，史是文书官之意，上古的官很多是以史为名的，御史就是君主左右掌文书档案记录等事的。御史大夫等于御史之长。但秦、汉制度，御史大夫一方面是中央政府秘书长的性质，一方面是立于行政系统以外的监察长性质。同时，由于地位的隆重又与丞相、太尉合称三公，而丞相缺位时，往往即由御史大夫递升。御史大夫之下有御史中丞，有侍御史。

东汉改以太尉、司徒、司空为三公，御史大夫已蜕变为执政之一员，不再是秦及汉初的旧制，并御史大夫之名亦已停废。此后相沿，多即以御史中丞为御史之长，直至隋代，始复大夫之名。然隋代之御史大夫，仍是御史中丞之改名。唯唐代始于御史台置御史大夫一人为台长。但唐以后之御史大夫，名虽崇重，实权已轻，至宋代又多缺而不补，金、元则虚存其名。明、清遂将御史大夫一官废去，而于都察院改设都御史、副都御史等官。

御史台 汉代御史居殿中兰台。台是宫廷建筑之称。魏晋以后，遂以御史治事之处为台。至汉之御史大夫治事之处则称为府。隋、唐之制，其他机构，最高称省，其次称寺、监，而府反为较低级机构之称，唯御史台则称台，台省并称，即指中央最高职权所在。唐代御史台之组织与其他机构不同。御史大夫及御史中丞虽为御史台之长贰，然御史非其属官，且大夫、中丞亦不理本台事务，理事者谓之侍御史知杂，多以品秩较高之郎中、员外郎兼充。御史分为三种，各居一部分。侍御史称台院，地位较高，殿中侍御称殿院，监察御史称察院。唐高宗时曾改御史台为宪台，大夫为大司宪，中丞为司宪大夫，武周时改为肃政台。又一度分左、右台，左台知百官及军旅，右台察州县，后皆复旧。东都有留台，设官，与本台相同，唯员额较少，称为分司御史，其留台称东台。宋则以在洛阳者为西台。

御史中丞 汉制，御史大夫之下有御史中丞。《汉书·百官公卿表》云："在殿中兰台，掌图籍秘书。外督部刺史，内领侍御史员十五人，受公卿奏事，举劾按章。"据此，汉代的御史中丞及侍御史的职务相当广泛，一方面掌握中央档案馆及图书馆。一方面处理直达君主的一切奏章，并且监督在各外行使巡察权的各部刺史。自东汉以后不设御史大夫时，即以御史中丞为御史之长。御史中丞号为台主，与司隶校尉俱为拥有权威之督察官。《通典》云：“自皇太子以下无不纠，初不得纠尚书，后亦纠之，中丞专纠行马内，司隶专纠行马外。虽制如是，然亦更奏众官，实无其限。”行马内指殿廷中，行马外指京畿地区之一切官民也。故《后汉书·宣秉传》载，光武特诏御史中丞与司隶校尉、尚书令在集会时不与他官联席，号为三独坐。因中丞为皇帝之耳目，纠弹百官过失，司隶校尉为皇帝之爪牙，备御非常，而尚书令则为皇帝之直属政务官，皆为人所敬惮，故特表其尊严。

唐代节度使多带御史大夫，观察使多带御史中丞，中叶以后，大州刺史之在近畿者亦往往带中丞，遂成为定例。若末叶则薄大夫中丞而不屑为，节镇几无不检校三公、侍中、中书令、仆射者。至正任之御史中丞乃宰相以下之要职，虽其官秩至会昌中始由正五品升至正四品，而权任有时反在六部尚书侍郎及尚书左右丞之上，故裴度身为中丞，与宰相武元衡同被刺，即继元衡为相。

宋承唐制，御史大夫不除人，即御史中丞亦往往以他官兼权。明设都察院都御史、副都御史，自此不再有大夫中丞之名。大夫已成泛称，无人以之称都御史。唯副都御史勉强用以比附古之中丞。清代因巡抚兼右副都御史，于是对巡抚无不称中丞者，相沿为俗，积久难改。至于在京之左副都御史，则人但称为副宪，从不称为中丞。又后魏御史中丞改称御史中尉。

御营使　五代时帝王多自将出征，故有御营使以掌行营守卫。至南宋之初，特为重要，以宰相重臣领使，其下有御营都统制等官。或称御营宿卫使。

员外郎　南北朝简称员外散骑侍郎为员外郎，是较高贵的近侍官。隋代始于六部郎中之下设员外郎，以为郎中之助理，由此沿至清代不改。唯唐制列在六品，明、清则升为从五品。

员外本是定额以外添派的人，唐代有所谓员外置同正员的官，开始时用以位置冗员，后来贬降的官如州的长史、司马、参军等多加以此名，名为与正员相同，实际是有差别的。

越骑校尉　汉制，越骑校尉为武帝所置京师屯兵八校之一。《汉书·百官公卿表》云：掌越骑。如淳注：越人内附，以为骑也。晋灼注则云取其材力超越也。

云骑尉　云骑尉为唐以后勋官之一，清代之拖沙喇哈番改汉名为云骑尉，为世爵之一，在骑都尉之下。

运粮万户府　元制有海道运粮万户府，达鲁花赤一员，万户一员，下有副万户等官。《元史》云："至元十二年，始运江南粮，而河运弗便，十九年，因丞相伯颜言，初通海道漕运，立运粮万户三，而以罗璧与朱清、张瑄为之。”

运同运副 清制于盐运使之下置分司运同或运副，运同即同知盐运使司事之简称，运副即盐运副使之简称，此皆沿宋代之习惯，以同知为正使之次一级，而副使又次于同知之次一级，简称已成为正式名称。运同为从四品官，运副为从五品官。又有运判，为从六品官，亦仍宋制；使、副之下多设判官，运判即盐运使判官之简称。凡运同等官皆分驻运使所辖各地，以便管理盐场。又凡盐政系统之官名，皆由宋而金、元、明、清，相承未改，不止运同等也。

Z

赞礼郎 汉制，太常所属有赞飨、治礼，皆于祭祀时指导皇帝行礼者。隋、唐之制，以太常之谒者及赞引当赞礼之任，而正官之奉礼郎则仅管祭物。至明始于太常寺设赞礼郎九人，清设赞礼郎满洲二十二人，汉人十四人。因其接近皇帝，故多用满人为之。又清制赞礼之事亦不定以赞礼郎为之，他官之熟习仪典者亦临时兼任其事。

赞善 唐制，左右春坊各置赞善大夫，以比朝廷之谏议大夫。元、明、清但称赞善。清制左右春坊左右赞善均满洲、汉人各一人，从六品。又唐制赞善以下又有谕德，以比朝廷之散骑常侍。元、明升谕德于庶子之下，亦分左右。清省此官。

赞务 隋炀帝所特置，在郡太守通守之下，以代前此州长史、司马之空名，为一郡之总务长。后仍改名郡丞。

赃罚库 清制附设于刑部，设司库及库使。掌赃罚银钱，会其数以送户部。

札萨克 清制蒙古各旗每旗置札萨克一人，协理旗务若干人，管旗章京若干人，亦有参领、佐理等。札萨克掌治一旗之政令，或世袭，或特简，不拘爵秩。哈密、吐鲁番亦同。

牐官 清制，河道总督所属有牐官，掌司牐（闸）之启闭，以时蓄泄。在元代为监牐官。

詹事 汉代皇后太子宫虽皆有詹事，而后世詹事多专为太子属官。故南北朝以后多以太子詹事四字为官称。辅导太子的责任本属于太子太傅少傅，因为傅的身份高，所以实际担任事务的是詹事。太子的詹事等于皇帝的宰相。所以《旧唐书·职官志》称詹事统东宫三寺、十率府之政令。（三寺是家令寺、率更寺、仆寺，十率是左右卫率、左右司御卫率、左右清道率、左右监门率、左右内率，十率都是东宫的护卫。）唐代东宫虽有官属，然太子詹事实为空名，以其为正三品官，故往往用以位置罢退之大臣，与太子宾客同，不任职事。詹事在唐高宗时曾改称端尹，武则天时曾改称宫尹，旋均复旧。清制詹事、少詹事均满洲、汉人各一人，詹事正三品，少詹事正四品。

詹事府 詹事为古官名，秦汉以来，皆为宫官。詹者，据应劭汉书注，省也，给也。意即供给宫中之事。太后、皇后、太子宫中都有詹事。后独存詹事作为东宫官属之长，余皆废。唐、宋多以儒臣兼领，故明代承此制，设詹事府，虽名义上仍有辅导太子之责，实际上与翰林院所掌不殊。专以位置文学侍从之臣。清代不立太子，本应裁撤。但因既已不随东宫设置，则不妨留作翰林官迁转之地。名实不相符亦不暇计矣。清之定制，詹事府掌经史文章之事，凡充日讲官，纂修书籍，典试、提学等差，皆与翰林院官同。凡秋审、朝审及下九卿翰詹科道会议之事皆入班与议。翰詹两字往往联称。翰林院实官最高只四品，而詹事府詹事则三品，翰林院犹有职事，而詹事府则空有府名，并不成为机构。

辽、金称詹事院，元称储政院，明、清称詹事府。《新唐书·百官志》云，唐有詹事府之名，高宗时改称端尹府，武则天时改称宫尹府。旋复旧。

长官司 明沿元制，于土司中设长官司，次于招讨司一级，有长官、副长官，清制略同。余详宣慰司条。

长史　汉制，丞相下有两长史，其职务等于丞相府中之秘书长，亦即最高国务机关中之事务主官。将军之幕府中亦有长史，为幕僚长。长史亦得分领军队作战，则称为将兵长史，班超即曾为此官。边郡亦有长史，以太守佐官之身份，出领边防兵。魏、晋以后，州郡官多带将军开府，遂与司马同为州郡之佐官。唐代之州郡长史有两种，一为大都督府之长史，为从三品官，如镇（恒）州、扬州之节度使，即以镇州、扬州大都督府长史之身份充节度使，其名义虽为幕僚长，事实即是统帅。一为州刺史下之长史，则为从五品官，名为刺史之佐，却无实职。又清沿明制，亲郡王公主府皆有长史一人，为正三品官，总其府中之政令。唯清代之王府既无封邑，长史以下各官仅在府中管理事务而已。明代则王府官属颇为庞大。据《明史·职官志》所载：王府长史司左右长史各一人，其属典籍一人。所辖则审理所审理正副各一人，典膳所典膳正副各一人，奉祠所奉祠正副各一人，典乐一人，典宝所典宝正副各一人，纪善所纪善二人，良医所良医正副各一人，典仪所典仪正副各一人，工正所工正正副各一人，伴读四人，仓库大使副使各一人。

掌醢署　清沿明制，为光禄寺四署之一，掌盐、蜜、醢酱之类。官员品级俱同大官署。

掌书　清沿明制，于衍圣公府设掌书一人，以治府内文书，为正七品官。

掌仪司 清代内务府七司之第三司，掌内府祭祀筵宴礼仪乐舞之事。初名礼仪监，顺治中改礼仪院，康熙中改今名。下有司俎官及赞礼郎。

昭武都尉 清代武阶官之制，昭武都尉为正四品阶。唐、宋则正六品上下称昭武校尉、昭武副尉。

昭武将军 明代武阶官之制，昭武将军为正三品加授之阶。元代称大将军。

昭信校尉 明沿元代武阶官之制，昭信校尉为正六品初授之阶。金之昭信校尉为正七品下阶。

昭毅将军 明代武阶官之制，昭毅将军为正三品升授之阶。元代称大将军。

昭勇将军 明代武阶官之制，昭勇将军为正三品初授之阶。元代称大将军。

折冲都尉 唐代府兵制度，关内二百六十一府，隶于诸卫，关外六百三十四府，则各有名号，置于州县。府置折冲都尉一人，左右果毅都尉各一人，长史、兵曹、别将各一人，校尉六人。凡府兵皆平时为农，战时应召，故折冲都尉以下皆仅为衔号，以农隙教练府兵而已，非常设之职官。中期以后，府兵制已废，而折冲都尉以下之空名犹存，武人多带此虚衔从事他处职务，例如并州某府之折冲都尉可实任荆州之衙推。

珍羞署 清沿明制，为光禄寺四署之一，掌宗庙之荐新等事。官员品级俱同大官署。

甄官署 汉之甄官即陶瓦工场，晋以后少府置甄官署，隋属太府寺，唐属将作监。宋称窑务监，盖包括陶瓷工业而言。

振威将军 清制以振威将军为从一品之武阶官，余详建威将军条。

镇国公 清制，宗室封爵之第七级为镇国公，在贝子之下，辅国公之上。又镇国公有不入八分者，因清初立八和硕贝勒，共议国政，体制待遇从优，谓之八分。天聪以后，宗室内有特恩封公及亲王余子授封公者，皆不入八分，其有功加至贝子者准入八分。

镇国将军 明制，郡王之诸子封为镇国将军。清制镇国将军有一二三等之别。又明代武阶官之制，镇国将军为从二品初授之阶。

镇国中尉 明制，宗室封爵奉国将军之下为镇国中尉，与将军同以镇、辅、奉三字为高卑之序。

镇将 北魏沿北边置六镇，其统辖军民者称镇将，次一级称镇副将，亦有称镇大将者。后又有镇城都督防城都督之称，其制度不详于史，盖在当时亦为临时措置，无一定编制。唐代边防据点亦置镇，分上中下三等，各置镇将及镇副。

镇军大将军 唐、宋武散官之制，从二品曰镇军大将军。

征仕（事）郎 唐、宋文阶官之制，正八品下曰征仕郎，金、元曰征事郎，明以征事郎为从七品升授之阶。

正奉大夫 金代文阶官之制，从三品上曰正奉大夫，元升为从二品，明为从二品加授之阶。

正议大夫 唐文阶官之制，正四品上曰正议大夫，元升为正三品，明为正三品加授之阶。

正字 北朝末期秘书省有正字一官，唐因之，略次于校书郎，掌仇校典籍，刊正文章。亦文士出身之官资。

知顿使 唐代皇帝出巡，以大臣先行布置中途食宿之所，称知顿使或置顿使，是临时差遣。

知府 府之成为县级以上之行政区名，始于唐代。在唐代，府之含义有两种之不同。一为由州升府，最初因其为首都或陪都所在，故不称州而冠以府名，如雍州称京兆府，洛州称河南府，并州称太原府。继而皇帝所曾驻或备作行都之处亦称府，如岐州称凤翔府，益州称成都府，蒲州称河中府，荆州称江陵府，梁州称兴元府，华州称兴德府，皆是。另一种为州名未废而因其为都督府所在而称为府，如夔府、广府之类是也。至五代而升府之州渐多，至宋而益加推广，凡皇帝未即位前所曾得之官爵封号有与州名有关者皆升为府，如徽宗原封端王，故升端州为肇庆府，理宗曾为邵州团练使，故升邵州为宝庆府，皆是。因此，所设之府几遍于全国。自宋以后，府既与以前之州相等，则原有之州地位逐渐下降而几与县无别。然在宋时府与州犹共存而未偏废。唯设府之处，体制较为崇重而已。宋太祖革藩镇之弊，节度使不遣赴任，而别命文臣知州事或知府事，知府不能拥有一区的地盘，后来虽亦兼带安抚使或兵马钤辖等衔，仍然权力有限。但知府的身份是比较高的。往往以前任宰臣的资格出任一府之事，不过官衔不称知某府而称判某府。

元代参用宋、金之制，有称府尹的，亦有仍称知府的。至明始确定府为县级以上之方面官，以州降为与县同隶于府。知府之身份虽不一定高于宋代之知府，而知府所辖之地区，则几于与唐末之某些节度使所管相等。

清代知府为从四品官，比道员仅次一级，虽受道员管辖，而由于出身关系，仍有相当的独立性。绝大多数的知府由京官外放，自翰林院编修、检讨、都察院给事中、各道御史，以及各部实任之郎中、员外郎，得有京察一等记名的，都能补授。其由知州升擢的居极少数，亦仍须保奏记名。外省知府缺出，必奏请简放，如系首府或紧要地方，谕旨可令督抚于通省知府中拣补，所遗之缺以某人补授。此人即称为遗缺府知府，到省后再听督抚调派。故凡知府无不由朝廷简命。

知匭使 据《唐六典》及《旧唐书·职官志》，武周时初置匭于宫门，其制一房四面，各以方色。东曰延恩，怀材抱器，希于闻达者投之；南曰招谏，匡正补过，裨于政理者投之；西曰伸冤，怀冤负屈，无辜受刑者投之；北曰通元，献赋作颂者投之。设知匭使，常以谏议大夫及拾遗补阙充任。玄宗中改称献纳使，肃宗时复旧，德宗时以御史中丞为理匭使，谏议大夫一人为知匭使。

武则天虽为此创举，以求民隐之上达，但事实上仍有人监守，不能自由呈诉，且投书者须以副本交知匭使，则知匭使仍不难抑勒壅蔽，亦徒有此名而已。

知开封府 北宋都开封，初以亲王为开封牧，以文臣为开封尹。但牧尹皆不常置，仅以待制以上官充知开封府（例如包拯即以龙图阁学士知开封府），其权任甚重。

知县 宋初革外官不奉朝命之弊，留节度使于京师，不设刺史而以朝官文臣出知州事。于是亦逐渐以京官权知县事，而虚存县令之名，故全国各县有仍以县令治县者，有径称知县者。《通考》云："宋朝建隆元年，应（所有）天下诸县，除赤畿外，有望紧上中下，掌总治民政，劝课农桑，凡户口赋役钱谷振济给纳之事皆掌之，有孝悌行谊闻于乡闾者，申州激劝以厉风俗。有戎兵则兼兵马都监或监押。三年，始以朝臣为知县，其间复参用京官或幕职为之。（按宋代中央官之较高一级者为朝官，次级为京官，唐代所遗留之节度使府副使、判官、掌书记等为幕职，皆文臣也。）天圣间，天下多缺官，而令选尤猥下。贪庸耄懦为清流所不与而久不得调乃为县令。”所言县令实兼知县而言，足见虽改用知县之名，而其不为人所重视，贪吏得以滥居其任，终未能革其弊。南宋时定制，非两任县令不除监察御史，初改官人必作令，谓之“须入”。然亦出于勉强。明、清时代知县体制之卑贱，由来久矣。

元代既不用知县之名，亦未恢复县令，而改称县尹。其制较为特殊。盖元之地方制度略取于宋而加繁密，最上一级为行中书省，其次为路，又次为府，而府以下有州有县，有领县之州，亦有不领县之州。明、清两代承其余习，省之下分道，道之下为府，府之下为州或县。而以有属县之州升为直隶州。大略仍相同。唯元代府州县长官皆称尹，而尹与达鲁花赤并置，达鲁花赤必为蒙古或色目人，甚至不谙中国方言，地方行政之腐朽不言可喻。

明、清知县皆正七品官。明初颇注重吏治，州县官不限资格，而考核颇严。成绩优异者得行取入京，升授六部主事等官。清初尚沿此制，后乃停废。盖明、清仕宦风气不同，明代部员有权，京官升途亦广，故以内任为荣。清代京官无权，俸入微薄，皆亟盼外任以救贫。虽知县为七品官，升迁亦极不易，人皆不愿舍之而去。清代知县主要以进士朝考后分发各省即用者为之，其次则吏部所注选之知县，尤以翰林院庶吉士散馆后选缺最为便捷，可立即赴任。故知县资格之最优者为翰林进士出身之人，其次举人会试不中亦可就大挑而得，贡生可由朝考而得，其他可由保举而得，最滥者由捐纳而得。凡实缺知县必经吏部选补，引见后方能任职。但事实上督抚仍可斟酌就候补人员中委署或委代。署理代理之知县与实缺知县亦无权利上之不同。

知印　清沿明制，于衍圣公府中设知印一人，为正七品官。

知州　州之长官本为刺史，唐代后期，藩镇跋扈，州刺史多为武力集团自行委派，为害甚烈。宋太祖矫其弊，首先不遣节度使赴任，而于其驻在之州亦不补刺史，另派文臣带本官临时代理此州之事，故称为知州事，以后每一刺史缺出，或每收复一地，即暂派一知州。日久之后，刺史逐渐消灭，所有各州皆只有知州矣。

《通考》述宋代知州之制云：“宋太祖革五季之患，分命朝臣出守列郡，（此沿习惯，州或府皆可称郡。）号权知军州事，军谓兵、州谓民政焉。其后文武官参为知州军事，二品以上及带中书、枢密院、宣徽使职事称判。太守（此即指知州知府）掌总理郡政、宣布条教……若河南、应天、大名府，则兼留守司公事。（宋制，河南府为西京，应天府为南京，大名府为北京。）太原府、延安府、庆州、渭州、熙州、秦州（以上对西夏接界），则兼经略安抚使，马步军都总管。定州、真定府、瀛州、大名府（以上对契丹接界），京兆府则兼安抚使，马步军都总管。泸州、广州、桂州、雄州，则兼安抚使，兵马钤辖。颍昌府、青州、郓州、许州、邓州，则兼安抚使，兵马巡检。其余大藩府或沿边州郡，或当一道冲要者，并兼兵马钤辖、巡检都监，或带沿边安抚、提辖兵甲、沿边溪峒都巡检，余州军则否。其属官有无及员数多寡皆视其地望之高下，与职务之繁简而置之。”故宋之知州本为临时之差遣，欲以革除藩镇自兼刺史、自任刺史之弊，朝官出知州事，即直接秉命朝廷，不患跋扈。然知州辖境小而职权轻，又有所扞格，故不得不再付以节制兵马之权。而遇有重大军事，则必须于知州之上再派帅臣以当一方之寄。自此知州之地位更低矣。

辽、金仍未全废州刺史之名，元改刺史为州尹，自此以后刺史之名不见于史。元、明两代重要处所都已设府，州则降至与县不殊之地位。故明、清两代皆正式以知州为知府之下属，官虽犹为从五品，实与正七品之知县职权无所区别。唯直隶州知州情况稍异，详另条。

明、清知州之下，以州同（即州同知）、州判（即州判官）为其佐官。以吏目为其事务长。然州同州判多定有专职，如粮马、巡捕之类，吏目则主管刑狱，皆非实际在知州署中办事之人。

织造监督 清沿明制设织造监督，掌供应宫廷及公用之丝织物。明代以太监充任，清代则由内务府司员中简派。凡驻江宁、苏州、杭州各一人，所属有司库一人，笔帖式及库使各二人。织造监督，简称织造，通称尚衣。在其驻在地作为钦差官，与地方最高长官平行。事实上为内廷之采办官，经常进献珍奇之物。关于内廷之任务有专奏权。

又汉代有齐三服官，三服者，首服、冬服、夏服。古代齐地出丝，故置官于齐，官即工场之意。织造亦源于此。

执金吾 汉武帝时改中尉为执金吾。应劭注以吾为御，谓掌执金以御非常。颜师古则云，金吾鸟名，主辟不祥，因执此鸟之象，故以为官名。崔豹《古今注》云，金吾棒也，以铜为之，黄金涂两末。崔氏盖据汉时此官所执之杖而言，以示权威所在。其说近似。汉代京城常驻之武力，以南军属卫尉，北军属执金吾，执金吾属官有中垒、寺互、武库、都船四令丞。其职务史无明文。

东汉时执金吾之职务，《续汉书·百官志》云："掌宫外戒司（伺）非常水火之事，月三绕行宫外，及主兵器。缇骑（著红色军服之骑兵）二百人。"卫尉所任为宫内之警戒，而执金吾所任在宫外，其区别盖在此。魏、晋以后不复置此官。执金吾统率缇骑，卫从足以壮观。故光武帝微时见而羡之，曰："仕宦当作执金吾。"

堂主事清制，吏部以下至理藩院均置堂主事若干人，多以满洲及汉军为之，大约因满洲人为尚书侍郎者或不谙悉汉文，而汉人职官亦不能径达于满洲长官，故有此一官，以为之助。

直合将军 南北朝宿卫宫殿之领兵官名为直（值）合将军，又有斋帅、直斋、直后、直寝等名，性质略同。

直隶州知州 唐、宋时代州府为同一级，均有属县，其后改州为府之处日益增多，其不改府之州，地位日降，不再有属县，即与县为同一级。但仍有若干地方虽不成为府，而亦有属县者，则称为直隶州。于是直隶州知州之地位与知府略同，而品级则稍次，为正五品。其他非直隶之州则称散州或属州。直隶州与府不同者，府不管地方，不直接基层，凡知府所驻之城，必有一附郭县，甚至有二个以上之附郭县，例如浙江湖州府附郭为乌程、归安二县，江苏苏州府附郭为长洲、元和、吴三县。至于直隶州则知州直接行使所驻地之知县职务，无附郭县。

职方郎中 唐、宋职方郎中在兵部中为第二司，职掌与明清同，源出于《周礼》之职方氏，北周仿《周礼》建此官，隋因之，属于兵部。

职方清吏司 明、清兵部的第三司，掌天下舆图，以周知险要。清制额设郎中满洲四人，汉人二人，员外郎满洲三人，蒙古一人，汉人一人，主事满洲、蒙古、汉人各二人。

制造库 清制附设于工部，掌攻治金革，所领银工之属十二，鋄工（马饰）之属九，皮工之属十三，绣工之属五，甲工之属八。大致均为车辇仪仗之制造。设郎中满洲二人，汉人一人，均于工部司员中选任，其下有司匠、司库及库使均满人。

治书侍御史 魏、晋以后，御史中丞以下有治书侍御史。据《隋书·百官志》云，分统侍御史。盖隋以避杨忠讳，不置中丞，治书侍御史即升居中丞之任，唐高宗名治，则又废治书侍御史之名。治书或作持书，乃唐人所改。又《通典》云，汉之治书御史，选御史高第者补之，此治书御史只是御史中之一种名目，非魏、晋以后治书侍御史之比。

治粟内史　《汉书·百官公卿表》云："治粟内史秦官，掌谷货，有两丞，景帝后元年更名大农令，武帝太初元年更名大司农。"

治中　治中在古代主州郡之文书，亦兼为州郡之佐官，隋代改为司马，治中之名遂废。元代复于大都路都总管府设治中二员，明、清遂沿设于顺天府，秩正五品，清制专管会试及顺天乡试之膳食及制卷等事。

中藏府令　汉、魏管库藏的官，属少府。

中大夫　汉代中大夫为掌论议之官，唐、宋用作从四品下之文阶官。元升为从三品，明为从三品升授之阶。

中奉大夫　宋代文阶官之制，正四品曰中奉大夫，金升为从三品下，元继升为从二品，明为从二品初授之阶。

中护军　晋以后，资深者为护军将军，资浅者为中护军，与中领军皆为中央统兵之要职。

中黄藏令　据《晋书·职官志》，少府统中黄藏、左藏、右藏令及丞。中黄藏至隋称黄藏，置黄藏署，署置令为主官。黄藏是国库之一，专掌职务则不详。

中军校尉　东汉末西园八校尉之一，详见上军校尉。

中垒校尉　汉制，中垒校尉为武帝所置京师屯兵八校之一。《汉书·百官公卿表》云，掌北军垒门内外（句读依王念孙说）。但居此官者不定为武人，如刘向曾任此官，世称为刘中垒。西汉以后无此官。

中领军 曹操于其丞相府始置中领军，掌其亲信之卫兵。自此以后，遂为要职。其资历尤深者则为领军将军。至其后期，则不仅掌禁兵，且并统全国之兵。故权臣多居此任。

中散大夫 魏、晋之中散大夫为闲散位置，与汉之太中大夫、中大夫为一类。唐、宋用作正五品上之文阶官，金、元以后废。

中书监 汉末曹操为魏王，初置秘书令，掌管机要文书，曹丕即帝位，改为中书监及中书令，以旧日幕僚刘放、孙资二人分别任之。因为二人资历相差不远，所以监与令是同等的，不过监在令之前。以后各朝，有专置监的，也有专置令的。权任都相当于宰相。隋、唐以后，中书监之名才完全废止，只存中书令一官。

中书科中书舍人 中书舍人在唐、宋时是相当尊贵的官，而明代有所谓中书科中书舍人则仅掌书写诰敕等事，官阶从七品。初名中书省直省舍人，后以中书省废，改此名。虽亦有由举人、进士出身者，毕竟不为人重视，若由大臣子孙恩荫而得者，更无职事可言，仅作为外观装点而已。其中有以工书得名实际担任缮写者，亦得加太常卿衔，或至翰林学士、礼部尚书。清沿置，一般称中书科中书，定制以荫生、贡、监及知县之应升者补授，事实上为无足重轻之官。

中书令 三国魏时初以中书令与中书监同掌机要，以后历代相沿，非君主亲信的人不居此职。如不置中书监，则中书令一人专掌，事实上即为宰相。至南朝末期，中书令权任更重，因此，隋以后以中书令为中书省的长官，与门下省的侍中，尚书省的尚书令及仆射同称三省长官。唐、宋的制度，大体都沿于此。在体制上中书省是决策机构，所以中书令更是政务的本源。唯隋代因避讳曾改称内史，又曾改称内书令，唐复旧。

中书省 魏、晋以后，尚书令之权为中书监、令所夺，始以中书省为中央总机构，至梁、陈而规模益备，其内部事务官有中书舍人五人，领主事十人，书吏二百人，分掌二十一局。隋代中书省改称内史省，唐代曾改西台、凤阁、紫微省，皆不久复旧。宋以中书省与枢密院分掌政务、军事。元废三省之制，中书省更为唯一的最高国务机构。明洪武后不设丞相，中书省之名始废。

中书省左右丞相 明初大体上犹沿元制，置中书省左右丞相（或相国），而裁去平章及参知政事，但留左右丞，为丞相之副。洪武十二年，诛胡唯庸等，革去中书省，不设丞相一类之官，为历代官制中一大变革。以后即不再有丞相、平章、参政等名称。

中顺大夫　金代文阶官之制，正五品下曰中顺大夫，元升为正四品，明为正四品初授之阶。

中尉　汉沿秦制置中尉，掌京城之巡察缉捕，后改名执金吾。唐代之左右神策军中尉则为中叶以后以宦官统神策军特设之军职，可以挟持皇帝，无所不为。

中宪大夫　金代文阶官之制，正五品中曰中宪大夫，元升为正四品，明为正四品升授之阶，清则正四品概为中宪大夫。

中议大夫　金代文阶官之制，从五品上曰中议大夫，元升为正四品，明为正四品加授之阶。

中允　中允即汉代之中盾，盾读如允，故后改称中允。魏晋以后多称为中舍人，唐制于左春坊左庶子之下置中允，而右春坊右庶子之下置中舍人，中允相当于朝廷之门下侍郎，中舍人相当于朝廷之中书侍郎。高宗时曾改中允为左赞善大夫，中舍人为右赞善大夫。至明代始于左右春坊皆称中允，而别以左右，清因之，均满洲汉人各一人，正六品。

忠武校尉　明沿元代武阶官之制，忠武校尉为从六品初授之阶。金之忠武校尉为从七品上阶。

忠显校尉　明沿元代武阶官之制，忠显校尉为从六品初授之阶。金之忠显校尉为从七品下阶。

忠翊校尉 元代武阶官之制，忠翊校尉为正七品初授之阶。金之忠翊校尉为正八品下阶。

忠勇校尉 元代武阶官之制，忠勇校尉为正七品阶。金之忠勇校尉为正八品上阶。

冢宰 古官名，亦即太宰，在《周礼》为天官，相当于后世的吏部尚书，同时也就是百官之长，即宰相。冢是大的意思，宰是主持的意思。

州博士州文学 《新唐书·百官志》云："西都东都凤翔成都河中江陵兴元兴德府文学一人，从八品上，掌以五经授诸生，县则州补，州则授于吏部。武德初，置经学博士、助教、学生。德宗即位，改博士曰文学。"此则宋以后府教授所始。

州牧 上古传说，全国分为十二州或九州，诸侯之长则称牧。西汉分全国为十三部（州），各置刺史一人，以纠察郡守国相，秩六百石，其后权力渐次增大，成帝绥和元年以为"居牧伯之位，秉一州之统……位下大夫而临二千石，轻重不相准，失位次之序"。遂改刺史为州牧，位次九卿，秩二千石。至哀帝初复行旧制，末年又改为州牧。光武灭新，建国不久，仍行刺史旧制。至东汉末期为镇压农民起义，有设立大行政区之必要，遂升刺史为州牧，居郡守之上，成为地区最高行政长官，后皆拥兵自大，渐成地方割据局面。

魏、晋以后，最高统治者有鉴于州牧之权太重，难于控制，遂又废不复设，仍改称刺史。州牧之名此后虽不复存在，但隋、唐京畿之地方长官仍称雍州牧，唯唐代多以亲王领其名而不居其位。宋则开封府置牧，亦沿其例。清代知州已降为府以下与县略相等之地方长官，而在文字上犹尊称知州为州牧，与知县并称牧令。

州判 清制、知府下有通判，直隶州知州之体制与知府略同，其下所设之通判则称州判，为从七品官。

州司马 唐代州刺史之佐官有别驾，有长史，有司马，或并置，或置其一二。中叶以后，别驾、长史或不置，而司马则各州皆有，多以位置贬斥之官。若原有正任之司马，则贬斥之官称员外置同正员，不能与闻公事，等于闲住。如柳宗元贬永州司马，即赁居佛寺。白居易为江州司马厅记云：自武德以来，庶官以便宜制事，大摄小，重侵轻。郡守之职总于诸侯帅，郡佐之职移于部从事。（按此谓唐之节度观察使实已行前此州刺史之职，而州郡之佐官在古代为丞为功曹主簿者，在唐则移于节度观察使下之判官书记等，故州郡之本身已轻，而州郡佐官如司马之类更无职事可言。）故自五大都督府至于上中下郡（在白居易时当云州）司马之事尽去，唯员与奉（俸）在。凡内外文武左迁右移者递居之。（按左迁谓得罪而贬责，右移谓循资而升迁。）凡执役事上与给事于省寺军府者遥居之。（按此谓司马已成寄禄官而非职事官，故可官为此州之司马，职则早移于他处，不过带此虚衔而已。）凡仕久资高耄昏懦弱不任事而时不忍弃者，实莅之。……按《唐六典》，“上州司马秩五品，岁廪数百石，月奉六七万，官足以亢身，食足以给家，州民康非司马功，郡政坏非司马罪，无言责，无事忧。……”白氏所言，于唐代州郡官制之名不副实，可谓深切，亦不独司马一官而已。凡定制所设之官多已成为虚文，实权皆在临时由长官委派之人。宋初知州知府下除通判外，不设佐官，而旧制自此一变。

又司马本为军职之名，自魏、晋以后，州刺史多带将军都督开府，身当边防或军事重镇，掌握军队，故其僚属以司马及参军为名。唐代唯节度使下之行军司马实具参谋长之性质，而州司马则与司马之原意迥不相涉。

又唐代以司马为州郡佐官之空名，清代之同知在一府之中尚有实职，亦本不相同，俗称同知为司马，实为勉强附会。

州同　清制，直隶州按照府例，于知州之外设同知，因府之同知已称同知，故直隶州之同知简称州同。亦与州判同为直隶州之佐官。

诸侯王　汉代皇帝之子弟封为国王，有似古之诸侯，故统称诸侯王。

诸京留守司兼府尹 辽有五京，金有六京，除上京及中京外，皆置留守司兼府尹。

诸路兵马统署司 据《辽史·百官志》，诸路兵马统署司有都统署及副统署。盖属于大将军府，北面军官之一。

诸牧监 唐制，马五千为上监，三千为中监，不及为下监。皆有监及副监、丞、主簿，以监牧使领之。

主簿 主簿是汉以后通用官名之一。《文献通考》云："古者官府皆有主簿一官，上至三公及御史府下至九寺五监，以至郡县多置之。所职者簿书，盖曹掾之流耳。"其实主簿的最初意义虽为主管文书，在魏、晋以后则常为将帅重臣之幕僚长，魏刘放参曹操军事，历主簿记室以至中书监，晋桓温以郗超为参军，王珣为主簿，时人有"髯参军、短主簿，能令公喜，能令公怒"之语。其地位之重要可知。此后卿寺中之主簿，乃是正规事务官，唐制列从七品，其他闲散官署则或为八九品，县主簿为九品。唐、宋皆以主簿为士流初仕之官，清则视县主簿为杂职，后竟裁省。

主管排岸司 宋制，司农寺所属有此官，掌水运纲船输纳雇直之事。是运输事务官性质。

主管下卸司 宋制，司农寺所属有此官，掌受纳纲运。是运输事务官性质。

主客郎中 唐、宋主客郎中、员外郎掌以宾礼接待外国及前朝后裔。主客为礼部的第四司。

主客清吏司 明、清为礼部的第三司，唐、宋则列第四，掌接待外宾等事。由汉、魏以后之主客曹相沿而来。清制主客司郎中满洲、汉人各一人以外，有蒙古一人。员外郎满洲二人，主事满洲、汉人各一人。

主事 主事一名在各代有不同的意义。汉代光禄勋有主事，意即所属官员中之优秀者，亦非正式官名。南北朝时尚书诸司中置主事令史，意即令史中的主任，这是官署中的事务员，以流外人员充任，亦非正官。至金代才开始以主事列为正官，选用士流，其职务虽以文牍杂务为主，但也分掌郎中、员外之职，明代将主事的官阶从从七品提升为从六品，清代又升为正六品，于是与郎中、员外正式并列为六部司官。主事在明代非但列为司员，而且往往在部司中握有实权，而外官的知县还以内升主事为荣。清代进士出身的，除翰林外，分部候补主事也算较好的出路，经一定年限后，必能补缺，递升员外、郎中。

主章长丞 据《汉书·百官公卿表》，将作大匠属官有主章长及丞。章是大木材之意，以供建筑之用。

助教 晋以后国子学博士以下有助教。唐制国子监六馆皆有博士，而助教员数有少于博士者。明、清博士几于虚设，六堂（即率性堂、修道堂、诚心堂、正义堂、崇志堂、广业堂。）教导之责皆由助教任之。清制助教为从七品官。与博士品秩相同。

助军校尉 东汉末西园八校尉之一，详见上军校尉。

驻防将军 清制，以八旗兵世守各省要地，谓之驻防旗，其军政及民政皆以将军以下各官领之，唯纯属地方行政范围者仍由督抚处理。陕西则西安将军一人，副都统二人，甘肃则宁夏将军一人，副都统一人，凉州副都统一人，江苏则江宁将军一人，副都统一人，分驻京口副都统一人，浙江则杭州将军一人，副都统一人，分驻乍浦副都统一人。湖北则荆州将军一人，副都统二人，广东则广州将军一人，副都统二人，福建则福州将军一人，副都统一人，四川则成都将军一人，副都统一人，山东则青州副都统一人。其次要之处则山西置太原城守尉一人，河南置河南城守尉一人，归巡抚节制。直隶则保定府、沧州、宝坻县、东安县、霸州、固安县、雄县、良乡县、采育镇各有城守尉一人，归稽察驻防旗务大臣管辖。此外热河副都统一人，密云县副都统一人，分驻古北口、昌平州防守尉各一人，山海关副都统一人，分驻喜峰口、冷口、玉田县、三河县、顺义县、永平府、防守尉各一人。则不设将军而专镇一方。

将军、副都统以下有协领、佐领、防御、骁骑校等。就其分布地点看来，显然是清初削平三藩以后，根据当时情况，为特别加强清王朝在北方及中原地区之控制而设。因此，制度参差不一律。八旗驻防制度与古代屯田兵及北周至唐初之府兵都不相同。因八旗驻防兵，只在城区中指定地点居住，而不从事农业生产。且亦不负地方治安之责。

柱国大将军　柱国大将军是北魏时为尔朱荣特置的称号，以后北周亦以柱国为最高的荣典，共八柱国，每人统大将军二人，以掌禁兵。

柱下史　《史记·张苍列传》云，秦时为御史，主柱下方书。意谓主藏书之御史。其实御史本职即是宫内主文书档案之官，与唐、宋以后之御史意义完全不同。又《老子列传》云，周守藏室之史。而《索隐》谓老子为柱下史，即藏室之柱下，因以为官名。后世有称翰林官为柱史者，亦有称御史为柱史者。其实若与后世之官相比附，唯隋、唐之秘书监较为相近。

著作郎　东汉学术之士多于东观著作，魏则有崇文观。历代相沿，皆于宫廷中设置文学著作之机构，如南朝宋有总明观，齐有寿光省，梁有士林馆，北朝齐有文林馆，周有麟趾殿，皆置学士，然非正官。其专掌著作之正官，则自魏始，置著作郎一人，佐郎一人，隶中书省，后改隶秘书省。主要职务在于修撰国史，与学士之掌他项文学著作者稍不同。著作郎称大著作，著作佐郎则人数较多。《颜氏家训》有上车不落则著作一语，盖南朝已以著作郎为贵族起家初仕之阶，与本职相去已远。唐于秘书省设著作局，著作郎佐郎之下又有校书、正字。其时已别设史馆，著作郎仅掌撰碑志、祝文、祭文之属。宋犹存其名，至元、明则并名亦不存矣。

铸钱监　宋制，少府所属有铸钱监，监官各一人。据《会要》云，元丰诸路铸钱，铜钱十七监：西京阜财监、卫州黎阳监、永兴军监、陕州华州监、绛州垣曲监、舒州同安监、睦州神泉监、兴国军富民监、衡州熙宁监、鄂州宝泉监、江州广宁监、池州永丰监、饶州永平监、建州丰国监、韶州永通监、惠州阜民监；铁钱九监：虢州朱阳两监、商州阜民、洛南两监、威远镇、滔山镇两监、兴州济众监、嘉州丰远监、邛州惠民监，凡铜钱十三路，铜铁钱两路，铁钱四路。然此仅承旧制而言，实际掌铸钱者为铸钱司或提点坑冶铸钱官，或于提点上加都大二字，或以发运使提点铸钱事。

铸钱使　唐代造币之职务由特派之诸道铸钱使总领，充使之人必为掌握财政实权之人。往往即以盐铁转运使兼领。大约唐代铸钱业务分散置于诸道。据《新唐书·食货志》云：“武德四年，洛、并、幽、益、桂等州皆置监，开元二十六年，宣、润等州初置监。天下炉九十九，绛州三十，扬、润、宣、鄂、蔚皆十，益、郴皆五，洋州三，定州一。每炉岁铸钱三千三百缗，设丁匠三十，费铜二万一千二百斤，蜡三千七百斤，锡五百斤，每千钱费七百五十，天下岁铸三十二万七千缗。”《食货志》又云：“诸道盐铁转运使刘晏以江、岭诸州任土所出皆重粗贱弱之货，输京师不足以供道路之直，于是积之江淮，易铜铅薪炭，广铸钱，岁得十余万缗输京师及荆、扬二州。”此说明盐铁转运使与铸钱使并为一职之故。

铸印局 明、清所设，掌铸造印玺及官司印信。在汉代，侍御史有印曹，掌刻印，后世此职虽掌于礼部，而无专官，清代置员外郎一人，主事及大使一人。大使官秩为未入流，五年称职，以应升官用。直属礼部。又宋制少府监亦掌铸牌印朱记，有铸印篆文官二人。

转运使 唐自开元末年，始用善于理财之臣，经理江淮米粮钱币物资之转运，以供京师皇室及军民之需。因而于户部定制以外成立一新官职，实际上为控制经济，搜括财富，以维持长安政权之重要权力机关。据《新唐书·食货志》所叙，大略如下：开元二十六年，以裴耀卿为黄门侍郎同中书门下平章事，充江淮河南都转运使，以郑州刺史崔希逸、河南少尹萧炅为副。凡三岁漕七百万石，省陆运佣钱三十万缗。自裴耀卿言漕事，进用者常兼转运之职，而韦坚为最。肃宗末年，史朝义兵分出宋州，淮运于是阻绝，租庸盐铁溯汉江而上。河南尹刘晏为户部侍郎兼勾当度支转运盐铁铸钱使，江淮粟帛由襄汉越商于以输京师。广德二年，废勾当度支使，以刘晏专领东都河南淮西江南东西转运租庸铸钱盐铁，转输至上都。晏自天宝末掌出纳，监岁运，知左右藏，主财谷三十余年矣。德宗时，崔造为相，废诸道水陆转运使及度支巡院、江淮转运使，以度支盐铁归尚书省。其后元琇判诸道盐铁，与浙西节度使韩滉争权，卒仍以滉为度支诸道盐铁转运使。又唐诸道转运之职，宜从刘晏之事迹中参究。盖因转运使非正规官，其组织员额不载于史志，而其事权又极重要，不可不详加说明。《通鉴》二二六一节综叙甚得要领，兹录于下："初，安史之乱，数年间，天下户口什亡八九，州县多为藩镇所据，贡赋不入朝廷，府库耗竭。中国多故，戎狄每岁犯边，所在宿重兵，仰给县官，所费不赀，皆倚办于晏。晏初为转运使，独领陕东诸道，陕西皆度支领之，末年兼领，未几而罢。晏有精力，多机智，变通有无，曲尽其妙。常以厚直募善走者，置递相望，觇报四方物价，虽远方，不数日皆达使司（指转运使之官署）。食货轻重之权悉制在掌握，国家获利而天下无甚贵甚贱之忧。常以为办集众务在于得人，故必择通敏精悍廉勤之士而用之。至于勾检簿书、出纳钱谷，必委之士类。吏唯书符牒，不得轻出一言。常言士陷赃贿，则沦弃于时。名重于利，故士多清修。吏虽洁廉，终无显荣，利重于名，故吏多贪污。然晏能行之，他人效者终莫能逮。其属官虽居数千里外，奉教令如在目前，起居语言无敢欺绐。当时权贵或以亲故属之者，晏亦应之，使俸给多少，迁次缓速皆如其志，然无得亲职事。其场院要剧之官（按场谓交场船场，院谓巡院。）必尽一时之选，故晏殁之后，掌财赋有声者，多晏之故吏也。晏又以为户口滋多则赋税自广，故其理财以爱民为先。诸道各置知院官，（胡三省注：知院官，掌诸道巡院者也。）每旬月具州县雨雪丰歉之状白使司，丰则贵籴，歉则贱粜，或以谷易杂货供官用，及于丰处卖之。知院官始见不稔之端，先申至某月须如干蠲免，某月须如干救助。及期，晏不俟州县申请，即奏行之，应民之急未尝失时。……”唐代自设诸道转运使以后，其中心在扬州，而布网于全国，名为巡院。盐铁、米粮、钱币及轻货之转输、储藏、出纳皆由知院官带郎官御史衔以主之。节度使得自聘幕僚，用之于本道，而转运使之幕僚则遍布于各道，在行政系统以外成为转运使之专业系统。又与地方行政官起交叉作用。此制甚为奇特。故上引一节虽专言刘晏事，实亦唐制之生动说明。

宋代之转运使号称漕司，而实际上已带有民政性质，由经济专业之官变为高级地方行政长官。至明、清之漕运总督，则所管之运输专限于漕粮，又不能与唐、宋之转运使相比矣。

资德大夫 金代文阶官之制，正三品上曰资德大夫，元升为正二品，明为正二品加授之阶。

资善大夫 金代文散官之制，正三品下曰资善大夫，元升正二品，明为正二品初授之阶。

资政大夫 元代以资政大夫为正二品文阶官，明制正二品初授资善大夫，升授资政大夫，加授资德大夫。

子 古代之五等爵，子居伯之下，男之上。南北朝至唐宋有开国县子之称。明代封爵至伯为止，无子男。清代原称精奇尼哈番，后改用汉名为一二三等子。又自子以上均叙为一品。

宗（崇）圣侯 三国魏时封孔子后裔为宗圣侯，即汉代封褒成侯之遗制，此后每易一朝往往易一称号。宗圣或作崇圣。北魏时曾封为崇圣大夫及崇圣侯。

宗伯 《周礼》春官宗伯掌邦礼，因此后周改礼部为司宗。礼部尚书通称大宗伯。

宗人府 管理皇室宗族事务的机构。名称始于明代。凡所谓宗室人丁的名籍、爵禄、赏罚等事，均另有制度，不归一般行政机关处理。除府内事务外，负责长官均由皇室的尊亲担任。清代大致沿明制，设宗令一人，为宗人府的最高负责人，其下有左右宗正、左右宗人，其办理事务者为宗人府府丞，由汉人任之。以下又有左右理事官，副理事官，则仍由宗室任之。

宗正　秦、汉始置，管理皇室的亲属，为九卿之一。南朝梁称宗正卿。唐、宋以其机构为宗正寺，长官则称宗正卿，佐官称宗正少卿。其下置宗正寺丞及主簿，以掌内部事务。但宋代别置大宗正司，以亲王为知宗正司事，而宗正寺又等于虚设。金代改为大睦亲府，长官称判大睦亲事。元代改为大宗正府，其长官称扎鲁忽赤，清改译作扎尔呼齐。明、清之宗人府置左右宗正各一人，位在最高主官宗人令、宗令之下。

宗正寺　唐、宋宗正寺与太常、光禄、卫尉等寺同为卿寺之一。至明、清之宗人府，大体虽仍沿袭宗正寺之旧制，但已升为高级特殊机构，不在一般行政系统之内。

总兵　明制，总兵官、副总兵无品级无定员，总镇一方者为镇守，独镇一路者为分守。其上加以提督、提调、巡视、备御、领班、备倭等衔，皆随事立名。初期多以公、侯、伯、都督充之，故各有本品。其总兵挂印称将军者，云南曰征南将军，大同曰征西将军，湖广曰平蛮将军，两广曰征蛮将军，宣府曰镇朔将军，甘肃曰平羌将军，宁夏曰征西将军，延绥曰镇西将军，其他总兵皆不带将军。此外又有总督漕运总兵官。当时本因命将出征，始授以将军印作为统帅，总兵官只是差遣之称，事毕即缴印而回本任。后乃渐成常驻之官。及至末年，则总兵纷纷皆是，与定制更迥不相同。

清代因袭其名而确定总兵为绿营兵之高级统将，仅次于提督。分设于各省区，统辖本标官兵及分防之各协（副将所辖之军事组织为协），而仍由提督总其成。凡总兵所辖之军事组织皆以镇名，故总兵之上皆冠以某某镇字样，镇之名称多取于所驻之地，亦有例外者，如泰宁镇驻易州之梁各庄，狼山镇驻江苏之通州是。各镇名称详提督条。总兵虽为正二品官，仍须受巡抚节制，其在地方武职系统中之地位，略等于地方文职系统中之道员，故往往以镇道并称。由于重文轻武之传统习惯，总兵之品级虽较道员为尊，而在公务上则不能侵道员之权，即低级地方文官亦不听其意旨。总兵所辖之兵力大约本标二三营（称镇标），分防则营数不等，多者二三十营，少则三四营。

总督　明代始置总督一官，其时总督有管辖地方与管辖专务之两种。例如总督河漕、总督漕运，是管辖专务之总督，如总督某处地方军务，是管辖地方之总督。但管辖地方之总督亦有带管专务者。其总督所管辖之地方，并不按当时所设布政使司（通称为行省）之定制，每一总督所管辖之广狭与分合皆临时以敕书规定。据史所载，景泰三年，命左都御史王翱总督两广军务，自总兵以下悉听节制。然尚非常设。至成化中以韩雍总督两广兼巡抚广东，开府于梧州，始为定制。凡总督巡抚皆先命为兵部尚书侍郎或都御史副都御史佥都御史，此为其本官，总督乃其临时差遣，故所到之地方，按钦差部院官之体制，地方一切官员均自居于属吏。用关防而不用印。至清代，因尚书侍郎都御史等皆有定额，不似前代可以同时任命若干人，故总督巡抚只照例带尚书侍郎都御史等衔称而不为实官。此制度之逐渐演变者。

清代大体仍沿明制，而略加整齐。定制直隶一人，江南江西一人，福建浙江一人，湖北湖南一人，四川一人，陕西甘肃一人，广东广西一人，云南贵州一人。在公牍中江南江西称两江总督，福建浙江称闽浙总督，湖北湖南称湖广总督，（湖广之名沿于元代，后虽划分而仍旧名未改。）陕西甘肃称陕甘总督，广东广西称两广总督，云南贵州称云贵总督。其驻地则直隶驻保定，（末期轮驻保定天津两处，实际以驻天津时为多。）两江驻江宁，闽浙驻福州，湖广驻武昌，四川驻成都，陕甘驻兰州，两广驻广州，云贵驻昆明。

定制总督例兼都察院右都御史衔，其应否兼兵部尚书衔，由吏部请旨定夺，不兼者为正二品，兼兵部尚书者为从一品。事实上亦无不兼者，已成例行之事。总督之中以直隶两江两缺为最重要，直隶居抚督之首席，两江则地广事繁，盐、漕、河三大政及海防江防均属其职责，皆非重臣不居此任。闽浙与云贵两缺为最轻简。总督有节制文武之权，明、清皆以制台、制军为通称。

总督仓场侍郎 明代设总督仓场一人，掌督在京及通州等处仓场粮储，以户部尚书或侍郎为之。清制专设总督仓场户部右侍郎，满汉各一人。常驻通州。

总管司 总管之名由后周始，即前此之都督。唐代又改总管为都督，然诸州都督亦不过存此名号，事实上非节度使不能当前代都督或总管之重任。至宋代虽仍沿用总管之名，而性质纯属军事，与前代又不相同。盖五代已以都总管为最高统帅之称，主要职责为统率军队，指挥军事。《通考》述宋代沿革云：“宋朝马步军都总管以节度使充，副总管以观察以下充，有止一州者，有数州为一路者，有带两路三路者。或文臣知州，则管勾军马事，旧相重臣亦为都总管。”自五代至宋部署与总管两名多半互相通用，后因避英宗嫌名，始将部署一律改总管。总之，都总管、副总管、总管与钤辖、都监等皆宋代武将之职名。总管司乃其机构之名，总管司之地位较高。又凡派出禁军长期驻防之地则称驻泊马步军总管，非常驻者则称屯驻，专为领粮便利者则称就粮。

总理乐部大臣 清制，总理乐部大臣，以礼部满尚书及特派之大臣充任，无定员。为乐部的长官。

总章校尉 南北朝关于音乐之官职分四部分，曰太乐、总章、鼓吹、清商。总章为汉代乐府之乐歌，所谓安世乐。隋以后无。

奏差 清沿明制，于衍圣公府中设奏差一人，以供差遣，为正七品官。又清制凡赍送折奏入京的专差称折差。与奏差不同。

左都御史 明制以都御史当前代之御史大夫，副都御史当前代之御史中丞。其下又设佥都御史。都御史、副都御史，佥都御史外任总督、巡抚等官，仍带此衔。清制则在京任职的为左都御史、左副都御史均满汉各一人，裁去佥都御史，而以右都御史及右副都御史分别为总督及巡抚坐衔。左都御史秩从一品，左副都御史为正三品，左都御史通称总宪，左副都御史通称副宪。

明代都御史与六部尚书并称七卿，清亦以都御史列六部尚书之次，九卿之升侍郎多以左副都御史为阶梯，侍郎之升尚书多以左都御史为阶梯。而实际执纠弹之权者仍在监察御史，都御史不过名义上作为都察院之长官，不轻于执奏。

左民尚书 魏晋南北朝有此官，据《隋书·百官志》，掌天下计帐、户籍等事。唐代称民为户，习惯上用以为户部的代称。

左右备身 隋制有左右备身府，各置备身郎将一人，直斋二人。掌侍卫皇帝左右。

左右藏库使 金制，太府监下有左藏库使、副使，掌金银、珠玉、宝货、钱币；右藏库使、副使，掌锦帛、丝绵、毛褐、诸道常课、诸色杂物。

左右藏署 隋、唐沿前代之制，于太府寺设左右藏署，置令及丞。据《唐六典》，左藏署令掌邦国库藏之事，凡天下赋调，先于输场简其合尺度斤两者，卿及御史监阅，然后纳于库藏，皆题以州县年月。右藏署令掌邦国宝货之事，凡四方所献金玉珠贝玩好之物皆藏之。

左右藏提点 元制，太府监下设右藏提点、大使、副使，掌收支金银、宝钞、只孙（服装名称）、段匹、水晶、玛瑙、玉璞等物。左藏提点、大使、副使，掌收支常课和买纱罗、布绢、丝绵、绒锦、木棉、铺陈衣服等物。

左右丞 唐制，尚书省仆射之下设左右丞，分别总领尚书省六部的事务。左丞领吏、户、礼三部，右丞领兵、刑、工三部。左右丞之下有左右司郎中、员外郎以任监督稽核之职。左右丞的地位与六部的侍郎是相等的，但因在六部之上，序列在侍郎之前，总称丞郎。左右丞通称左右辖。辽、金、元还大致沿用此制，至明全废，六部各个独立，因此不再有监督各部的左右丞及左右司。

左右金吾卫 左右金吾卫为唐代十六卫之一，置上将军、大将军各一人，将军各二人，掌京城巡警，与其他各卫略有不同。金吾卫所属有左右街使，分掌六街之巡警，每日按鼓声启闭坊市门。

左右军巡司判官 据《宋史·职官志》，左右军巡司判官各二人，分掌京城争斗及推鞫之事，左右厢公事干当官四人，皆属开封府。南渡后，城内外分南北左右厢，各置厢官，以听民讼，分使臣十员以缉捕盗贼。分六都监界，分差兵一百四十八铺以巡防烟火。军巡之名盖源于五代。

左右龙署 南北朝制太仆寺所统有左右龙署，置令及丞。

左右龙武大将军 唐中叶以后以左右龙武、左右神武、左右神策六军为皇帝直辖之禁军，各置大将军一人，正二品，下有统军，正三品，将军从三品。德宗时于正规官以外，又置神策军两护军中尉，以宦官为之。中尉遂为实际之统率者。挟此权势，近在肘腋，皇帝都不得不俯首听命。

左右前后中校令丞　据《汉书·百官公卿表》，将作大匠属官有左右前后中校令、丞，并石库及东园主章为七令丞。《续汉书·百官志》则有左右校令各一人，掌左右工徒丞各一人，大约按工程性质而分左右前后中校，后省为左右校，校当是队伍之意。

左右神策大将军　唐玄宗时，哥舒翰破吐蕃临洮西之磨环川，即其地置神策军。安史兵起，以其兵平难，遂改为禁军，特置左右神策大将军各一人，统军各二人，将军各四人。而实际统率之权则归宦官，宦官以护军中尉及中护军之名义，从中控制。遇有战事，亦命将统其兵出征，则称神策行营节度使。至僖宗时，宦官田令孜更扩充为五十四都，每都千人，分为十军，令孜自为左右神策十军兼十二卫观军容使。每都之主将则称都头。都头亦往往擢居使相之位。唐代以十六卫为南衙兵，虽名为卫，而由于府兵之废弛，已成空名。鉴于藩镇之跋扈，不得不别募亲兵以资拱卫，号为北衙兵，此神策军之所以形成中央唯一可恃之武力。然权归宦官，渐成尾大不掉之势。

左右卫上将军　唐初行府兵制，于京畿地区置十二军，后定名十六卫，以府兵供宿卫之用。十六卫者，左右卫之外，有左右骁骑，左右武卫，左右威卫，左右领军，左右金吾，左右监门，左右千牛卫也。各置上将军一人，从二品，大将军一人，正三品，将军二人，从三品。其下均有长史、录事参军、诸曹参军等为事务官，又有司阶、中候、司戈、执戟为执事兵官。府兵制渐成空名，十六卫亦仅供朝会时殿廷陈列仪仗之用。唯左右羽林军稍具禁军性质，但中叶以后，又创龙武、神武、神策等军，谓之北衙六军。唐之诸帝始倚以自卫，然统率之权又为宦官所夺。

左右巡使 唐制，京城以承天门朱雀街为界，分左右巡，通常以殿中侍御史或监察御史掌之，察其所巡地区不法之事。柳公绰为京兆尹，于街中杖杀神策军小将，宪宗诘问何以不奏，公绰对以职在决罚，不当奏。宪宗复问何人当奏，公绰对以若在街中，本街使金吾将军奏，若在场内，则左右巡使奏。可见左右巡使管坊内发生之事，长安城内共一百十坊，坊内皆民居。明、清之巡城御史盖即源出于此。

佐领 清代八旗制度中牛录章京之汉名为佐领，为正四品官。佐领之制有世袭，有公中世袭。佐领又有四等，初期所授之来归各部落长世代相承者曰勋旧佐领，率众归附立功者曰优异世管佐领，其他则曰世管佐领，若户少丁稀两三姓合并而更迭统辖者则曰互管佐领。公中佐领则因户口蕃衍拨出余丁所增编。

坐粮厅 清沿明制之京粮厅及坐廒厅，设坐粮厅于通州。官名亦即为坐粮厅，由给事中、御史及各部郎中、员外郎之中选派，任期二年，满、汉各一人。掌修缮运河堤闸、催趱漕船、监督转输，及抽收通州税课。

【勘误】 本《简释》内：刑字，六画误入八画；祭字，十一画误入十二画；榷字，十四画误入十三画。应予订正。

出版说明

“大家小书”多是一代大家的经典著作，在还属于手抄的著述年代里，每个字都是经过作者精琢细磨之后所拣选的。为尊重作者写作习惯和遣词风格、尊重语言文字自身发展流变的规律，为读者提供一个可靠的版本，“大家小书”对于已经经典化的作品不进行现代汉语的规范化处理。

提请读者特别注意。

北京出版社